HOM   yat ya yom ye
Vidmarche yowya coomarie
Dimmaie   tano
Dorga pracodaya

     Dorga mère de tous
          les enfants

L'ÉDUCATION PSYCHOMOTRICE

Données de catalogage avant publication (Canada)

Lauzon, Francine

L'éducation psychomotrice: source d'autonomie et de dynamisme

Ouvrage réalisé sous la responsabilité du Collège Marie-Victorin avec la collaboration du Cégep du Vieux-Montréal.

Comprend des références bibliographiques et un index.

ISBN 2-7605-0597-9

1. Apprentissage perceptivomoteur. I. Collège Marie-Victorin. II. Collège du Vieux Montréal. III. Titre.

LB1067.L39 1990   370.15′5   C90-011851-2

FRANCINE LAUZON

L'ÉDUCATION PSYCHOMOTRICE
Source d'autonomie et de dynamisme

Préface de Raquel Betsalel-Presser, Ph.D.

Ouvrage réalisé sous la responsabilité du collège Marie-Victorin
avec la collaboration du cégep du Vieux-Montréal.

1991
Presses de l'Université du Québec
Case postale 250, Sillery, Québec   G1T 2R1

La Direction générale de l'enseignement collégial du ministère de l'Enseignement supérieur et de la Science du Québec a apporté un soutien pédagogique et financier à la réalisation de cet ouvrage.

Responsabilité du projet pour la DGEC: Raynald Trottier
Coordination du projet pour le Collège: Gilles Leclerc
Révision linguistique et pédagogique: Marie-Josée Drolet
    et Rolland Lapointe
Révision scientifique: Francine Godin, Aline Hachey et Françoise Julien
Photographies: Denis Tremblay et Michelle Lauzon
Illustrations: Marc Pageau
Couverture: Marc Duplain

2e impression – Août 1991
ISBN 2-7605-0597-9

Dépôt légal – 2e trimestre 1990
Bibliothèque nationale du Québec
Bibliothèque nationale du Canada
Imprimé au Canada

À mes deux filles,
Annie et Marie-Hélène,
pour l'autonomie
dont elles ont su faire preuve
au cours de la longue période
d'écriture.

À mes parents,
de qui j'ai appris
le respect des enfants.

Remerciements

Je tiens d'abord à remercier M. Roland Lapointe, réviseur pédagogique et linguistique, pour l'immense travail qu'il a accompli. Je voudrais plus particulièrement souligner sa grande disponibilité, sa patience et son habileté à réviser en respectant soigneusement les idées originales.

Ont également collaboré à la réalisation de cet ouvrage à titre de réviseurs scientifiques, Mmes Aline Hachey, professeure au cégep de Saint-Jérôme, Francine Godin, professeure au cégep du Vieux-Montréal, et Françoise Julien, professeure au cégep de Sainte-Foy. Pour leur travail soutenu à lire, relire et commenter toujours de façon constructive le manuscrit, pour leur disponibilité et pour le support qu'elles m'ont apporté, je les remercie chaleureusement.

Je voudrais aussi souligner la contribution de M. Raynald Trottier, responsable du projet, pour la qualité de l'encadrement offert ainsi que pour sa disponibilité et son support aux différentes étapes de réalisation.

Ma reconnaissance s'adresse également à la direction du collège Marie-Victorin, et en particulier à M. Gilles Leclerc, directeur des services pédagogiques, qui a favorisé la réalisation du travail en fournissant tous les services de secrétariat et d'imprimerie nécessaires. Un remerciement très particulier aussi à Mme Christiane Garon, secrétaire, pour la qualité de son travail et sa grande disponibilité en dehors des heures régulières.

Je ne pourrais passer sous silence l'aide technique de Denis St-Pierre pour l'initiation au traitement de texte, l'encouragement à l'écriture de Colette Binet, et les conseils pratiques de Danièle Pelletier pour l'obtention d'une certaine libération de tâche d'enseignement. Je les remercie chacun et chacune très chaleureusement pour leur précieux apport.

Je remercie également les deux principaux photographes, Denis Tremblay et Michelle Lauzon, pour leur disponibilité et le support qu'ils m'ont apporté.

Enfin, je tiens à mentionner la collaboration indirecte des éducatrices et des éducateurs des services de garde, des étudiantes et des parents qui, par leur pratique et leur questionnement, ont nourri mes réflexions et stimulé ma recherche. De même, je voudrais signaler l'apport précieux des enfants de mon entourage : leurs comportements, leurs multiples expériences et leur enthousiasme ont été une source d'inspiration et ont donné un sens à l'élaboration de cet ouvrage.

Francine Lauzon

Préface

Concevoir et produire un manuel de base sur un domaine aussi vaste et complexe que la psychomotricité constitue un défi difficile à relever. C'est toutefois avec doigté que Francine Lauzon parvient à nous offrir un nouveau et rafraîchissant regard sur l'éducation enfantine, en utilisant la psychomotricité comme pivot de l'approche éducative à privilégier de la naissance à douze ans. La toile de fond de ce manuel se situe dans un contexte de service de garde, bien qu'elle s'avère tout aussi pertinente dans d'autres milieux de vie, car elle permet de mieux comprendre les différentes étapes de croissance et l'influence que le milieu exerce chez l'enfant.

L'intérêt que revêt cet ouvrage est multiple. Déjà par le titre, l'auteure nous propose une démarche d'intégration des concepts de développement, en associant la psychomotricité à l'autonomie et au dynamisme de l'enfant. Il devient donc clair que, dès le départ, il s'agit d'étudier l'enfant dans un tout indissociable, lequel se trouve en quête active de son identité, de son propre processus d'apprentissage et du monde qui l'entoure. En d'autres mots, l'interaction dynamique de l'enfant avec un objet d'apprentissage ou d'expérience élargit graduellement ses horizons; alors que l'enfant devient actif dans la sélection de son activité, il devient aussi capable de saisir les difficultés inhérentes à l'activité, en augmentant par conséquent son niveau de motivation et en favorisant le désir d'expérimenter de façon autonome. Ainsi, jeu et apprentissage informel trouvent un lieu commun par la motivation, par le plaisir d'effectuer des découvertes et par la liberté de choix dans l'activité.

Bref, autonomie et dynamisme constituent les clés qui mènent aux apprentissages durables effectués par l'entremise de l'éducation psychomotrice, ou éducation active, tel que Francine Lauzon l'illustre tout le long de ce manuel.

À travers chacun de ses chapitres, le fil conducteur véhiculé par L'éducation psychomotrice. Source d'autonomie et de dynamisme se situe clairement autour d'une vision de souplesse dans l'intervention, de respect de la personnalité et du vécu de chaque enfant. Ce fil conducteur devient fondamental dans le contexte actuel des services à l'enfance au Québec, qu'il s'agisse de services de garde ou de scolarisation formelle car, de plus en plus, le nombre d'enfants qui vivent l'expérience de garde avant la rentrée en maternelle augmente ainsi que la proportion des jeunes qui fréquentent un ou deux services de garde de façon concomitante avec l'école. L'approche proposée dans cet ouvrage, de par son caractère d'éducation intégrale, peut alors avoir une incidence positive sur la recherche des éléments de continuité des expériences vécues, ainsi que sur les conditions de passage d'un niveau à un autre, ou d'un milieu de vie à un autre.

Ajoutons que le soin apporté à la présentation des trois grandes parties de ce manuel, soit les fondements théoriques de l'éducation psychomotrice (première partie), les aspects du développement psychomoteur de l'enfant (deuxième partie) et les interventions éducatives (troisième partie) évite le morcellement d'expériences selon que le milieu éducatif est plus ou moins formel. Car à l'instar de l'école, qui dit service de garde dit également regroupement multi-âge, hétérogénéité des besoins développementaux et culturels. Dans ces deux contextes, répondre aux besoins individuels de chaque enfant et à ceux du groupe sous-tend des pratiques éducatives engagées sur l'ensemble du vécu du jeune, sans se limiter à la période spécifique passée dans l'un ou l'autre des milieux. Entre autres, éducateurs et éducatrices, enseignants et enseignantes devront veiller aux conditions d'adaptation, aux changements de milieu lorsque l'enfant passe d'un groupe à un autre. Par exemple, la concomitance de fréquentation maternelle et service de garde peut devenir une expérience pénible pour l'enfant lorsqu'il faut que ce dernier s'habitue à un nouveau milieu dont la structure du programme diffère de celle connue au service de garde. Par contre, elle peut devenir une source unique d'enrichissement lorsque les différences inhérentes aux programmes de garde et aux programmes scolaires sont rehaussées par la recherche de moyens qui favorisent leur continuité. Dans ce sens, l'ouvrage de Francine Lauzon constitue un élément unificateur des situations offertes de la naissance à douze ans. De plus, il devient une source de partage d'information et de communication entre le personnel des services de garde et les enseignants et enseignantes. En effet, étant donné que ce manuel offre l'avantage rare d'un portrait, à la fois global et spécifique de l'enfant pendant cette importante période de la vie, il permet aux différents intervenants et intervenantes de se concerter autour des expériences offertes dans leurs programmes respectifs. Ce moyen de concertation peut représenter, autant pour l'enfant que pour l'adulte, un enrichissement et un soulagement, car la répétition éventuelle des activités proposées ne devient plus une source d'ennui ou de contestation, mais plutôt un complément d'expériences qui permet de les intégrer harmonieusement les unes aux autres.

De plus, il convient de souligner la pertinence de ce manuel lorsque l'éducation psychomotrice représente une source essentielle de communication entre les adultes et les enfants en milieu pluri-ethnique. Alors que dans la région montréalaise, la pluri-ethnicité est devenue un fait incontestable dans les milieux éducatifs et sociaux, ce manuel offre des ressources pédagogiques intéressantes aux intervenants. D'une part, à cause de la clarté avec laquelle Francine Lauzon décrit les facteurs universaux de développement, et d'autre part à cause de l'accent qu'elle met sur l'intervention éducative permettant ainsi l'utilisation des situations psychomotrices en tant que moyen privilégié de langage commun à tous et par l'entremise desquelles l'intervenant peut mieux saisir le bagage familial et culturel des enfants dans son groupe.

Et, en terminant, on ne pourrait passer sous silence le tour de force que représente le fait de rendre des concepts complexes, propres aux domaines de la neurologie, de la psychologie, de l'éducation et de la motricité dans un langage accessible aux lecteurs et lectrices non habitués à la lourdeur de certains textes scientifiques, sans pour autant perdre la rigueur et la justesse du traitement de ces concepts.

Je souhaite aux lecteurs et lectrices que L'éducation psychomotrice. Source d'autonomie et de dynamisme *devienne une des références québécoise de base dans le domaine.*

Raquel Betsalel-Presser,Ph.D.
Professeure et vice-doyenne aux ressources humaines
Faculté des sciences de l'éducation
Université de Montréal

Avant-propos

L'enfant d'aujourd'hui vit déjà dans le contexte de l'an 2000 et, souvent, les gens trouvent qu'il a bien de la chance. En effet, depuis quelques années, on n'a jamais vu autant d'auteurs, de chercheurs ou de praticiens se pencher, selon leur compétence, sur l'éducation de l'enfant, tantôt pour proposer une nouvelle approche éducative, tantôt pour produire un nouveau matériel éducatif. Et l'enfant a la possibilité d'utiliser des appareils et des jouets très sophistiqués, qui ont passé le test des psychologues, des pédagogues et des spécialistes de la fabrication ou du marketing. On peut aussi l'inscrire à un incroyable éventail de cours, le faire participer à des ateliers, l'initier à différentes activités ou techniques. Tout est prévu, en somme, pour capter son attention et pour favoriser le développement du corps, de l'intelligence, de l'affectivité et de la socialisation.

Mais, si la vie moderne quotidienne est organisée ou découpée dans des horaires de plus en plus surchargés, on voit qu'il reste bien peu de place, dans la réalité, pour la spontanéité, le rythme individuel, les mouvements naturels ainsi que l'exploration et l'expression libre des jeunes enfants. Aussi, le tourbillon dans lequel sont bousculés les adultes et les enfants empêche souvent les interactions sans lesquelles, on le sait, il ne peut y avoir de développement humain harmonieux.

Les éducatrices et les éducateurs, quant à eux, poursuivent sans cesse un objectif commun, soit celui de favoriser toujours davantage le développement de l'enfant et son épanouissement. Ils sont conscients du danger que, à travers les nombreuses théories et pratiques portant sur l'intervention éducative, on perde de vue l'enfant lui-même dans sa globalité et qu'on ne tienne pas compte de ses besoins réels.

Si les traités démontrant l'importance de l'éducation psychomotrice dans le développement de l'enfant foisonnent, force nous est de constater l'absence d'un ouvrage adapté spécifiquement aux besoins de formation des éducatrices et des éducateurs. Le présent ouvrage tente de relever le défi de combler cette lacune en rassemblant les connaissances acquises à ce jour et en intégrant une approche fondée sur l'enfant dans sa globalité. Nous avons donc voulu faire un manuel de base, à l'usage d'une clientèle intéressée par le développement psychomoteur de l'enfant, de la naissance à 12 ans;

il a la prétention de suggérer des façons d'intervenir dans le quotidien pour favoriser le développement optimal et l'épanouissement global de l'enfant, à travers l'activité corporelle. L'organisation du contenu et le choix des exemples ont été pensés en fonction du milieu de vie que représentent les services de garde, notamment au Québec; on ne s'étonnera donc pas d'y retrouver surtout des données particulières à ces services. Cet ouvrage n'en reste pas moins un manuel de référence pour toute personne intéressée au développement de l'enfant et à son éducation, qu'il s'agisse de parents, d'enseignants, d'éducateurs ou d'étudiants.

L'originalité de l'approche éducative décrite dans ce manuel tient à ce que l'intervention est abordée par niveau de développement et qu'elle intègre les aspects cognitif, socio-affectif et psychomoteur du développement de l'enfant. Autrement dit, on a mis l'accent sur l'interrelation entre le développement corporel et le développement psychologique et sur ses manifestations dans le comportement de l'enfant. L'évolution de l'activité corporelle, son rôle comme moyen de développement ou comme source d'épanouissement, et son influence sur les comportements de l'enfant constituent donc des sujets qui reviennent tout au long de l'ouvrage, pour expliquer l'intervention la mieux adaptée à chaque groupe d'âge.

De plus, le concept d'éducation psychomotrice que nous avons défini va plus loin que ce qui a été présenté jusqu'à ce jour. On a fait de l'autonomie corporelle le fondement même de l'éducation psychomotrice. Ainsi, l'activité corporelle n'est pas vue seulement comme un moyen de développement mais aussi comme une source d'équilibre et de renouvellement d'énergie.

Pour des raisons pratiques, le contenu de l'ouvrage se divise en trois grandes parties distinctes mais complémentaires. Dans la première partie, qui comprend les chapitres 1 et 2, on présente les fondements théoriques de l'éducation psychomotrice. Dans la deuxième partie, on regroupe les chapitres 3 à 9 qui traitent chacun d'un aspect du développement psychomoteur de la naissance à 12 ans. Le chapitre 10 apporte des précisions sur l'éducation psychomotrice et fournit aux intervenants les informations dont ils ont besoin pour concevoir des moments de vie[1] riches et stimulants; c'est en quelque sorte un chapitre charnière entre les deux premières parties et la troisième. Les interventions elles-mêmes sont abordées dans les chapitres 11, 12, 13 et 14, où sont décrites les caractéristiques du développement global, de la naissance à 12 ans ainsi que l'approche éducative à favoriser.

Avant tout, cet ouvrage veut fournir des informations utiles, voire indispensables pour comprendre les besoins de développement de l'enfant

---

1. L'expression «moment de vie» est employée pour identifier toutes les périodes d'activités vécues avec les enfants, y compris les activités de la vie courante, comme le sommeil, les repas, l'habillage, les transitions, les arrivées et les départs.

en relation avec l'activité corporelle. Il vise aussi à préciser le rôle des éducatrices et des éducateurs dans l'ensemble des activités de la vie courante : activités ludiques, sportives ou d'expression. Dans cette optique, la troisième partie sert d'abord à décrire une approche éducative en fonction d'une certaine réalité ; elle constitue plus un guide pratique pour la préparation de moments de vie qu'un recueil d'activités comme tel.

En somme, les éducatrices et les éducateurs, nous l'espérons, auront le loisir de trouver dans cet ouvrage, l'essentiel des connaissances dont ils auront besoin pour agir efficacement tout en accordant la place qui revient à l'activité corporelle dans le développement psychomoteur de l'enfant. La méthodologie retenue pour l'approche pédagogique et pour les pistes d'intervention laisse toute la place nécessaire à leur sensibilité et à leur créativité. Ce sont eux finalement qui, avec l'enfant, constituent le matériel éducatif le plus signifiant.

Francine Lauzon

Table des matières

D E U X I È M E   P A R T I E
Aspects du développement psychomoteur de l'enfant   31

TROISIÈME PARTIE
Les interventions éducatives

PREMIÈRE PARTIE

Fondements théoriques de l'éducation psychomotrice

Cette première partie pose les fondements de notre philosophie de l'éducation psychomotrice qui seront notre source d'inspiration tout au long de l'ouvrage. Dans le premier chapitre, on présente la base de notre philosophie de l'éducation psychomotrice, à savoir l'activité corporelle comme moyen de développement global de l'enfant et comme source d'équilibre et de renouvellement d'énergie. Dans le deuxième chapitre, on décrit de façon simple l'aspect neurophysiologique du mouvement et le processus d'acquisition des habiletés psychomotrices.

Vers une définition
de l'éducation psychomotrice

L'éducation psychomotrice est l'art de favoriser le développement global de l'enfant, à travers l'activité corporelle.

Le concept d'éducation psychomotrice repose sur une vision globale de l'être humain, vision selon laquelle l'enfant se développe, agit et communique à travers ses activités sensorielles et motrices, aussi appelées activités corporelles.

L'éducation psychomotrice prend sa source dans les théories et les pratiques portant sur le développement de l'enfant, la psychologie et la motricité; elle se définit donc en fonction de son histoire. Pour en arriver à faire ressortir clairement le sens que nous lui donnons dans cet ouvrage, nous traiterons d'abord de l'éducation en général, de la psychomotricité et de l'unité de la personne, puis de l'importance et du rôle des activités corporelles dans l'activité humaine. Ensuite, nous expliquerons notre définition de l'éducation psychomotrice en précisant son but et en décrivant les éléments qui en font partie.

1.1. L'éducation

Avant de définir l'éducation psychomotrice, précisons le sens que nous donnons à l'acte d'éduquer. Éduquer l'enfant, pour nous, c'est favoriser son développement et son épanouissement, en tenant compte de ses caractéristiques propres et en le considérant comme un membre d'une collectivité. Dans le processus d'éducation, nous distinguons trois pôles en interaction constante : l'enfant, l'éducateur et l'environnement.

L'environnement de l'enfant est constitué des personnes, de l'espace, du temps, des sons, des objets et des événements. L'éducateur a pour rôle d'amener l'enfant à développer son potentiel en interaction avec ces trois pôles. Cela exige des ajustements constants de la part de l'éducateur, car il doit tenir compte du niveau de développement de l'enfant, de même que de la dynamique de l'environnement dans lequel celui-ci évolue.

Éduquer suppose plus que le simple fait de montrer ou d'enseigner. Éduquer, c'est croire que l'enfant se développe au contact de l'éducateur ou de l'éducatrice, de ses pairs et de l'environnement. C'est aussi croire à l'importance d'établir une relation de confiance avec l'enfant, relation souvent déterminante pour son développement. Nous emploierons le mot *mutualité* pour désigner ce type de relation.

1.2. La psychomotricité et l'unité de la personne

Examinons d'abord la composition du mot psychomotricité. On y reconnaît facilement les éléments «psycho» et «motricité». Le premier élément, *psycho*, vient du grec et désigne notamment les manières de penser et les sentiments de la personne, en d'autres termes ses aspects cognitif et affectif. Quant au deuxième, *motricité*, il désigne le corps en mouvement ou au repos, et concerne donc toute l'activité corporelle. Le mot psychomotricité a ainsi été formé pour marquer l'interaction de l'esprit — qui désigne l'affectif et le cognitif — et du corps, qui englobe l'activité sensorielle et l'activité motrice. Psychomotricité, écrit sans trait d'union, soulignait à l'origine une vision nouvelle de l'être humain. On reliait alors en un tout le *psycho* et le *moteur* pour insister sur le lien étroit observé entre le corps et l'esprit.

C'est ainsi que l'être humain doit être considéré dans sa globalité : il se définit avec son corps, ses pensées, ses émotions et ses sentiments. Il forme un tout créé ou constitué à partir de ses composantes, et désigné par l'expression «être unifié».

Ce concept d'être unifié provient des milieux de rééducation et de recherche sur le développement de l'enfant. En effet, la notion de psychomotricité est issue des travaux de cliniciens travaillant auprès d'enfants et de personnes aux prises avec des difficultés d'ordre physique ou psychologique. Vers la fin du XIXe siècle et au début du XXe, les différents chercheurs, psychologues, neurologues et psychiatres se sont rendu compte de l'importance et du rôle des expériences corporelles dans le développement et les comportements d'un individu, de même que de l'impact de l'évolution de la personnalité sur les comportements moteurs. Ils ont ainsi préconisé une nouvelle conception de la personne intégrant les aspects cognitif, affectif et moteur. Mentionnons entre autres, Freud, Piaget, Spitz, Wallon, Gesell, Le Boulch, Ajuriaguerra, Naville, Dupré, Vayer, Lapierre et Aucouturier qui ont soit fourni des théories sur le développement et le fonctionnement humain, soit contribué par leur pratique à marquer l'évolution de l'éducation et de la rééducation psychomotrice, jusqu'à ce jour.

La psychomotricité, soulignons-le, est issue de deux milieux qui étaient aux prises avec des problématiques différentes mais dont la clientèle, constituée d'enfants ou d'adultes, avait en commun une caractéristique fondamentale : l'unité de l'être. Tous s'entendent pour reconnaître l'importance du mouvement dans le développement, l'éducation ou la rééducation de l'enfant et de certains adultes. Et chacun s'emploie à le démontrer par des recherches sur le développement de l'intelligence, sur l'évolution des comportements, sur le développement de la perception et de la motricité comme telle, ainsi que par la description des besoins d'ordre socio-affectif.

Notre propre expérience nous permet de comprendre comment se manifeste l'interrelation du corps et de l'esprit dans la réalité quotidienne. Par exemple, quand on décrit une personne à quelqu'un, ce que l'on cherche à communiquer c'est toute la façon d'être de cette personne. On a été frappé par certains traits physiques comme sa taille, la couleur de ses cheveux, le timbre de sa voix, etc., ou encore par sa personnalité, traduite dans ses façons de penser, de juger, de réagir et de faire, avec les autres et avec les choses; enfin, on tente aussi de décrire ce qui anime et émeut cette personne. Il n'y a donc pas d'un côté le physique et de l'autre la pensée et les émotions: l'un ne va pas sans les autres; la personne se présente à nous comme une entité, et elle agit ou réagit globalement.

De nos jours, les approches éducatives ou thérapeutiques qui accordent une grande place à l'activité corporelle se multiplient sans cesse, et leurs modalités d'application sont presque aussi variées que leur nombre. Le concept de l'être unifié se manifeste également dans un courant à la mode qui tente, par diverses méthodes, de procurer à chacun un mieux-être, par la conquête de la forme physique. Ce mouvement rejoint également le concept de santé globale, lui aussi de plus en plus populaire. Ainsi, la qualité de l'alimentation, l'intégration de moyens de ressourcement et de détente, comme le yoga et les massages, de même qu'un entraînement régulier comme le jogging, les sports, la danse aérobique, etc., sont devenus autant de sujets de préoccupation pour plusieurs, provoquant par là même un accroissement de l'intérêt pour l'activité corporelle comme telle.

1.3. L'importance et le rôle des activités corporelles dans l'activité humaine

L'éducation psychomotrice s'intéresse à l'activité corporelle de l'enfant comme source d'épanouissement, comme moyen d'action sur l'environnement et comme moyen d'entrer en relation avec les autres personnes.

Les premiers signes de la vie se manifestent à travers les cris et les mouvements du nourrisson. L'activité sensorielle et le mouvement forment la base du développement humain et assurent le contact de l'individu avec son entourage. En effet, dès la naisssance, l'enfant démontre sa vitalité par son attitude corporelle, de même qu'il manifeste son degré de réceptivité par ses réactions aux stimuli. Par exemple, un bébé pleure et devient tout crispé lorsqu'il a faim, tandis qu'il bouge tout son corps de contentement lorsqu'on approche le sein ou le biberon de sa bouche.

Le mouvement, peut-on dire, c'est la vie ; et lui accorder sa place, c'est assurer le développement du corps, de la pensée et des émotions, de façon à permettre des relations sociales harmonieuses. Le mouvement constitue une source d'énergie indispensable à la santé, de même qu'un moyen d'exprimer l'être dans toute sa profondeur.

Mais quelle place le mouvement doit-il occuper dans l'ensemble des activités de l'enfant ? Nous croyons que la réponse à une telle question exige des précisions sur l'âge et le niveau de développement de l'enfant, de même que sur le contexte socio-affectif dans lequel il évolue.

Tout au long du présent ouvrage, nous décrirons l'évolution de l'activité corporelle chez l'enfant et en préciserons la place. Retenons pour l'instant les trois postulats suivants comme fondements de notre approche :

- Le corps se développe lorsque l'enfant bouge et ajuste ses mouvements aux conditions de l'environnement.

- L'intelligence se développe par l'activité sensorielle et motrice de l'enfant, au contact des autres, des objets, de l'espace et de l'univers sonore.

- Le développement socio-affectif s'effectue à travers les activités sensorielles et motrices au contact des autres personnes et l'environnement. Le développement de la confiance en soi ou de l'estime de soi et la conquête de l'autonomie, notamment, s'effectuent à travers l'acquisition des habiletés motrices. En devenant de plus en plus conscient de ses capacités, l'enfant acquiert les bases nécessaires à son esprit d'initiative et de créativité.

Soulignons également l'importance du mouvement pour assurer le bien-être physique et psychique : bouger constitue un moyen de libérer les tensions et d'équilibrer les énergies (figure 1.1.).

1.4. L'éducation psychomotrice

L'éducation psychomotrice vise le développement global de l'enfant à travers l'activité corporelle, et elle a comme finalité le développement de l'autonomie corporelle.

Dans les ouvrages où il est question de psychomotricité, on parle de développement global de la personne par le mouvement, et on reconnaît qu'il existe une interrelation des domaines cognitif, sensorimoteur et socio-affectif. Cependant, à part les exercices proposés pour développer la perception et la motricité, on fournit en général peu de données sur le type d'intervention qui permet d'éduquer l'enfant à travers l'activité corporelle.

FIGURE 1.1.
Le mouvement, source de bien-être physique et psychique

Or l'éducation psychomotrice, comme nous l'envisageons, doit avoir comme but d'utiliser l'activité corporelle de l'enfant comme moyen de développement et d'apprentissage, tant sur le plan moteur que sur le plan de la personnalité.

Autrement dit, on doit voir et comprendre comment le développement des qualités humaines (la confiance en soi, l'estime de soi, l'autonomie, l'esprit d'initiative, la créativité et la capacité de participation active au sein d'une collectivité) passe d'abord par le développement de l'autonomie corporelle.

L'autonomie corporelle, comme nous l'entendons, suppose chez l'enfant une maîtrise du corps suffisante pour agir dans son environnement et pour communiquer efficacement et harmonieusement avec son entourage. Ces qualités s'acquièrent par le développement de la perception et de la motricité, de même que par la capacité de maintenir ou de renouveler ses énergies afin d'assurer sa santé physique et psychique.

L'autonomie corporelle entraîne une grande disponibilité du corps, qui devient source de liberté d'esprit et d'ouverture sur le monde. C'est ce qui permet à l'enfant de tirer profit des stimuli de son entourage. Il apprend ainsi à se connaître, à s'ouvrir aux autres et à l'environnement, à exercer des choix et à agir de façon autonome, créative et responsable. Comprise dans ce sens, l'autonomie corporelle trace la voie à l'éveil de la conscience et à l'actualisation du dynamisme global de la personne. Retenons finalement qu'elle s'acquiert progressivement, grâce à la maturation et à l'expérience de l'enfant.

L'autonomie corporelle comporte deux volets : le développement psychomoteur et le renouvellement des énergies.

1.4.1. Le développement psychomoteur

Le développement psychomoteur porte sur l'évolution interactive de la motricité et de la perception ; certains auteurs parlent de développement perceptivo-moteur. Il concerne donc l'évolution des façons de bouger, de se placer ou de manipuler un objet, de même que l'organisation des informations captées par les sens, par rapport au corps propre, aux objets, à l'espace, au temps et au rythme.

Motricité et perception évoluent constamment en fonction l'une de l'autre. Par exemple, au fur et à mesure que l'enfant acquiert des habiletés motrices, la perception qu'il a de son corps s'enrichit ; et c'est cette connaissance du corps et de ses possibilités qui le pousse à agir davantage sur l'environnement, en sollicitant sa propre activité sensorielle. Bouger, entendre, regarder, prendre, manipuler, reconnaître, associer, discriminer, adapter la position de sa main à la grosseur d'un objet, s'orienter d'un endroit à un autre, marcher en cadence, figurent parmi les exemples d'activités requérant l'intervention de la motricité et de la perception. On les désigne par l'expression «habiletés psychomotrices» (figures 1.2. et 1.3.).

Examinons maintenant l'ensemble des composantes du développement psychomoteur et, pour ce faire, représentons-nous une personne en action. D'une part, on reconnaîtra chez elle la motricité proprement dite, divisée en motricité globale et en motricité fine : s'il s'agit de mouvements comme la marche, le saut, etc., on parlera de motricité globale, tandis que pour désigner les mouvements plus délicats, comme tenir un crayon, pianoter, etc., on aura recours à l'expression motricité fine. D'autre part, on notera qu'il y a aussi la perception, alimentée par l'activité sensorielle. Quand la perception s'exerce sur le corps propre, on parle de schéma corporel et de latéralité ; quand elle porte sur les objets, on l'appelle organisation perceptive et, enfin, lorsqu'il s'agit de l'espace, du temps et du rythme, on parle d'organisation spatiale, temporelle et de l'évolution du sens rythmique.

FIGURE 1.2.
La période du repas fait appel à la motricité et à la perception.

Nous pouvons donc regrouper les aspects du développement psychomoteur en sept composantes ayant chacune son caractère propre, mais évoluant en interaction les unes par rapport aux autres :

- la motricité globale,
- la motricité fine,
- le schéma corporel,
- la latéralité,
- l'organisation perceptive,
- l'organisation de l'espace,
- l'organisation du temps et l'évolution du sens rythmique.

Le développement de ces composantes par les activités quotidiennes constitue le sujet majeur de l'éducation psychomotrice auprès des jeunes enfants. L'évolution progressive de chacune d'elles entraîne l'acquisition d'habiletés qui couvrent l'ensemble du développement psychomoteur. Ces éléments constituent des points de repère utiles pour l'observation des enfants et pour la planification d'activités corporelles telles que les activités de la vie courante, ou encore les activités ludiques, sportives ou d'expression.

FIGURE 1.3.
La motricité et la
perception
interviennent
dans le maintien
de l'équilibre.

1.4.2. L'équilibre et le renouvellement des énergies

L'équilibre et le renouvellement des énergies[1] assurent le bien-être physique et global. L'équilibre fait davantage appel au contrôle des énergies, tandis que le renouvellement concerne l'emmagasinage de nouvelles énergies. L'énergie procure une bonne forme physique et permet l'ouverture d'esprit nécessaire à la santé globale et au fonctionnement général de la personne.

---

1. Le concept d'énergie, dont il sera question, est emprunté à Mme Jeannine GUINDON de l'Institut de Formation et de Rééducation de Montréal. Mme GUINDON et ses collaborateurs ont élaboré une approche qui vise à actualiser les forces vitales de la personne, en démontrant l'importance de l'autonomie corporelle et du renouvellement d'énergie, dans un processus de développement de la personne.

L'expression bien connue «un esprit sain dans un corps sain» illustre bien cette idée.

Nous étudierons cette question en traitant du rôle et de l'importance des activités corporelles dans l'équilibre et le renouvellement des énergies. Pour mieux en comprendre la portée, nous partirons de faits bien connus. Ainsi, il nous arrive souvent d'entendre les gens de notre entourage dire qu'ils sont épuisés, qu'ils se sentent «vidés» et qu'ils n'ont plus d'énergie. Ils verbalisent ainsi leur manque d'entrain et nous décrivent leurs courbatures, leurs maux physiques et même leur désespoir.

Dans le feu de l'action, à travers les obligations et les engagements quotidiens, ces situations sont fréquentes et la routine devient alors plus lourde à porter. L'intolérance et l'incapacité de fournir des efforts détériorent la disponibilité, quand on est à court d'énergie. Les exigences du quotidien apparaissent alors comme des montagnes et, poussé à l'extrême, cet état conduit vers un profond découragement et une fatigue excessive; il en résulte souvent un total épuisement ou *burnout*. Très souvent, plusieurs personnes éprouvent en plus des maux physiques importants. Parler d'autonomie corporelle, dans le sens de la disponibilité du corps et de l'esprit, suppose donc que la personne puisse éviter d'aboutir à de telles situations et qu'elle soit capable de refaire le plein d'énergie pour atteindre un minimum de bien-être.

Nous croyons que l'équilibre et le renouvellement des énergies sont des habiletés qui se développent à partir de la naissance, par le biais de l'ensemble du vécu corporel. Ainsi, apprendre à l'enfant à équilibrer et à renouveler ses énergies fait largement partie de l'éducation psychomotrice, au même titre que le développement psychomoteur, car les deux assurent l'autonomie corporelle.

L'équilibre et le renouvellement des énergies reposent sur deux principes fondamentaux: la qualité des rythmes de base et l'alternance entre les différents types d'activités quotidiennes.

La qualité des rythmes de base est assurée par la satisfaction des besoins reliés à l'alimentation, au sommeil et à l'élimination. L'alternance des activités concerne le dosage du temps à consacrer aux activités de mouvement, aux activités de concentration, aux activités de relaxation et aux activités stressantes; ce dosage s'établit en fonction de l'effort qu'elles nécessitent et de la tension qu'elles engendrent, ou du ressourcement et de la détente qu'elles procurent. Nous décrirons plus en détail, au chapitre 10, comment favoriser l'équilibre et le renouvellement des énergies.

Résumé

Le concept d'éducation psychomotrice comporte une vision globale de l'être humain, que nous avons définie par l'expression «unité de l'être». De plus, la notion même de psychomotricité sous-tend une approche éducative qui accorde au corps une place prépondérante dans le développement de l'enfant.

L'éducation psychomotrice, telle que définie, porte donc sur le développement de l'activité corporelle et sur son utilisation comme moyen d'éducation de l'enfant. Elle vise la disponibilité corporelle et l'acquisition d'habiletés psychomotrices, et elle suppose une intervention fondée sur le niveau de développement de l'enfant.

Afin d'apprendre à intervenir en ce sens, en comprenant bien la dynamique de tous les facteurs en jeu dans le développement, nous croyons important d'étudier comment s'effectue le développement psychomoteur, avant de traiter de l'éducation psychomotrice comme telle en fonction de chaque âge. Il en sera donc question dans les deux prochains chapitres.

CHAPITRE 2

Le processus d'acquisition des habiletés psychomotrices

Le développement psychomoteur, marqué par l'acquisition d'habiletés psychomotrices, résulte de la combinaison de deux facteurs principaux : la maturation du système nerveux et l'expérience sensorimotrice de l'enfant.

L'hérédité et les conditions de vie de l'enfant agissent sur ces deux facteurs, mais ne viennent pas modifier le processus de développement comme tel, qui est le même chez tous les enfants. Il nous faut donc, pour comprendre le développement psychomoteur, étudier le fonctionnement du système nerveux et le rôle de l'expérience sensorimotrice de l'enfant.

Dans le présent chapitre, nous débuterons par une définition de la notion de développement ; puis nous expliquerons le processus d'acquisition des habiletés psychomotrices pour finalement traiter des applications pédagogiques possibles, compte tenu de l'état des connaissances sur la maturation du système nerveux[1].

2.1. La notion de développement

La notion de développement suppose des transformations qui se traduisent par l'acquisition de nouvelles habiletés et de nouveaux comportements, de la naissance jusqu'à l'âge adulte. Considéré sous cet angle, le développement psychomoteur se distingue de la croissance qui, elle, concerne surtout l'allongement des parties du corps et l'augmentation de leur volume. Prenons l'exemple de la préhension : à la naissance, le nourrisson voit les objets et peut les agripper lorsqu'ils frôlent sa main, mais il ne les prend pas. Les organes nécessaires à la préhension sont en place, mais leur croissance seule ne permettrait pas l'exécution des actions nécessaires à la saisie volontaire d'un objet. L'ensemble des opérations en jeu dans la préhension, c'est-à-dire l'intention et la coordination des mouvements en fonction du résultat souhaité, relèvent du développement comme tel.

Notons qu'avec la préhension, représentant le premier acte intentionnel, commence réellement l'acquisition des habiletés psychomotrices, aussi appelées praxies. L'acquisition d'une habileté psychomotrice nécessite

---

1. Soulignons que le domaine de la neurophysiologie représente une science fort complexe qui ne donne pas de réponse à toutes les questions. Cependant, l'information disponible suffit amplement pour nous permettre de dégager des applications pédagogiques en vue d'identifier et de respecter les besoins de développement de l'enfant. Mentionnons notamment les travaux de Jean Le Boulch et de Robert Rigal, dont nous nous sommes particulièrement inspirée pour la rédaction de ce chapitre.

l'intervention combinée de la motricité et de la perception. Pour permettre une meilleure compréhension de la notion de développement psychomoteur, nous allons maintenant décrire le processus d'acquisition des habiletés psychomotrices, en expliquant ce qu'est la maturation du système nerveux.

2.2. L'acquisition des habiletés psychomotrices

Prendre, marcher, écrire font partie des habiletés psychomotrices qui résultent de la maturation du système nerveux et de l'expérience de l'enfant. Comment l'enfant en arrive-t-il à maîtriser ces gestes ? Qu'est-ce qui l'amène à pouvoir exécuter volontairement un mouvement ? La réponse à ces questions sera facilitée par l'examen de l'aspect neuro-physiologique du mouvement, c'est-à-dire le fonctionnement du système nerveux.

Précisons d'abord que deux des trois catégories de mouvements concernent les mouvements réflexes, ou non intentionnels. Il s'agit en fait de réponses à un stimulus et ils ne résultent pas d'un apprentissage. Les uns, appelés réflexes archaïques, sont présents à la naissance et signalent un bon fonctionnement neurologique ; ils disparaissent au cours des premiers mois de la vie. Les autres, comme la toux et l'éternuement, sont des réactions involontaires de l'organisme et persistent toute la vie. La troisième catégorie comprend les mouvements volontaires, c'est-à-dire intentionnels et résultant d'un apprentissage. Ces mouvements sont régis par le système nerveux et se transforment, par l'exercice, en habiletés psychomotrices.

Pour mieux comprendre l'acquisition des habiletés psychomotrices, une bonne connaissance des composantes et du fonctionnement du système nerveux est nécessaire ; c'est pourquoi nous nous y attarderons quelque peu ci-après.

2.2.1. La description du système nerveux

Le système nerveux (S.N.) comprend le système nerveux central (S.N.C.) et le système nerveux périphérique (S.N.P.). Le système nerveux central est formé de l'encéphale, constitué des deux hémisphères cérébraux, du cervelet et du tronc cérébral situés dans la boîte crânienne, ainsi que de la moelle épinière située dans le canal rachidien. Le système nerveux périphérique, quant à lui, comprend tous les prolongements du système nerveux central, soit les nerfs crâniens et rachidiens qui assurent la liaison entre le système nerveux central et les muscles des différentes parties du corps.

On appelle système neuromusculaire l'interaction du système nerveux et de l'appareil musculaire (figure 2.1.). L'appareil musculaire comprend les muscles et les tendons.

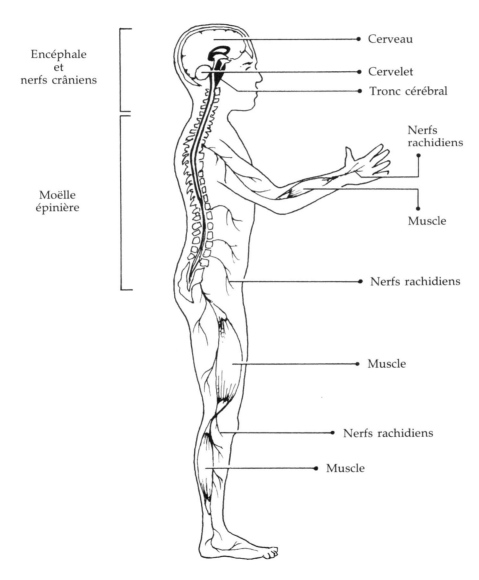

FIGURE 2.1.
Système neuromusculaire

Les centres de commande de l'activité motrice se trouvent localisés à différents endroits du système nerveux central, selon le type de contrôle nécessaire à l'habileté concernée. Par exemple, la couche grise (appelée cortex) recouvrant les hémisphères cérébraux participe au contrôle des mouvements et à l'activité intellectuelle ; le tronc cérébral intervient dans la régulation du tonus musculaire ; le cervelet agit sur dans le contrôle des mouvements, de l'équilibre et du tonus musculaire ; la moelle épinière joue un rôle dans l'activité réflexe[2].

Des symptômes comme la paralysie des membres causée par certaines maladies, ou des problèmes de périnatalité ont aidé les chercheurs à localiser les points de commande aux différents endroits du système nerveux central. Tous ces symptômes apparaissent généralement sous forme de difficultés particulières reliées à la perception et à la motricité, selon la localisation du dommage dans le système nerveux central. Le schéma de la figure 2.2. représente la carte du cortex cérébral et montre les aires où sont localisées certaines activités psychomotrices.

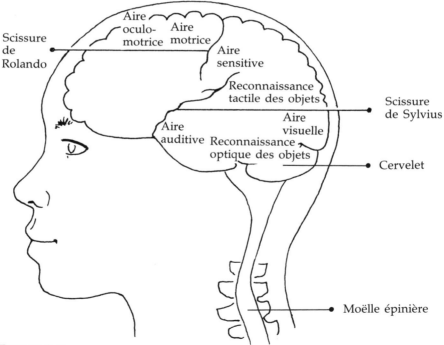

Figure 2.2.
Carte du cortex cérébral

2. Robert RIGAL, *Motricité humaine,* Sillery, Presses de l'Université du Québec, 1985, p. 105-106.

2.2.2. *Le fonctionnement du système nerveux*

Le système nerveux fonctionne lorsque l'influx nerveux (I.N.) y circule. Les voies transportant l'influx nerveux des muscles vers le système nerveux central se nomment les voies sensitives ou afférentes. Les voies transportant l'influx nerveux du système nerveux central vers les muscles sont dites motrices ou efférentes. Les sensations captées par les organes de perception — l'œil, l'oreille, la langue, le nez et la peau — sont d'abord communiquées par les voies sensitives du système nerveux périphérique vers le système nerveux central pour y être décodées sous forme de message, après quoi s'organise une réponse motrice transmise aux muscles par les voies motrices.

Le système neuromusculaire se compare au système électrique d'une maison : un tableau de distribution central regroupe tous les circuits, chacun où chaque circuit est équipé d'un fusible ; de là partent les fils qui se rendent aux prises de courant, aux plafonniers, aux interrupteurs, etc., lesquels alimentent les appareils électriques, les ampoules, etc. Pour qu'un circuit fonctionne, l'électricité doit y circuler et cela suppose certaines conditions. Entre autres choses, il doit y avoir un fusible dans la boîte électrique, les fils doivent être recouverts d'une enveloppe protectrice et les éléments doivent être correctement reliés les uns aux autres.

Dans cet exemple, le système nerveux central est représenté par le tableau de distribution et les fusibles (la boîte électrique) ; le système nerveux périphérique, soit les voies sensitives et motrices, par les fils électriques ; l'appareil musculaire par les appareils branchés aux prises de courant et, finalement, l'influx nerveux par l'électricité comme telle (figure 2.3.).

La circulation de l'influx nerveux (I.N.) du système nerveux central vers les muscles et des muscles vers le système nerveux central, le long des voies sensitives et motrices, constitue le facteur déterminant du fonctionnement neuromusculaire. Il faut savoir également que l'influx nerveux ne peut circuler le long des voies motrices et sensitives qu'à certaines conditions. La myélinisation des axones en est un facteur déterminant, car c'est lui qui entraîne ce qu'on appelle la maturation du système nerveux.

2.2.3. *La maturation du système nerveux*

La maturation du système nerveux correspond à la myélinisation de l'ensemble de ses circuits. La myélinisation d'un circuit est un processus qui aboutit au recouvrement des voies motrices et sensitives par une enveloppe appelée gaine de myéline. Dans l'exemple du circuit électrique,

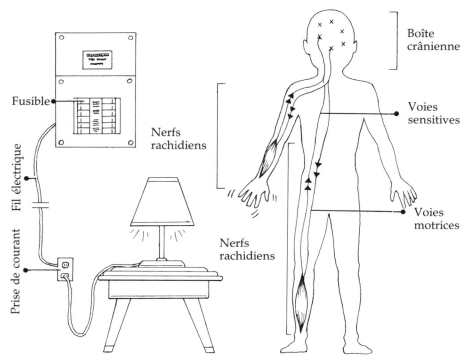

FIGURE 2.3.
Circuit le long duquel circule l'influx nerveux assurant le fonctionnement du système neuromusculaire

la myélinisation du système nerveux correspond au recouvrement des fils métalliques par l'enveloppe protectrice isolante.

Précisons que le système nerveux est formé par la juxtaposition de milliards de cellules nerveuses appelées neurones. La figure 2.4. présente le schéma d'un neurone et de ses composantes. Observons-en les trois parties, soit le noyau, l'axone, et les dendrites par lesquelles les neurones sont rattachés les uns aux autres. Remarquons particulièrement la coupe des deux enveloppes qui recouvrent l'axone : l'une d'elles représente la myéline. Notons que le neurone laisse passer plus rapidement l'influx nerveux lorsque la myéline est bien en place sur les axones. Par exemple, lorsque le circuit permettant l'exercice de la marche est myélinisé, l'enfant peut exercer cette habileté. Il en va de même pour toutes les habiletés, qu'elles soient d'ordre cognitif ou psychomoteur.

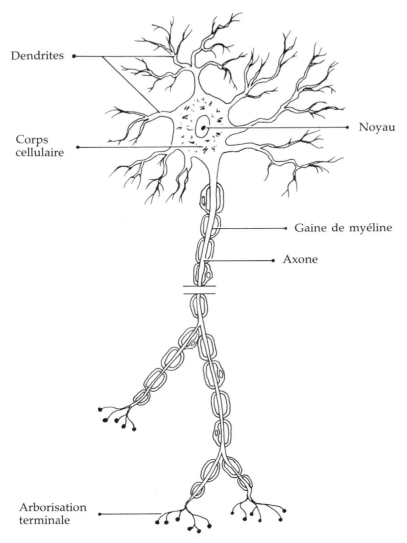

Dendrites

Corps
cellulaire

Noyau

Gaine de myéline

Axone

Arborisation
terminale

Figure 2.4.
Représentation d'un neurone

À la naissance, le système nerveux est en place, mais il n'a pas atteint sa maturité complète car la myélinisation n'est pas achevée. La gaine de myéline n'est pas complètement formée, et seuls certains circuits sont myélinisés. La myélinisation s'effectue progressivement, de la naissance à 12 ans. Comme nous le mentionnions plus haut, il existe des variations dans le rythme de maturation, d'un enfant à l'autre.

Retenons que, lorsque la myélinisation d'un circuit est terminée, on peut parler de maturité. L'enfant peut expérimenter un nouveau geste et, ainsi, développer une nouvelle habileté. Se hisser, marcher, lancer, écrire, découper sont des exemples de gestes témoignant de la maturation du système nerveux.

Voyons maintenant comment s'effectue l'acquisition de l'habileté, une fois la maturité atteinte.

2.2.4. L'exercice d'une habileté psychomotrice

Une habileté psychomotrice, aussi appelée praxie, représente un ensemble de mouvements coordonnés en fonction d'un but ou d'un résultat précis. Ce type d'habileté, contrôlée par le système nerveux central, nécessite le contrôle de l'activité des muscles (contraction - relâchement) et repose sur l'acquisition d'expériences antérieures de l'enfant (figure 2.5.).

Une habileté psychomotrice suppose donc une intention, la programmation d'un geste à accomplir et son ajustement à partir des particularités d'une situation. Par exemple, lorsqu'une personne marche sur la neige elle doit, selon sa perception, adapter son pas aux conditions du sol; si elle met le pied sur une plaque de glace, elle devra modifier son mouvement afin de conserver son équilibre. De même, lorsqu'un enfant dessine, il doit pouvoir manipuler la craie ou le crayon et adapter son geste en fonction de l'espace disponible et de ses intentions au sujet du dessin à accomplir. L'ajustement d'un mouvement à une situation constitue une des qualités fondamentales des praxies. Robert Rigal explique dans les termes suivants l'intervention de la motricité et de la perception dans ce processus:

> Pour agir ou réagir, l'organisme humain utilise l'information recueillie par ses différents récepteurs sensoriels que l'activité corticale transforme en perceptions. Ces informations interviennent dans la prise de conscience du corps propre et la construction du schéma corporel. Elles permettent également de connaître le déroulement des mouvements, de leurs modifications, de leur adaptation et de leur contrôle de plus en plus précis[3].

Dans le fonctionnement du système neuromusculaire, l'exécution d'un mouvement suppose le transport d'un ordre moteur vers le muscle, sous forme d'influx nerveux. Par conséquent, l'acquisition d'une habileté psychomotrice nécessite la mémorisation de gestes précis à poser, dans une situation donnée.

---

3. Robert RIGAL, *op. cit.*, p. 10.

Intention

Exercice
(Programmation du geste
à accomplir)

Mouvement volontaire
(L'exécution du mouvement
requiert toute l'attention
de l'enfant.)

Maîtrise et ajustement du mouvement
Habileté psychomotrice (praxie)
(Le mouvement est exécuté efficacement
avec un minimum d'attention.)

FIGURE 2.5.
Étapes pour l'acquisition des habiletés psychomotrices

Pour maîtriser l'action de découper, par exemple, l'enfant doit avoir exercé et mémorisé la séquence d'actions à exécuter en vue de prendre et de manipuler les ciseaux. À partir du moment où il a l'intention d'exécuter une activité motrice donnée, qu'il a déjà exercée plusieurs fois, un modèle du mouvement à exécuter surgit de sa mémoire et se traduit sous forme d'influx nerveux transmettant une commande précise aux muscles concernés. Il s'agit de ce que nous avons appelé l'ordre moteur.

Quel degré de perfectionnement du mouvement doit être atteint pour que l'on puisse véritablement parler de praxie? En d'autres termes, comment l'enfant en arrive-t-il à exécuter presque automatiquement les mouvements appropriés aux situations vécues? Au début, l'enfant expérimente par tâtonnement en se laissant guider par les résultats. Par exemple, dans le cas d'un jeu d'anneaux à enfiler sur une tige, l'enfant frappera d'abord un anneau sur la tige en voulant l'y insérer et, par une alternance d'essais et d'erreurs, comment y arriver. Au fur et à mesure que son geste acquiert de l'efficacité, il retient un modèle d'actions à exécuter, actions qu'il exerce et finit par maîtriser après de nombreuses répétitions. Les activités où l'enfant s'amuse à répéter des gestes sont des exemples d'amélioration de leur efficacité. De là l'importance de le laisser manipuler. On le constate notamment dans des actions comme tourner la poignée pour ouvrir une porte, pousser le bouton pour actionner une sonnerie, faire des boucles pour attacher son soulier, etc.

La première fois que l'enfant exécute un mouvement, on parle de mouvement volontaire. Ce n'est pas encore une praxie comme telle, puisque l'enfant ne le maîtrise pas parfaitement; le mouvement n'est pas efficace et nécessite beaucoup d'attention. Grâce à la répétition, l'enfant intériorise la séquence de mouvements à effectuer, les exerce; quand il arrive à les exécuter automatiquement, simplement parce qu'il le veut, on peut dire que l'habileté psychomotrice est acquise et parler de praxie. D'où l'importance de l'expérience de l'enfant dans l'apprentissage des mouvements et leur perfectionnement.

Une habileté psychomotrice ou praxie comporte trois qualités importantes: l'économie dans l'intervention de l'attention, l'efficacité du geste et la rentabilité de l'énergie dépensée. Autrement dit, une praxie nécessite un minimum d'attention pour que l'enfant demeure disponible à l'ensemble de la tâche à exécuter: le mouvement doit être tout à fait approprié à la situation, et l'énergie dépensée doit s'adapter au but poursuivi. La conduite de l'automobile, chez l'adulte, est un bon exemple de praxie: au début, l'apprentissage requiert une grande concentration du conducteur sur le maniement du volant, des pédales et des accessoires; ce qui lui laisse peu d'attention pour évaluer les conditions de la circulation. Une fois les gestes maîtrisés, c'est-à-dire devenus automatiques, le conducteur peut porter une partie de son attention sur la route ; il peut même à l'occasion regarder passer un oiseau. On comprend donc que l'acquisition d'une praxie nécessite une période d'entraînement indispensable à l'atteinte du degré de maîtrise corporelle exigé dans tel ou tel cas.

2.3. Les applications pédagogiques

À la naissance, les structures neuromusculaires ne sont pas toutes fonctionnelles ; leur évolution se poursuit au cours des douze premières années de la vie, grâce à la maturation du système nerveux. L'expérience, on l'a vu, joue également un rôle déterminant dans la façon dont va s'actualiser le potentiel de l'enfant. La combinaison de la maturation et de l'expérience de l'enfant dans l'environnement amène l'apparition de nouvelles habiletés.

Favoriser le développement psychomoteur, c'est favoriser l'accroissement du nombre d'habiletés psychomotrices (praxies) chez l'enfant.

En effet, la maîtrise de nombreuses praxies rend l'enfant plus apte à manipuler et à explorer l'environnement à sa guise, et constitue la base de son autonomie corporelle. Notons que la notion de praxie englobe toutes les activités fondées sur l'apprentissage de mouvements précis, en fonction d'un résultat donné. Ainsi, les activités ludiques ou sportives, comme le fait de secouer un hochet ou de lancer une balle dans un panier, les activités d'expression, comme la communication d'un message par l'expression corporelle ou la danse, et les activités de la vie courante, comme se servir d'une cuillère ou lacer un soulier, représentent toutes la maîtrise d'un nombre plus ou moins grand d'habiletés psychomotrices.

La maturation ne se fait pas au même rythme d'un enfant à l'autre. C'est ce qui explique pourquoi deux enfants du même âge peuvent avoir des comportements qui traduisent des niveaux de développement différents. Ainsi, l'âge chronologique, fixé par la date de naissance, n'indique pas nécessairement le niveau de développement de l'enfant. C'est pourquoi, lorsqu'il s'agit d'identifier le degré de maturation du système nerveux de l'enfant et d'évaluer son expérience, on parle plutôt d'âge physiologique.

L'acquisition progressive des praxies se fait sensiblement dans le même ordre, d'un enfant à l'autre; seuls le rythme et quelques variantes individuelles différencient la façon dont elles se manifestent.

Par exemple, la préhension se développe avant la locomotion chez tous les enfants; par contre, la façon de prendre ou de se déplacer peut varier d'un enfant à l'autre. On distingue donc deux lois régissant le développement, ou plus précisément la maturation du système nerveux: la loi céphalo-caudale et la loi proximo-distale. D'une part, selon la loi céphalo-caudale, la maturation ou le contrôle des mouvements s'effectue à partir de la tête vers les membres inférieurs: l'enfant contrôle les muscles du cou avant ceux du tronc, et il contrôle les membres supérieurs avant les membres inférieurs. D'autre part, selon la loi proximo-distale, le contrôle du corps commence par les segments situés près de l'axe corporel: par exemple, l'enfant contrôle les mouvements de l'épaule avant ceux de l'avant-bras et du poignet.

Ces lois ont une importance capitale en éducation, car elles permettent de situer le niveau de développement d'un enfant. Par exemple, on ne peut s'attendre à ce qu'un enfant fasse l'apprentissage de la marche s'il ne maîtrise pas la station assise (loi céphalo-caudale). De même, l'observation nous démontre que si un enfant exécute, avec un crayon, de larges mouvements contrôlés surtout par l'articulation de l'épaule, il ne faut pas s'attendre à ce qu'il effectue dans la même période des gestes fins contrôlés par le poignet.

Un apprentissage peut-il se réaliser à n'importe quel moment?

D'une part, la maturation détermine l'âge où un enfant devient prêt à exercer une habileté. Les lois céphalo-caudale et proximo-distale nous guident dans l'évaluation des capacités d'un enfant.

La période où un enfant devient apte à un apprentissage donné se nomme la période critique. «La période critique représente la période de temps au cours de laquelle un apprentissage peut se réaliser avec un minimum d'effort et un maximum d'efficacité[4].» Auparavant, l'exercice d'une habileté peut s'avérer une perte de temps et, après la période critique, l'enfant peut éprouver quelques difficultés à réaliser l'apprentissage. Plusieurs études démontrent que l'entraînement, avant la période critique, n'accélère pas le développement. Le manque d'exercice, par contre, entraîne divers types de retards et de difficultés d'apprentissage.

D'autre part, la maturation comme telle est un facteur neurologique sur lequel l'environnement n'agit pas directement. Autrement dit, on ne

4. Robert RIGAL, *op. cit.*, p. 501.

peut pas augmenter la vitesse de maturation du système nerveux. Cependant, c'est la richesse des expériences de l'enfant qui assure l'exercice de tout ce qui arrive à maturité. La qualité de l'éducation dépendra de l'aptitude des éducateurs à choisir le meilleur moment d'intervention pour l'exercice d'une habileté donnée.

Le milieu devrait permettre à l'enfant d'exercer au maximum son potentiel, car c'est là le plus grand besoin de l'enfant au cours de son développement.

Notons que l'intérêt du présent ouvrage réside justement dans le fait que nous voulons indiquer, pour chacun des aspects du développement psychomoteur, l'ordre dans lequel s'effectue l'apparition des capacités de l'enfant.

Il existe deux formes d'habiletés psychomotrices : d'une part les activités philogénétiques, qui sont propres à tous les humains, comme la préhension, la quadrupédie, la marche, la course, le saut, etc. ; d'autre part, les activités ontogénétiques, qui caractérisent les mœurs et les époques et qui se différencient des premières par le fait que tous les enfants n'en font pas nécessairement l'apprentissage. Dans les pays industrialisés, par exemple, les enfants vivant autrefois sur une ferme pouvaient apprendre à traire les vaches manuellement, tandis que maintenant ils apprennent à installer la trayeuse automatique. Le tir à l'arc, la bicyclette, la planche à roulettes, la natation, le ski sont d'autres exemples de ce type d'activité.

Les recherches démontrent que les activités philogénétiques se développent naturellement, au moment opportun (période critique) et dans des conditions où l'enfant peut donner libre cours à son activité spontanée. En ce qui concerne les activités ontogénétiques, elles nécessitent une forme d'enseignement ou, du moins, la possibilité pour l'enfant d'imiter une autre personne et d'avoir l'occasion fréquente de les exercer.

Retenons donc que l'apprentissage doit se faire au moment de la maturation. Avant cette période critique, l'entraînement se révèle inutile et prive l'enfant des autres activités qu'il pourrait exercer, tandis que le manque d'expériences, à la période critique, appauvrit le potentiel de l'enfant et entraîne des retards et des difficultés d'apprentissage.

Mentionnons en terminant que la croissance joue un certain rôle dans le développement et le comportement de l'enfant. En effet, de la naissance à la fin de l'adolescence, période principale de la croissance, il peut arriver des moments où l'enfant manque d'énergie pour réaliser des apprentissages.

Il s'agit d'étapes au cours desquelles l'enfant grandit plus rapidement, son système accaparant alors une grande part de son énergie.

La taille d'un individu varie en fonction de facteurs comme l'hérédité, l'alimentation et la culture. On sait, par exemple, que les Japonais sont généralement plus petits que les Scandinaves. De même, on ne devrait normalement s'attendre à ce qu'un enfant dont les parents sont plutôt petits devienne très grand.

Retenons donc que le niveau de développement de l'enfant, c'est-à-dire son âge physiologique, demeure le point de repère capital pour situer ses capacités d'apprentissage, et non pas sa taille ou son âge chronologique. On doit comprendre ici toute l'importance de l'observation des enfants pour connaître leurs capacités et en tenir compte, lorsqu'il s'agit de les regrouper, dans un service de garde.

Résumé

La maturation du système nerveux et l'expérience de l'enfant dans l'environnement conditionnent son développement psychomoteur. Nous avons vu que la maturation du système nerveux est un processus neurophysiologique dont l'évolution progressive amène l'enfant à exercer de nouvelles habiletés psychomotrices. Le développement de l'enfant est ainsi marqué de périodes critiques, pendant lesquelles il devient apte à réaliser des apprentissages. Avant ces périodes, l'exercice systématique d'une habileté devient une perte de temps, tandis qu'un manque d'entraînement pendant la période critique n'actualise pas le potentiel de l'enfant. Il importe donc de fournir à l'enfant, tout au long de son développement, des stimulations adaptées à son niveau de maturation afin qu'il puisse exercer tout ce qui arrive à maturité.

Ces données sur le processus du développement devraient constituer le fondement de toute approche d'intervention en éducation. Elles témoignent d'une science que l'on ne peut ignorer lorsqu'on s'intéresse aux besoins de l'enfant. Les programmes d'entraînement, aussi bien que l'éducation comme telle, ne sauraient être pertinents sans le respect des règles qui régissent le développement. Dans le prochain chapitre, nous reprendrons la notion de maturation pour en décrire l'évolution à travers les aspects du développement psychomoteur.

DEUXIÈME PARTIE

Aspects du développement psychomoteur de l'enfant

La deuxième partie sera consacrée à l'étude détaillée de chacun des aspects du développement psychomoteur de l'enfant. Nous y abordons les composantes de chacun et décrivons leur évolution.

Les sept chapitres de cette partie constituent en quelque sorte une lunette d'approche permettant au lecteur de mieux observer et de mieux comprendre l'univers du développement psychomoteur et du comportement des enfants.

CHAPITRE 3

La motricité globale

La motricité globale comprend tout ce qui concerne le contrôle de l'ensemble du corps tant en mouvement qu'à l'état de repos. Autrement dit, elle désigne tout ce qui touche l'acquisition et la maîtrise de positions et de déplacements. L'expression motricité globale s'applique ainsi à l'ensemble des réponses motrices[1] qui assurent l'harmonie et l'aisance globale du corps dans les activités corporelles de la vie courante[2], de même que dans les activités ludiques, sportives et d'expression.

Le développement de la motricité globale dépend étroitement de la prise de conscience du corps lorsque l'enfant doit en contrôler quelques-unes de ses parties d'une façon particulière, dans certaines activités. Lors d'un saut, par exemple, l'enfant doit connaître suffisamment son corps afin d'adopter la position nécessaire pour l'exécuter. En outre, la motricité globale met en place les bases essentielles au développement de la motricité fine, dont il sera question plus loin. En effet, la manipulation évolue et s'exerce à travers des activités motrices globales. Pour arriver à tenir un crayon, par exemple, l'enfant doit d'abord être capable de se tenir assis et de bouger son bras et sa main pendant que l'ensemble du corps reste immobile.

Les activités corporelles reliées à la motricité globale se divisent en trois grandes catégories :

- les mouvements non locomoteurs, c'est-à-dire les changements de position ou de posture, mais sans déplacement dans l'espace. Il s'agit de mouvements comme se pencher, s'étirer, se courber, s'asseoir, se redresser, pousser, tirer, pivoter ou lancer ;

- les mouvements locomoteurs, c'est-à-dire ceux nécessitant les déplacements du corps entier dans l'espace, comme rouler, ramper, marcher à quatre pattes, marcher de diverses façons, courir, se promener en tricycle, sauter à la corde ou à l'élastique, skier, nager, etc. ;

- la position stable, c'est-à-dire le maintien d'une posture pendant un certain temps ; par exemple rester assis, ou se tenir à genoux ou debout avec un ou deux points d'appui. Le mot «stable» ne veut pas dire

---

1. Rappelons qu'une réponse motrice représente l'exécution d'un mouvement adapté précisément à une situation donnée. Par exemple, pour attraper une balle on doit tenir compte de sa distance et de sa vitesse ; pour se déplacer on doit évaluer les conditions du sol (dur, mou, glissant ou autre) sur lequel on circule ; et pour franchir un obstacle, il faut être en mesure d'estimer sa hauteur.

2. L'expression «activité courante» est employée pour désigner les activités reliées aux tâches de la vie quotidienne comme marcher, se laver, s'habiller, monter l'escalier, pelleter, etc.

que l'activité musculaire n'existe pas, car le maintien d'une posture exige un contrôle permanent des muscles, contrôle qui permet de résister à l'attraction terrestre et d'éviter des mouvements ou des tensions inutiles. Comprise dans ce sens, la position stable constitue vraiment une activité corporelle.

L'exercice de ces activités corporelles fait appel à la dissociation et à la coordination des mouvements, à l'équilibre du corps et au contrôle du tonus musculaire. Ces quatre dimensions de l'activité corporelle constituent les principales composantes de la motricité globale.

3.1. Les composantes de la motricité globale

Les diverses composantes de la motricité globale interviennent simultanément dans l'exécution d'un mouvement, mais demeurent toutefois observables séparément. L'importance et le rôle de chacune varient d'un comportement moteur à l'autre. Par exemple, l'équilibre est mis en évidence dans le geste consistant à se tenir debout sur une jambe, tandis que la course fait davantage ressortir la coordination des membres inférieurs. Rappelons toutefois qu'une activité motrice globale englobe souvent plusieurs de ces composantes.

3.1.1. La dissociation

La dissociation est la possibilité de mettre en action une partie du corps, isolément, sans la participation de l'ensemble. Elle permet d'éviter le mouvement involontaire en favorisant le mouvement volontaire. Un mouvement est dissocié lorsqu'il reste indépendant d'un autre. Par exemple, lever un bras tout en gardant immobiles l'autre bras et le reste du corps constitue un mouvement dissocié et volontaire.

On peut parler de dissociation simple et de dissociation double :

- la dissociation simple consiste en l'exécution d'un mouvement à la fois, avec une seule partie du corps ; Il peut s'agir, par exemple, de taper du pied, de balancer un seul bras ou encore d'ouvrir et de fermer une main ;

- la dissociation double suppose l'exécution de mouvements distincts, avec deux membres différents, pendant que le reste du corps demeure immobile ; en voici quelques exemples : dribbler un ballon avec une main et tourner un cerceau avec l'autre, jouer des accords de la main gauche au piano pendant que la main droite exécute une mélodie, ajuster le mouvement de chacune de ses jambes au relief de la piste en skiant, etc.

La dissociation incomplète des parties du corps provoque l'apparition de mouvements ou de tensions inutiles, lors de l'exécution de certains gestes. Ces activités musculaires parasitaires et involontaires portent le nom de syncinésies. La présence de syncinésies peut nuire à l'exécution des mouvements et entraîne une dépense d'énergie inutile. Notons toutefois qu'elle est normale avant l'âge de 7 ans et qu'elle disparaît avec la maturation du système nerveux, au fur et à mesure que s'exerce la dissociation des différentes parties du corps.

Les syncinésies se présentent sous deux formes :

– la syncinésie d'imitation qui consiste à poser un geste parasite ; par exemple, le fait de tourner un bouton ou de dribbler un ballon avec la main droite entraîne le même geste du côté gauche ;

– la syncinésie de diffusion tonique qui se traduit par une ou des contractions musculaires lors de l'exécution d'un mouvement. On constate, par exemple, des contractions du bras gauche et du cou quand l'enfant écrit de la main droite ; de même, lorsqu'il se brosse les dents, le mouvement d'une main occasionne la fermeture ou la contraction de l'autre main.

Les activités spontanées de l'enfant et les exercices de dissociation, au moment opportun, raffinent le contrôle du corps et favorisent ainsi la disparition des syncinésies.

3.1.2. *La coordination*

La coordination est la combinaison de mouvements préalablement dissociés. En ce sens, la coordination suppose le travail «d'équipe» de deux membres ou de deux parties du corps. Autrement dit, il s'agit de l'agencement des mouvements des différentes parties du corps dans l'exécution d'un geste en particulier. Par exemple, on peut constater que le mouvement synchronisé des bras et des jambes, pour le déplacement à quatre pattes, comporte l'agencement d'au moins deux mouvements distincts. Il en est de même pour le mouvement des jambes dans la marche, ainsi que pour l'ajustement des parties du corps sollicitées dans le mouvement du lancer.

Pour vous permettre de mieux saisir la différence entre la notion de dissociation et celle de coordination, voici deux exemples. Dans l'activité motrice de la marche, la dissociation du mouvement réside dans le fait de bouger séparément les deux jambes. Cela n'assure toutefois pas pour autant la marche. Avancer suppose aussi une coordination, en ce sens que les jambes bougent l'une après l'autre tout en tenant compte du mouvement de chacune. Prenons un deuxième exemple puisé, cette fois, dans une activité de contrôle du geste : il s'agit de l'activité où l'on passe une balle d'une main à l'autre ; dans cet exercice, la dissociation permet de bouger séparément les mains, tandis que la coordination assure la synchronisation de leur mouvement (lâcher et prendre la balle) afin que l'on puisse passer la balle d'une main à l'autre.

On parle aussi de coordination visuomotrice lorsque l'œil joue un rôle essentiel dans la réalisation d'un mouvement. Il peut s'agir de la coordination de l'œil et du pied, par exemple dans le frapper d'une balle avec un pied, ou bien de coordination de l'œil et de la main, par exemple dans le lancer d'une balle vers une cible. La coordination de l'œil et de la main, aussi appelée coordination oculo-manuelle, sera approfondie lors de l'étude de la motricité fine.

3.1.3. L'équilibre

L'équilibre du corps se traduit par la capacité de faire les ajustements corporels appropriés, afin de maintenir une position sans tomber ni chanceler. Cet aspect de la motricité globale comprend tout ce qui permet au corps de combattre l'attraction terrestre en maintenant une position donnée, qu'on soit en mouvement ou au repos.

On peut donc parler de deux types d'équilibre : statique pendant le maintien d'une position, et dynamique pendant un déplacement. L'activité musculaire doit s'ajuster continuellement pour qu'on arrive à conserver une position confortable et à ne pas tomber.

L'exercice de la marche et les activités locomotrices en général affermissent l'équilibre du corps. Cependant, des activités comme marcher sur une ligne ou une poutre étroite représentent un niveau de difficulté plus élevé.

3.1.4. Le contrôle du tonus musculaire

Le tonus musculaire se définit comme un état de tension ou de contraction dans un ou plusieurs muscles. Le contrôle du tonus constitue un facteur déterminant pour assurer l'aisance des mouvements. La tension donne du ressort aux muscles, et c'est en la maîtrisant bien qu'on peut soutenir et mouvoir les différents segments du corps. Sans tonus, les articulations restent ballantes et n'offrent aucune résistance aux forces extérieures. Par exemple, une personne atteinte de paralysie sera incapable de faire bouger, selon le cas, un ou plusieurs de ses membres ; de même, un bébé dont la maturation n'est pas assez avancée aura des membres raides et l'ensemble du corps plutôt mou.

Le tonus musculaire, qui varie selon les personnes ou le mouvement concerné, représente donc un aspect fondamental du mouvement puisqu'il s'agit de l'activité musculaire comme telle, sans laquelle le squelette ne serait pas soutenu. Par rapport à cette composante de la motricité globale, il convient de définir deux expressions utiles pour l'observation des enfants :

- le tonus musculaire de base, qui représente la tension minimale nécessaire à la position stable ;

- le tonus de maintien, qui assure les contractions musculaires nécessaires aux activités motrices et qui suppose un ajustement constant en fonction des résistances rencontrées.

On observe deux types de contrôle du tonus :

- La régulation du tonus, de nature réflexe (ne relevant donc pas de la conscience), qui se développe de 0 à 6 ans ; notons que la régulation du tonus entraîne une répartition harmonieuse de la tension musculaire dans l'ensemble des parties du corps ;

- Le contrôle volontaire de la tension musculaire, découlant du précédent et arrivant à maturité autour de 7 ou 8 ans ; il permet de contracter ou de relâcher volontairement la tension dans les muscles des différentes parties du corps.

Le tonus musculaire peut être affecté d'hypotonie ou d'hypertonie. L'hypotonie représente une diminution ou un très faible niveau de tension dans les muscles, tandis que l'hypertonie désigne un excès de tension musculaire. Dans l'un comme dans l'autre cas, il peut s'agir d'immaturité du système nerveux ou d'un problème neurophysiologique.

À noter que le tonus musculaire influence directement l'état de détente des personnes. La détente suppose une répartition harmonieuse de la tension musculaire dans l'ensemble du corps ; elle se traduit par un état de bien-être à la fois physique et psychologique, résultant du relâchement de tensions nerveuses. Nous en traiterons à la deuxième partie et plus particulièrement au chapitre 14, mais on retiendra dès à présent que cette notion se rattache directement à l'évolution du tonus musculaire de même qu'à l'évolution de la conscience du corps (schéma corporel), en ce qui concerne le contrôle volontaire dans les différentes parties du corps.

Retenons finalement que du point de vue physiologique, la régulation du tonus et le contrôle volontaire de la tension musculaire sont les deux facteurs déterminants de l'état de détente. Et, en ce sens, ils sont directement mis à contribution dans les activités de détente.

3.2. L'évolution de la motricité globale

Entre la naissance et l'âge de 12 ans, le développement de la motricité globale se traduit d'abord par l'acquisition des mouvements fondamentaux non locomoteurs et locomoteurs, comme redresser la tête, soulever le corps, ramper, marcher, courir, sauter etc., ainsi que par le contrôle du corps dans le maintien de positions stables, comme rester assis, se tenir debout en équilibre sur deux jambes ou sur une seule. Par la suite, les mouvements se coordonnent et s'ajustent pour l'exécution de déplacements dans des espaces variés, avec ou sans maniement d'objets.

Rappelons que l'évolution de la perception participe également à l'acquisition des habiletés motrices. Se déplacer sur un terrain enneigé et glacé, ou encore descendre une pente en tricycle constituent des activités de motricité globale ; toutefois, l'ajustement postural nécessaire à leur exécution fait obligatoirement appel à la perception.

Notons également que le développement de la motricité globale s'effectue à partir de multiples exercices au cours des activités spontanées de l'enfant. Ainsi, on peut observer l'évolution du tonus, la dissociation et la coordination de plus en plus marquées des différentes parties du corps, de même que la maîtrise de plus en plus grande de l'équilibre. L'enfant bouge et se déplace avec des mouvements de plus en plus organisés, bien contrôlés et de mieux en mieux adaptés à des situations diverses et nouvelles.

Les différentes étapes qui marquent le développement de la motricité globale, de la naissance à 12 ans, se regroupent en trois principales périodes :

– de 0 à 3 ans ;
– de 3 à 6 ans ;
– de 6 à 12 ans.

3.2.1. De 0 à 3 ans

Chez le nouveau-né, la motricité globale n'existe pas au sens où nous l'entendons dans cet ouvrage. Au cours des deux premiers mois, la motricité observée reste la même que chez le fœtus. On peut déceler des tensions et des mouvements anarchiques attribuables à des perceptions provenant surtout de l'intérieur du corps, comme la faim, la soif et la douleur, ou encore provoqués par des changements de position et par des impressions sensorielles comme les suivantes :

- les sensations kinesthésiques, qui renseignent la personne sur les différentes positions de son corps ;

- les sensations tactiles ou relatives au toucher, comme les caresses, le contact avec le corps de la mère, les sensations thermiques (le chaud et le froid), etc. ;

- les perceptions auditives, qui ont trait aux voix et aux sons ;

- les sensations olfactives, qui concernent l'odeur des personnes, des vêtements, des objets et des pièces où l'enfant séjourne ;

- les perceptions visuelles, qui portent sur les formes, les couleurs et la luminosité.

Autrement dit, le nouveau-né n'a pas d'emprise sur les réactions de son corps, et sa motricité reste involontaire car elle résulte d'une réponse à des stimuli. La réaction à la faim illustre bien ce type de comportement : la sensation éprouvée s'exprime par une tension et des cris et, une fois le besoin satisfait, le bébé retrouve un état de détente.

Les membres du nouveau-né sont en flexion à cause de l'hypertonie, caractéristique du tonus à cet âge ; les bras et les jambes sont repliés et en rotation externe, ils s'allongent rarement. Pour le tronc, on observe le phénomène inverse. Si on place l'enfant en position assise, sa tête reste ballante et son corps s'affaisse vers l'avant, ou retombe vers l'arrière ou sur le côté. Cela est causé par l'hypotonie, également caractéristique du tonus chez le nouveau-né. Les mouvements observés sont la flexion et l'extension des jambes, le croisement et le décroisement des pieds ; la main est généralement crispée et fermée en poing, mais elle s'ouvre parfois en éventail.

Au cours des premiers mois, le bébé réagit spécifiquement à certains stimuli. Ces réponses motrices portent le nom de réflexes archaïques, et leur présence est un signe de bon fonctionnement neurologique. Les réflexes archaïques disparaissent peu à peu entre 3 et 8 mois, à mesure que progresse la maturation du système nerveux, pour faire place à la motricité volontaire. La persistance des réflexes archaïques, au-delà d'une certaine limite, devient un indice d'immaturité du système nerveux.

Voici un aperçu des principaux réflexes archaïques observables chez le nouveau-né.

• **Réflexe de succion.** Une légère pression exercée près des lèvres du bébé déclenche des mouvements de succion.

• **Réflexe de Moro.**   Lorsque le bébé est sur le dos, le seul fait de lui soulever brusquement le tronc, de frapper un coup sur la table où il est couché, de produire un bruit ou d'allumer une lumière forte provoque une ouverture et un écartement symétrique des bras, de chaque côté du corps, suivis d'un retour au milieu, au centre de la poitrine, en arc de cercle. Ce réflexe disparaît vers 4 ou 5 mois.

• **Réflexe d'agrippement.**   La stimulation de la paume de la main, avec un doigt ou un objet, en provoque la fermeture très serrée. En disparaissant, ce réflexe est remplacé par la préhension volontaire.

• **Réflexe de Babinski ou réflexe cutané-plantaire.**   L'excitation de la face plantaire du pied provoque l'extension et l'écartement des orteils. Après le début de la marche, cette excitation se traduit par la flexion des orteils.

• **Réflexe de la marche automatique.**   Si on le soutient par les aisselles en position debout, la plante des pieds appliquée contre le sol et le corps légèrement incliné vers l'avant, le bébé effectue des mouvements de marche, mais sans équilibre. Il est capable de redressement du corps sur les pieds appuyés au sol. Ce réflexe disparaît généralement autour de 4 ou 5 mois pour permettre l'apprentissage de la marche véritable.

• **Réflexe tonique du cou (de Magnus).**   Si le nourrisson tourne la tête dans une direction, le bras situé du même côté s'étire pendant que l'autre demeure en flexion, et la jambe s'étire ou reste en flexion. En général, ce mouvement s'effectue toujours du même côté chez un enfant. Selon certains auteurs, le côté vers lequel la tête est tournée serait un premier indice de la dominance latérale possible.

Lorsque disparaissent ces réflexes, la maturation du système nerveux permet une certaine régulation du tonus : l'hypertonie des membres diminue et le tonus du tronc se développe. Le bébé bouge les bras et les jambes sans but, sans se mouvoir ou à peu près, par hasard, par friction sur une surface. L'exercice physique anarchique se transforme, et on voit alors apparaître les premiers mouvements non locomoteurs (figure 3.1.).

L'enfant couché sur le ventre lève la tête, puis le tronc ; il bouge ensuite les jambes séparément, puis ensemble, puis en même temps que les bras et la tête. On observe de grands mouvements des bras et des jambes, sans aucune économie d'énergie. À ce stade, le tonus n'étant pas équilibré et la dissociation à peine commencée, on ne peut parler de coordination comme telle. Vers 3 ou 4 mois, le contrôle du tonus du cou et de la nuque a suffisamment évolué pour s'ajuster en fonction des positions du corps. Le cou sert de support solide afin que le bébé puisse orienter son regard. Par exemple, l'enfant apprend à contrôler les mouvements de la tête et à la tenir dans le même axe que son dos quand, tiré par les mains, il passe de la position

**FIGURE 3.1.
Apparition des
premiers
mouvements non
locomoteurs
(enfant de 4 mois)**

couchée sur le dos à la position assise. En position verticale, l'enfant peut tourner la tête dans différentes directions et la maintenir fermement.

Plus tard, entre le sixième et le huitième mois, l'enfant conserve son équilibre en position assise; les auteurs parlent alors de conquête de la verticalité. Cette acquisition permet une vision plus globale de l'environnement et aide le bébé à renforcer les muscles du cou, des épaules et du dos. Notons également que, dans la position assise, les bras deviennent complètement dégagés; ainsi, grâce aux mouvements associés des yeux et de la tête, le bébé peut manipuler librement les objets. De plus, tout en favorisant l'exercice du contrôle du tonus et de l'équilibre, ainsi que la coordination des membres supérieurs, cette activité contribue grandement à enrichir les perceptions visuelles, tactiles et les sensations kinesthésiques.

Jusqu'à cette phase de développement, la motricité globale, comme nous l'entendons, se limite à des mouvements non locomoteurs qui préparent les mouvements locomoteurs et au maintien de certaines positions, comme rester assis. Un peu plus tard, la maturation du système nerveux amènera l'enfant à tenter de se déplacer, et on assistera aux premiers mouvements locomoteurs, entre le huitième et le douzième mois. La dissociation et la coordination des membres supérieurs et des membres inférieurs se développent et permettent à l'enfant d'agencer les mouvements des bras et des jambes. S'ajoutent aussi l'évolution du tonus musculaire et l'affermissement de l'équilibre, de sorte que l'enfant devient capable de ramper, de marcher à quatre pattes, de se hisser debout à l'aide des bras et des jambes, de se déplacer le long d'un appui, de se tenir d'une seule main et de prendre un objet avec l'autre puis, enfin, de se tenir sans appui et de marcher. Autrement dit, au cours de cette étape, l'enfant exerce de plus en plus de gestes qu'il répète, enrichit et modifie afin de se soulever le bassin, de s'asseoir, de se mettre debout, de se rasseoir[3], de se mouvoir vers l'avant, vers l'arrière ou vers le haut. En fait, chacun des mouvements spontanés de l'enfant est capital pour la maîtrise de la station verticale, pour l'acquisition de mouvements locomoteurs ainsi que pour son développement en général (figure 3.2.).

Pour mieux comprendre le processus de développement de l'enfant, prenons l'exemple de la reptation et de la marche, et voyons-y le rôle des différentes composantes de la motricité globale.

Commençons par la reptation. Au début, l'enfant couché sur le ventre tente d'avancer en se tirant avec les deux bras ensemble ; c'est ce qu'on nomme la flexion bilatérale. Par la suite, les deux jambes participent au déplacement dans un mouvement simultané. Grâce à la maturation du

FIGURE 3.2.
Acquisition de la
station verticale
(enfant de 7 mois)

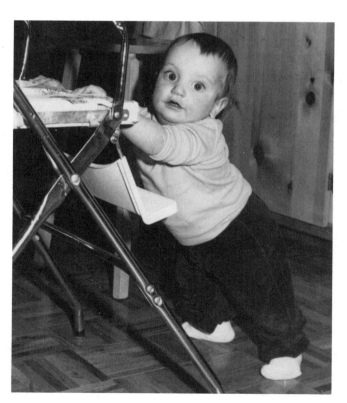

---

3. La capacité de se rasseoir est acquise après la capacité de se soulever. Ainsi, au bout d'une courte période, certains enfants se retrouvant debout peuvent pleurer de désarroi, ne sachant pas comment se remettre en position assise.

système nerveux et à l'exercice spontané de l'enfant, la dissociation des membres se produit. Cette motilité nouvelle (flexion unilatérale des membres) provoque à son tour l'évolution de la coordination des membres les uns par rapport aux autres, ce qui a pour effet de perfectionner la reptation en la rendant harmonieuse et efficace.

Au cours de cette période, l'enfant commence aussi à monter les escaliers à quatre pattes (vers l'âge de 9 mois); aussitôt qu'il marchera, il essaiera de monter debout en posant les pieds l'un après l'autre sur la même marche. Notons qu'il est plus facile pour un enfant de monter l'escalier que de le descendre. La descente à reculons, en rampant, persiste plus longtemps, à cause de l'appréhension du vide.

Pour l'acquisition de la marche, la maîtrise de l'équilibre général et le contrôle du tonus en position debout doivent s'ajouter aux possibilités de dissociation et de coordination des membres inférieurs, déjà acquises. Il est à noter que la marche devient l'activité dominante de l'enfant au moment de son acquisition; le tout-petit s'y adonne avec beaucoup de plaisir et de fierté. L'exercice affermit son équilibre, renforce ses muscles et multiplie ses possibilités d'expériences, le rendant ainsi beaucoup plus autonome (figure 3.3.).

Finalement, mentionnons que les 18 premiers mois de la vie constituent une étape particulière au cours de la période de 0 à 3 ans. L'évolution de la dissociation et de la coordination, associée aux autres aspects du développement moteur, se manifeste avec des variations individuelles dans le temps, mais selon une séquence similaire d'un enfant à l'autre. Retenons que cette évolution se produit à travers l'acquisition de mouvements précis : lever la tête puis la poitrine (à plat ventre), s'asseoir avec de l'aide, s'asseoir seul, se tenir debout avec de l'aide, ramper, marcher avec de l'aide, se hisser debout, monter les escaliers, se tenir debout seul, marcher seul (figure 3.4.).

Ces activités constituent des points de repère universellement reconnus dans la séquence du développement moteur. Cependant, il ne faut pas oublier que le passage d'une étape à l'autre nécessite des mouvements transitoires essentiels. Les enfants choisissent des mouvements qui leur conviennent pour se déplacer. Par exemple, certains peuvent se traîner assis plutôt que de marcher à quatre pattes. Ainsi, l'enfant passe spontanément par une série de petits jeux et d'exercices où il renforce ses muscles, affermit son équilibre, explore ses possibilités et découvre des positions et des mouvements nouveaux.

Soulignons également que l'acquisition de la marche amène l'enfant à explorer l'espace et les objets de son environnement. Ainsi, il exerce ses habiletés et ajuste ses mouvements en fonction des obstacles rencontrés,

FIGURE 3.3.
Les premiers pas
(enfant de 11 mois)

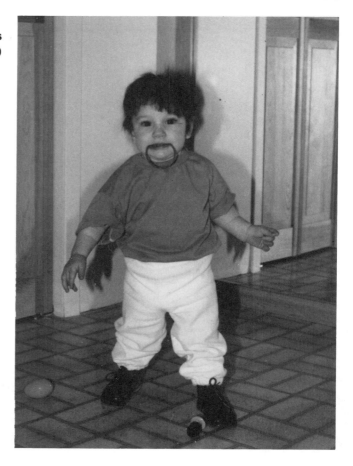

ce qui lui permet d'acquérir de nouvelles habiletés psychomotrices. Descendre de front une petite marche et tirer des objets en sont des exemples.

À cet âge, chaque instant fournit à l'enfant l'occasion d'exercer son potentiel à travers ses découvertes. Ainsi l'exercice libre et spontané, dans un environnement stimulant, constitue un facteur capital pour un développement optimal.

Jusqu'aux environs de 3 ans, grâce à la possibilité accrue de coordination des différentes parties du corps, l'évolution de la motricité globale se poursuit par la multiplication des acquisitions. L'enfant exerce de plus en plus d'habiletés qu'il combine et utilise pour explorer les objets et l'espace environnant. Les mouvements non locomoteurs s'enrichissent. Par exemple, l'enfant commence à lancer un ballon et à l'attraper, tout en restant assis au sol; il peut également donner un coup de pied dessus.

Position
foetale

Menton
levé

Poitrine
décollée

Tend la main
sans attraper

S'assied
avec aide

Assis sur les genoux
serre les objets

Attrape et
manipule
les objets

S'assied seul

Debout
avec aide

Debout, appuyé
aux objets

Quadrupédie

Marche
avec aide

Se hisse
debout

Monte les
escaliers

Debout seul

Marche seul

FIGURE 3.4.
Séquence de mouvements et de position de la naissance à la période
de la marche

En ce qui concerne les mouvements locomoteurs, on assiste à l'expression d'une vitalité débordante. L'enfant varie les façons de se déplacer, en marchant à reculons, sur la pointe des pieds, en courant entre les obstacles, en transportant des objets, en grimpant de différentes manières et en utilisant des objets roulants pour se déplacer. Apparaissent également les premiers sauts, en hauteur, exécutés d'abord quand l'enfant se trouve sur la dernière marche d'un escalier.

Retenons que ces mouvements ne sont pas encore parfaitement maîtrisés. Dans la course, par exemple, l'enfant éprouve des difficultés à contrôler les arrêts et les départs ainsi que les changements de direction. De même, dans le lancer, l'enfant effectue un mouvement de tout le corps, par un balancement de l'avant vers l'arrière; on ne peut s'attendre alors à ce qu'il contrôle la trajectoire du ballon.

Finalement, il faut reconnaître que l'enfant a franchi au cours de ces trois premières années de vie un très grand pas vers l'autonomie corporelle.

3.2.2. De 3 à 6 ans

À 3 ans, l'enfant est normalement en mesure de se déplacer aisément: l'équilibre est assuré, et la coordination des bras et des jambes est acquise en ce qui concerne les mouvements locomoteurs de base.

Entre 3 et 6 ans, la motricité globale occupe la majeure partie des activités de l'enfant. Les progrès portent sur la régulation du tonus et l'ajustement des mouvements, en fonction des situations rencontrées. On assiste à l'apogée des déplacements globaux et variés dans l'espace, sans aucune économie d'énergie. Toutes les situations deviennent des occasions d'explorer de nouveaux mouvements. L'immense besoin qu'éprouve l'enfant d'exercer sa motricité globale s'exprime à travers l'intérêt qu'il porte à l'expérimentation de tâches motrices multiples.

La régulation du tonus entraîne la disparition progressive des syncinésies. Toutefois, la dissociation reste limitée et le mouvement demeure global. L'enfant ne peut pas effectuer de mouvements précis.

À partir de 4 ans, l'enfant connaît l'aisance et une certaine harmonie dans l'exécution des mouvements locomoteurs. On parle alors de l'âge de la grâce. Les mouvements sont bien rythmés et de mieux en mieux adaptés aux situations. L'enfant peut, par exemple, marcher sur une poutre basse, marcher sur le bout des pieds, se tenir sur la pointe des pieds, monter et descendre l'escalier en alternant les pieds, et imiter des déplacements comme ceux des animaux. Toujours au cours de cette période, l'enfant apprend à mieux maîtriser la course ; il contrôle davantage les arrêts et les départs, de même que les changements de direction. Le saut en hauteur et le saut en longueur (20 à 25 cm, à 4 ans) s'effectuent plus facilement. On rapporte qu'à 5 ans, l'enfant peut sauter en alternant les pieds et effectuer une dizaine de sauts à cloche-pied.

De même, il y a évolution dans sa façon de frapper le ballon avec le pied. Au début, la jambe de frappe ne recule pas : l'enfant pousse le ballon plus qu'il ne le frappe ; vers 6 ans, la jambe prend du recul vers l'arrière et les bras interviennent pour le maintien de l'équilibre.

Le lancer évolue aussi et s'effectue différemment : l'enfant lance d'abord le ballon avec un bras et une main en se tournant légèrement du même côté. Vers 3 ans, l'enfant peut attraper le ballon, les bras tendus et raides, à condition qu'on le lui lance doucement dans les bras. Aux environs de 4 ans, il commence à fléchir les bras aux coudes et fait de légers déplacements du corps, en fonction de la trajectoire du ballon. Vers 5 ans, grâce à la dissociation du corps, les mains jouent un rôle très actif dans la réception de la balle ou du ballon ; les coudes se placent près du corps et le choc est amorti. Cependant, la vitesse de réaction est deux fois plus lente pour un enfant de 5 ans que pour un adulte, ce qui explique la difficulté du petit à saisir un ballon lancé de trop près ou trop vite.

Les progrès se manifestent également par la capacité de retenir ses impulsions motrices, c'est-à-dire la possibilité d'arrêter de bouger sans but, acquisition qui arrive à maturité au cours de cette période. L'enfant peut alors développer la capacité d'inhiber ses mouvements[4], afin de mieux adapter ses réponses motrices aux diverses situations. L'habileté à arrêter sa course, par exemple, illustre bien cette acquisition.

Finalement, on constate un plus grand contrôle du corps dans les mouvements non locomoteurs, comme la flexion du tronc, ainsi que dans le maintien de positions, comme se tenir en petit bonhomme ou sur une jambe. À la fin de cette période, grâce à ses maintes acquisitions, l'enfant peut apprendre à se balancer, à se promener en tricycle, à nager, à patiner, à skier, à frapper une balle avec un bâton. Il peut aussi s'adonner à des activités d'expression comme la danse ou le mime, et il joue à imiter des activités de la vie courante comme pelleter, balayer, passer la tondeuse ou l'aspirateur (figure 3.5.).

Bref, la régulation du tonus et l'ajustement postural caractérisent particulièrement cette période. Cependant, rappelons que l'ajustement

---

4. Jean LE BOULCH mentionne que la capacité de retenir un geste spontané arrive à maturité entre 12 et 18 mois. Cependant, il parle de l'inhibition du mouvement comme tel au cours de la période 3 à 6 ans.

FIGURE 3.5.
Perfectionnement de la motricité globale : la coordination des jambes
rend possible la promenade en tricyle (enfants de 3 à 5 ans).

postural demeure encore global. On peut l'observer, par exemple, lorsque l'enfant s'accroupit : il arrive qu'il fléchisse le tronc au lieu de plier les jambes. D'autre part, si le degré de précision du geste à accomplir est trop élevé, on verra apparaître des syncinésies.

Retenons aussi que l'enfant a besoin de temps pour exercer les différents mouvements avant de les maîtriser. Ainsi, le fait de lui accorder tout le temps nécessaire pour s'habiller seul, ou pour monter l'escalier, devient tout aussi important pour son développement qu'une activité de stimulation.

3.2.3. De 6 à 12 ans

Comparativement aux périodes précédentes, celle-ci ne se caractérise pas par l'apparition de nouveaux mouvements fondamentaux. Le contrôle du tonus musculaire continue toutefois d'évoluer, de même que l'affermissement de l'équilibre et l'accroissement des capacités de coordination motrice.

Vers l'âge de 7 ans, la régulation du tonus musculaire est achevée. Rappelons qu'elle ne relève pas de la volonté mais de la maturation du système nerveux. Cette acquisition élimine les syncinésies et rend possible la contraction et le relâchement volontaire des muscles. Entre 6 et 10 ans, quelques syncinésies toniques peuvent subsister, mais les syncinésies cinétiques ou d'imitation ont tendance à disparaître. Le contrôle volontaire de la tension dans les muscles, quant à lui, se développe vers 7 ou 8 ans. C'est seulement à partir de cet âge que l'enfant peut arriver à modifier à sa guise la tension d'un groupe musculaire. Cette caractéristique, associée au développement de la conscience du corps, aura des incidences sur les aptitudes de l'enfant à exécuter des mouvements précis, demandant le contrôle de tel ou tel muscle en particulier. De plus, l'enfant pourra dès lors s'adonner à des exercices de relaxation qui font appel au relâchement global et segmentaire. La régulation du tonus favorise notamment le maintien d'une position. Toutefois, son évolution progresse très lentement. Par exemple, l'enfant de 5 ou 6 ans peut s'asseoir droit, mais il ne peut conserver cette position très longtemps ; il se lève pour poursuivre son travail. À 7 ans, en général, il dénote du progrès dans le maintien d'une position. Par exemple, on peut remarquer qu'il devient capable de rester tranquille à table.

On note aussi que l'équilibre stable, sur une jambe, est atteint vers l'âge de 5 ans et que l'évolution de l'équilibre dynamique se poursuit lentement entre 6 et 12 ans. Les spécialistes mentionnent, par exemple, qu'à 6 ans l'enfant peut parcourir une poutre basse, de six centimètres de largeur, en moins de trois secondes. Ainsi, la période de 5 à 12 ans est particulièrement propice à l'exercice de l'équilibre. L'équilibration a atteint un niveau de maturité tel que les exercices d'équilibre proprement dits, à partir de postures variées sur une jambe ou lors de l'exécution de mouvements locomoteurs, permettent à l'enfant d'accroître considérablement son équilibre général.

Toujours au cours de cette période, la dissociation arrive à maturité, de sorte que la capacité de coordination atteint son apogée vers l'âge de 10 à 12 ans. En effet, il se produit graduellement des modifications importantes dans la maîtrise des postures et dans l'exécution des mouvements qui deviennent plus précis, moins globaux et mieux adaptés au but. De plus, on assiste à des combinaisons multiples de gestes qui perfectionnent le contrôle du corps et favorisent l'apprentissage d'habiletés motrices nouvelles.

En se fondant sur les activités motrices de l'enfant, on peut reconnaître deux étapes dans cette période : celle qui va de 6 à 8 ans, et celle qui s'étend de 9 à 12 ans.

• De 6 à 8 ans

De 6 à 8 ans, l'exubérance motrice pousse à l'exploration de gestes globaux et à la maîtrise de mouvements locomoteurs. Le développement de la motricité globale s'effectue surtout par l'exercice de l'ajustement postural global, dans diverses mises en situation de la vie courante ou dans le cadre de disciplines sportives et d'expression. Retenons que cette période est particulièrement propice à l'exercice libre des gestes moteurs spontanés. Diverses mises en situation permettent à l'enfant de se mesurer à des tâches motrices et de relever des défis.

Certains auteurs parlent ici de période de la dernière chance parce que, plus tard, des maladresses ou difficultés d'apprentissage peuvent surgir si la présente étape est mal franchie. Desrosiers et Tousignant[5] utilisent l'expression «polyvalence motrice» pour désigner le but a atteindre à cet âge. Par exemple, l'enfant peut exécuter des mouvements comme taper le ballon avec rebond, courir, sauter des obstacles, sauter en hauteur, marcher latéralement et à reculons sur une poutre basse, en se tenant sur un pied ou sur l'autre, les yeux ouverts puis fermés, se lancer le ballon à deux, sauter à la corde, jouer à l'élastique, frapper la balle avec un bâton, etc. S'ajoute à ces différents exercices, l'initiation aux activités sportives et d'expression, sans insistance sur la précision des gestes à accomplir (figure 3.6.).

• De 9 à 12 ans

À partir de 9 ans, la maturation du système nerveux permet un plus grand raffinement de la motricité globale. L'enfant peut contrôler séparément différentes parties du corps. La dissociation et la coordination atteignent leur plus haut niveau de complexité et permettent l'exercice de mouvements exigeant l'intervention de certains muscles en particulier. Rappelons que l'enfant a acquis la capacité de contracter et de relâcher volontairement les muscles vers 7 ou 8 ans. Il possède ainsi le potentiel nécessaire à l'apprentissage et au raffinement de mouvements précis, qu'il s'agisse de gestes à imiter ou de mouvements à développer pour accomplir des tâches motrices précises.

Soulignons ici toute l'importance du rôle de la perception dans les ajustements corporels complexes. L'enfant peut ainsi apprendre des attitudes et des gestes reliés aux activités d'expression, des pas caractéristiques en

---

5. P. Desrosiers et M. Tousignant, *L'éducation physique à l'élémentaire*, 2e édition, Les Presses de l'Université Laval, Québec, 1979, p. 23.

FIGURE 3.6.
Maîtrise de sauts variés (enfants de 7 et 8 ans)

danse, il peut développer les multiples habiletés exigées dans les différents sports, comme taper le ballon, en alternant les mains, taper le ballon en marchant et en courant, manier la raquette et ajuster ses déplacements au tennis. L'enfant ne se contente plus de développer les habiletés de son corps : il apprend des mouvements propres à différentes activités corporelles.

Par ailleurs, entre 6 et 12 ans, à travers l'exploration et l'apprentissage de mouvements, l'enfant développe des capacités physiques telles la souplesse, l'agilité et l'endurance (figure 3.7.). Il en sera question au chapitre 8 ; toutefois, examinons ici ce que nous entendons par l'expression «capacité physique». Il ne s'agit pas de nouvelles habiletés psychomotrices dans le sens où nous avons défini cette expression. Il s'agit plutôt des qualités physiques à atteindre lors de l'exécution de mouvements. Toutefois, les capacités physiques améliorent les performances dans l'exécution des habiletés. Par exemple, l'endurance permet de circuler à bicyclette plus longtemps, l'agilité d'attraper un ballon en se déplaçant plus rapidement et la souplesse de courir avec plus d'aisance.

FIGURE 3.7.
À travers leurs jeux, les enfants de 6 à 12 ans développent l'agilité, la force, l'endurance et la souplesse.

Nous nous servons ici de la taxonomie de Harrow pour définir ces qualités. Selon cette auteure:

> [...] la souplesse est l'étendue des mouvements des articulations que l'enfant est capable de réaliser. Une très grande souplesse est requise pour produire un mouvement efficace et pour réduire les blessures. La danse, la gymnastique et les activités semblables sont probablement celles qui exigent le plus de souplesse. L'agilité est la capacité de se mouvoir rapidement. Elle implique la dextérité et la rapidité du mouvement. L'agilité touche les changements rapides de direction, partir et arrêter rapidement, l'adresse dans les activités de manipulation et les temps de réaction rapides. L'endurance est la capacité de l'organisme d'emmagasiner et d'utiliser l'oxygène de façon à poursuivre un travail[6].

L'endurance se développe par l'entraînement et procure la capacité d'exécuter une activité corporelle donnée sur une plus longue période.

---

6. Anita J. HARROW, *Taxonomie des objectifs pédagogiques, Domaine psychomoteur*, Presses de l'Université du Québec, Sillery, 1980, p. 45-46.

Outre ces trois qualités du mouvement, mentionnons que la force fait également partie des capacités physiques. Cependant, le développement de la force musculaire ne constitue pas en soi un but à atteindre au cours de cette période. C'est à travers l'ensemble de ses activités corporelles que l'enfant augmente sa force musculaire, par le simple fait de fournir une résistance au poids des objets qu'il manipule, ou encore lors des déplacements de son corps.

Résumé

La motricité globale, qui repose sur le contrôle du tonus musculaire, la dissociation, la coordination et l'équilibre du corps, assure le maintien des positions et les déplacements volontaires du corps. Avec l'évolution de sa motricité globale, l'enfant acquiert une plus grande maîtrise de son corps et une coordination dynamique générale qui lui permet d'explorer et de découvrir l'espace qui l'entoure. De plus, la pratique d'activités qui font appel à la motricité globale permet à l'enfant de développer des capacités physiques telles la force, l'endurance, la souplesse et l'agilité.

Il faut aussi comprendre que la motricité globale s'observe à travers des comportements moteurs qui font appel à la perception. Par exemple, lorsqu'un enfant court, il doit maîtriser le mouvement de la course comme tel et l'adapter à l'espace disponible et aux conditions du sol.

Nous verrons au cours des chapitres suivants que la motricité globale occupe une grande place dans la vie de l'enfant. L'exercice libre de la motricité globale favorise le développement psychomoteur en général et contribue grandement à l'équilibre et au renouvellement d'énergie.

La motricité fine

La motricité fine concerne les mouvements fins et minutieux, requérant de la précision. Elle fait appel au contrôle de certains membres en particulier (petits muscles) et à la perception, pour guider le mouvement dans l'exécution d'une tâche motrice.

Des activités comme bouger le nez, les orteils, la main ou les doigts relèvent du contrôle de petits muscles mais ne représentent qu'un seul aspect de la motricité fine, puisque ces mouvements ne sont pas guidés par la perception. Par ailleurs, des gestes comme prendre une bille, boutonner un manteau, enfiler une aiguille exigent une certaine finesse; en outre, dans chacune de ces activités, le mouvement doit être guidé par la vue et le toucher pour que se modifie le geste, au fur et à mesure que se déroule l'action. Si l'on prend le geste d'enfiler, par exemple, on constate d'une part que, pour prendre l'aiguille, il faut que la main et les doigts s'ajustent à sa grosseur (geste fin) et, d'autre part, que l'autre main fasse de même avec le fil avant de se déplacer vers le trou de l'aiguille, là où l'œil la dirige.

Le travail conjugué de l'œil et de la main, dans les activités motrices fines les plus usuelles, nous amène à distinguer deux composantes principales de la motricité fine:

- la dextérité manuelle (finesse du geste);

- la coordination oculo-manuelle (combinaison des mouvements de l'œil et de la main).

4.1. Les composantes de la motricité fine

Le développement de la motricité fine est en rapport direct avec le développement de la motricité globale. En effet, même si la motricité fine concerne spécifiquement l'activité musculaire des bras, des mains et des doigts, ces derniers ont besoin d'être solidement soutenus par l'axe corporel ainsi que par les muscles de l'épaule (ceinture scapulaire) pour agir aisément. De plus, un bras doit être suffisamment dissocié de l'ensemble du corps et de l'autre bras pour se mouvoir librement. Cette indépendance des bras et du tronc est une condition essentielle au développement de la précision, dans les gestes manuels.

L'étude de la motricité fine portera sur le développement de la préhension et de la manipulation de l'objet par l'enfant. Autrement dit, elle traitera de l'évolution de la façon de prendre, de manier et d'utiliser les objets.

Les deux composantes de la motricité fine sont étroitement liées dans toute activité manuelle et, bien qu'elles se développent chacune selon son rythme, l'exercice de l'une ou l'autre profite au deux.

4.1.1. *La dextérité manuelle*

La motricité fine touche surtout l'habileté manuelle, qui joue un rôle fondamental dans l'exploration et l'utilisation des objets, lors des activités spontanées de l'enfant. On constate également que les habiletés psycho-motrices à développer, que ce soit pour les activités de la vie courante (manger, écrire), les activités ludiques (faire un casse-tête), sportives (jouer au golf) ou d'expression (dessiner, sculpter) exigent avant tout l'activité manuelle. Le Boulch[1] explique le rôle joué par la main en ces termes :

> Dès que la motricité fine de la main et des doigts rend possible l'exercice de la palpation, et dans la mesure où il n'y a pas d'autres problèmes sur le plan relationnel, l'activité exploratrice va revenir à la main. Pendant plusieurs mois, c'est à l'aide de ses mains que le nourrisson prend contact et découvre le monde extérieur.

La dextérité manuelle comprend l'acquisition et le raffinement des mouvements de la main et des doigts, et elle se développe quand l'enfant maîtrise la préhension. Il s'agit en quelque sorte de la façon de placer et de déplacer les doigts et la main, lors de l'exécution d'une tâche motrice manuelle. Les qualités requises pour y arriver sont l'adresse et la souplesse du mouvement de la main et des doigts. Cette habileté suppose la dissociation du bras par rapport au tronc, de l'avant-bras par rapport au bras, de la main par rapport à l'avant-bras, des doigts les uns par rapport aux autres, ainsi que la coordination de ces différents segments entre eux. Pour désigner la coordination des doigts, par exemple, on utilise l'expression coordination digitale. Couramment, on dit d'une personne qu'elle est adroite de ses mains ou encore qu'elle a du doigté.

L'habileté manuelle est facile à observer chez l'enfant qui manipule des billes ou prend des fèves pour les coller sur une feuille, de même que chez la couturière qui effectue une broderie, ou encore chez la personne qui actionne les touches du clavier d'un ordinateur. Toutefois, ces gestes ont besoin de la vision pour assurer la précision nécessaire à l'exécution d'une tâche motrice.

---

1. Jean LE BOULCH, *Le développement psychomoteur de la naissance à six ans*, Paris, Les Éditions ESF, 1971, p. 52.

4.1.2. *La coordination oculo-manuelle*

Parmi les perceptions servant à guider le geste de l'enfant, c'est la vision qui occupe le rôle majeur. C'est pourquoi on se réfère surtout à la perception visuelle pour étudier le développement de la motricité fine.

La coordination oculo-manuelle est le résultat de la combinaison des mouvements de l'œil et de la main. Le terme coordination garde la même signification que celle déjà donnée pour la motricité globale : il s'agit du travail d'équipe de deux parties du corps. Dans une activité de motricité fine, l'œil dirige la main. La vision assure l'ajustement constant du mouvement des doigts et de la main en fonction de la tâche à accomplir. Certains croient toutefois qu'au cours des premiers mois de la vie, c'est la main qui dirige l'œil : le bébé suit du regard les mouvements de sa main. Plus tard, si l'on prend l'exemple de l'enfant qui colle des pois sur une feuille, on verra que la vision intervient pour localiser le pois, évaluer sa grosseur et ensuite aider l'enfant à placer les doigts (dextérité manuelle) de la bonne façon pour le prendre. Quand il s'agit de frapper des touches sur un clavier d'ordinateur, la vision occupe également un très grand rôle. En effet, les doigts se posent séparément et successivement sur les touches localisées visuellement. Par ailleurs, lorsqu'une dactylo maîtrise bien son doigté, taper à la machine devient davantage un travail de dextérité manuelle (coordination digitale) mais, dans ce cas, la vision lui permet de bien suivre le texte.

Ce dernier exemple fait ressortir l'importance du développement des habiletés psychomotrices (dans ce cas, il s'agit de dactylographier sans regarder les touches) pour assurer l'atteinte d'une plus grande liberté du corps et de l'esprit (attention, concentration). Quand les gestes sont exécutés grâce à des automatismes, la conscience se libère et l'attention peut se porter ailleurs.

4.2. L'évolution de la motricité fine

La maturation progressive du système nerveux, conjuguée aux caractéristiques individuelles et à l'expérience de l'enfant lui permettent l'acquisition et le raffinement de gestes précis. Rappelons tout de suite que l'évolution de la motricité fine subit également l'influence de l'évolution du contrôle du corps en général. La possibilité de s'asseoir, par exemple, accroît les possibilités de manipulation.

Nous examinerons l'évolution de la motricité fine à partir des capacités de préhension et de manipulation de l'enfant. La préhension marque une étape cruciale dans le développement de l'enfant. Elle représente son premier mouvement intentionnel et devient le moyen par excellence d'explorer et de découvrir le monde, à travers la manipulation des objets. Elle remplace le réflexe d'agrippement et nécessite la coordination oculo-manuelle et la dextérité manuelle. Ainsi, notre étude de la motricité fine portera spécialement sur le développement de ces deux principales composantes, à savoir la coordination oculo-manuelle et la dextérité manuelle. Nous en traiterons à travers trois grandes périodes :

- de 0 à 2 ans ;
- de 2 à 6 ans ;
- de 6 à 12 ans.

4.2.1. De 0 à 2 ans

Le point de départ de la motricité fine étant la préhension, avant d'en aborder le développement représentons-nous l'attitude du nouveau-né devant un objet. Que se passe-t-il ? Aucun signe ne laisse entrevoir qu'il a l'intention de saisir l'objet. Au cours des deux premiers mois de la vie, la motricité n'étant pas intentionnelle, cette situation est tout à fait normale. Quelle est, alors, l'activité du bébé sous l'angle de la motricité fine ?

Entre la naissance et 2 mois, il n'y a pas vraiment de coordination oculo-manuelle ; les mains sont le plus souvent fermées en poing, et le seul mouvement observable est le réflexe d'agrippement. L'excitation de la paume de la main entraîne la fermeture serrée des doigts sur l'objet. À compter du deuxième mois, les mains restent plus souvent ouvertes. En ce qui concerne les yeux, il faut se rappeler que lorsque le nouveau-né regarde des objets dans son champ visuel, rien n'indique qu'il s'y intéresse vraiment. Vers 1 mois, quand l'enfant est couché sur le dos, il commence à fixer un objet placé devant lui puis, progressivement, il tourne la tête pour en suivre les déplacements. À cet âge, les yeux et la tête se déplacent ensemble, alors qu'un peu plus tard l'enfant pourra bouger les yeux indépendamment de la tête. Autrement dit, au cours des 3 premiers mois, l'excitation provoquée par l'apparition d'un objet attire l'attention de l'enfant, puis entraîne des rotations de l'œil pour suivre l'objet et le situer dans l'espace.

Parmi les objets qui attirent l'attention de l'enfant, ses mains représentent une source d'attraction particulière. Dans la période qui marque la fin du réflexe d'agrippement, les mains s'ouvrent, se touchent et se prennent ; l'enfant les porte à la bouche, puis il fixe son regard sur une main et peut suivre son déplacement. C'est le signe du début de la coordination oculo-manuelle, observable vers 16 semaines. L'enfant commence également à fixer son regard sur les objets et les personnes, et à suivre leurs déplacements.

Il est à noter que l'évolution du contrôle des petits muscles se manifeste également vers 3 mois, quand l'enfant commence à contrôler sa mimique. On peut le constater par ses sourires.

Entre 4 et 6 mois, lorsque l'enfant regarde un objet, il désire le prendre, réagissant par des mouvements des bras (contrôlés au niveau de l'épaule) en direction de l'objet ; alors débute l'exercice de la préhension. L'approche de l'objet est latérale car les coudes ne plient pas et, comme la saisie de l'objet se fait surtout avec le petit doigt et la paume de la main, on parle de la prise cubito-palmaire. Aux alentours de 6 mois, grâce à l'acquisition de la station assise, l'enfant peut bouger les bras à sa guise et, ainsi, prendre les objets avec beaucoup plus de facilité (figure 4.1.). Dans cette position, l'enfant exerce sa coordination oculo-manuelle, de même qu'il développe de plus en plus de dextérité grâce à l'évolution de la dissociation des mouvements (épaules – coudes – poignets – mains). Cette maîtrise de la dissociation des parties du bras favorise des manipulations variées, plus fines et plus précises.

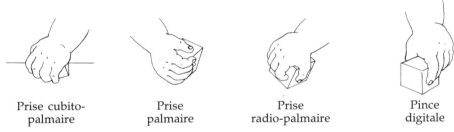

| Prise cubito-palmaire | Prise palmaire | Prise radio-palmaire | Pince digitale |

FIGURE 4.1.
Évolution de la préhension au cours de la première année de vie

Vers 8 mois, l'articulation du coude participe au mouvement ; par la suite, vers 9 ou 10 mois, grâce au contrôle des muscles du poignet et de la main, l'approche de l'objet devient plus directe. À cette période, la prise de l'objet évolue également. Il y a d'abord la prise palmaire, c'est-à-dire celle où l'enfant prend à pleine main : il saisit ses pieds, prend de la nourriture avec les mains, frappe les objets sur la table et tient une bouteille. Puis arrive l'étape de l'opposition pouce – index qui permet la pince digitale ; c'est ainsi qu'on désigne la saisie d'un objet avec le pouce et l'index. Cette prise est caractéristique de la motricité humaine : elle représente le facteur premier du développement de la dextérité manuelle. À partir de cette acquisition, le rôle de l'index devient beaucoup plus important. L'enfant manipule les objets en parcourant leur contour et en introduisant son index dans les trous ; il découvre ainsi le relief et la profondeur. Ces manipulations enrichissent son expérience sensorielle et, par le fait même, ses connaissances. Au cours de cette même période, l'enfant acquiert la possibilité de relâcher volontairement les objets (le fait de lâcher prise) et se met à passer les objets d'une main à l'autre. Lors de l'exercice consistant à lâcher prise, certains enfants s'adonnent à des jeux plus ou moins appréciés, comme celui de laisser tomber la nourriture en bas de leur chaise haute. Il ne faut y voir, au début, aucune intention malveillante de leur part ; il s'agit plutôt de la maturation du système nerveux et de l'exercice d'une nouvelle habileté. À cette étape, également, l'enfant aime jouer à donner un objet et à saluer de la main. La préhension adroite et fine apparaît vers la fin de la première année.

L'analyse de la préhension, comme telle, nous permet de dégager les quatre étapes de son acquisition :

– la localisation visuelle de l'objet dans l'espace ;

– le mouvement, guidé par la vue, du bras et de la main vers l'objet ;

– la saisie proprement dite de l'objet ;

– la manipulation de l'objet.

Robert Rigal décrit le processus en ces termes :

À la naissance, la tête entraîne les yeux dans ses déplacements. Vers la fin du premier mois, le regard se fixe sur une personne qui se déplace et la suit, ce qui révèle la coordination des muscles oculo-moteurs. Quand l'enfant atteint trois mois, apparaissent la convergence oculaire à l'approche d'un objet, l'intérêt porté à une main, puis aux deux. L'enfant réalise que ses membres lui appartiennent. Les mouvements des mains guident d'abord ceux des yeux qui ensuite dirigent les mains. À cet âge, l'enfant ne tend pas encore ses mains vers l'objet pour le saisir, n'ayant pas encore fait d'association entre la vue de l'objet et l'organe main qui lui permettrait de l'attraper. Cette relation s'établit par hasard à partir du réflexe d'agrippement. La main touchant l'objet l'empoigne, se promène avec, passe dans le champ visuel où s'associent alors la vue de la main, la vue de l'objet dans la main et les sensations tactiles issues du maintien de l'objet. L'association vision-main-objet le conduira, à la vue d'un objet, à effectuer les mouvements de la main dans l'espoir de l'attraper[2].

---

2. Robert RIGAL, *Motricité humaine*, Montréal, Presses de l'Université du Québec, 1974, p. 440.

**FIGURE 4.2.
Préhension et
manipulation à
5 mois**

La saisie de l'objet, au cours de la première année, subit des transformations directement reliées à la façon dont l'enfant place la main. On reconnaît quatre formes de préhension (figure 4.2.):

- la prise cubito palmaire, qui permet la saisie de l'objet entre l'auriculaire, l'annulaire et la paume de la main;

- la prise palmaire, qui permet la saisie de l'objet à pleine main;

- la prise radio-palmaire, appellée aussi prise en ciseaux, qui fait intervenir le pouce, sans toutefois qu'il soit inversé par rapport aux autres doigts;

- la pince digitale, qui caractérise les humains et permet le développement d'une grande dextérité manuelle. On doit remarquer ici que le pouce s'oppose aux autres doigts et que la prise s'effectue avec le pouce et l'index. Cette capacité survient vers 8 ou 9 mois.

Entre 1 et 2 ans, le développement de la motricité fine se poursuit grâce au besoin intense d'exploration de l'enfant, qui se traduit notamment par des séances intensives de manipulation d'objets (l'enfant est affairé). La force musculaire aidant, l'exercice de la coordination oculo-manuelle et de la dextérité manuelle se fera à travers des activités manuelles spontanées comme tenir, lâcher, serrer, frapper, lancer, tracer quelque chose, etc. Le contact avec des objets offrant de multiples possibilités de manipulation contribue à l'acquisition de nouvelles praxies. On peut alors observer que l'enfant griffonne et gribouille, aide à tourner les pages d'un livre, vide une bouteille de son contenu et y met de petits objets, mange maladroitement avec une cuillère, lance des balles, construit des tours avec des blocs, boit avec un verre et le lance lorsqu'il a terminé (21 mois).

4.2.2. De 2 à 6 ans

L'évolution du contrôle des gestes suivra la loi proximo-distale. Les premiers mouvements sont guidés par l'articulation de l'épaule puis, progressivement jusqu'à 6 ans, la dissociation du corps s'effectue, la coordination s'affine et l'amplitude du mouvement diminue jusqu'à devenir presque nulle, pour laisser la place au mouvement du poignet et aux doigts. Ainsi, on peut observer que, vers 6 ans, l'habileté manuelle est suffisamment développée pour permettre à l'enfant de former des lettres, à l'aide des membres requis : l'avant-bras, le poignet, la main et les doigts. De plus, lorsque l'enfant écrit, le contrôle du corps est à ce point développé que les syncinésies toniques sont presque toutes disparues.

Après l'apprentissage des mouvements fondamentaux de préhension, les nouvelles acquisitions dépendront du degré de difficulté des situations dans lesquelles l'enfant évoluera. On note par exemple que, vers 2 ans, l'enfant tient sa cuillère avec la paume de la main tournée vers le haut, comme l'adulte. Vers 3 ans ½, il déboutonne ses vêtements, délace ses chaussures, lave et essuie son visage ou ses mains maladroitement. Entre 3 et 4 ans il tient un crayon avec tous les doigts, puis à la façon de l'adulte. Vers 4 ans, il place spontanément des cubes en ligne, peut attraper un ballon de cinq pouces de diamètre, s'habille et se déshabille presque sans aide et lace ses chaussures. Entre 4 et 5 ans, il découpe avec des ciseaux, tient un crayon ou un pinceau comme un adulte, et commence à utiliser ces instruments pour s'exprimer (figure 4.3.).

FIGURE 4.3.
Acquisition d'habiletés psychomotrices à travers une activité de bricolage (enfants de 3 et 4 ans)

4.2.3. De 6 à 12 ans

Le contrôle volontaire de la tension musculaire, à partir de 7 ans, permet à l'enfant de développer le raffinement du geste. La motricité fine, par exemple, hérite d'un potentiel exceptionnel. La période qui va de 6 à 12 ans sera particulièrement favorable à l'acquisition de nombreuses praxies ainsi qu'au développement de la dextérité manuelle. Vu l'étroite relation entre la motricité et la perception, l'acquisition des praxies et le raffinement du geste dépendront du potentiel de l'enfant, de ses intérêts et des occasions offertes par le milieu. Autrement dit, l'activité spontanée ne suffit plus à actualiser tout le potentiel de l'enfant. Un développement optimal nécessite donc l'exercice de la dextérité manuelle, à travers l'apprentissage des gestes propres aux diverses tâches manuelles. Ainsi peuvent se développer toutes les habiletés manuelles reliées aux activités de la vie courante (écriture, bricolage, tricot, couture, cuisine) (figure 4.4.), aux activités sportives (pour le maniement d'une raquette ou d'un bâton), ou aux activités d'expression avec un instrument (dessin, peinture, piano, flûte, etc.).

FIGURE 4.4.
Raffinement de la dextérité manuelle à travers une activité d'art plastique (enfants de 7 à 9 ans)

En terminant ce point, rappelons que la préhension et la manipulation jouent un rôle important dans le développement cognitif de l'enfant, puisqu'elles lui permettent de manipuler beaucoup d'objets et de multiplier les expériences sensorielles et kinesthésiques. L'enfant s'approprie le monde par la préhension des objets. Il doit sans cesse ajuster ses mouvements à de nouveaux objets et fait ainsi l'acquisition de nouvelles praxies.

Il ne faut pas perdre de vue l'importance des activités de motricité globale, si l'on veut éviter que l'amélioration de l'activité manuelle se fasse au détriment du développement psychomoteur dans son ensemble. Dans leurs jeux libres, certains enfants éprouvent, longtemps après 6 ans, le besoin de bouger avec tout leur corps plutôt qu'avec quelques membres seulement, comme dans les activités manuelles. On sait en effet combien, dans les services de garde en milieu scolaire, les jeux au parc ou au gymnase sont populaires.

Voyons maintenant comment certaines activités de motricité fine, et particulièrement l'expression graphique, illustrent la théorie que nous venons de développer.

4.3. L'analyse de certaines activités de motricité fine

Les activités manuelles, tout comme bien des activités psychomotrices, font partie du rituel quotidien des enfants. On sait combien le fait de toucher et de manipuler les objets, pour mieux les voir et les comprendre, est une activité courante dans la vie des enfants même si, à l'occasion, elle irrite les adultes. Il ne faut pas oublier que l'activité spontanée, chez l'enfant, n'est pas le résultat du hasard. Sa curiosité pour les objets et leur maniement contribue non seulement à accroître sa connaissance du monde, mais elle répond aussi à son grand besoin d'exercer ses habiletés. C'est à travers tous les gestes quotidiens que s'affine et se perfectionne la motricité fine.

Plusieurs activités courantes de la vie des enfants, comme les jeux dans le sable, le modelage avec de la pâte, le découpage, le collage, les constructions diverses, l'empilement, l'assemblage, l'habillage et les soins prodigués aux poupées font appel à la préhension et exigent de la coordination oculo-manuelle ainsi que de la dextérité manuelle. Ces activités offrent à l'enfant l'occasion de rendre son geste efficace, de l'assouplir, de le préciser et de le régulariser.

Le lancer représente également un grand intérêt pour l'exercice de la coordination oculo-manuelle. En effet, cette activité qui consiste à lancer un objet en visant une cible fait intervenir la régulation du tonus, la dissociation des parties du corps, dont le bras en particulier, et favorise l'affermissement de la latéralité.

Parmi les activités les plus courantes de motricité fine, soulignons l'expression graphique. Quelle que soit la situation où il se trouve, l'enfant est porté spontanément à faire des traces. Il le fait avec la nourriture dans son assiette, avec ses doigts dans le sable, ou sur à peu près n'importe quoi, avec un crayon trouvé par hasard. Comme cette forme d'expression intervient constamment dans les activités manuelles des enfants et qu'elle représente un point de repère significatif pour connaître leur niveau de développement, nous décrirons ci-après les principales étapes de son évolution.

4.3.1. L'évolution de l'activité graphique

En étudiant l'évolution de l'activité graphique, de l'enfance à l'âge adulte, on reconnaîtra facilement les étapes parcourues dans la manière de tracer un trait, des lignes, des points, des taches ou des agencements complexes de lignes et de formes, avec ou sans l'utilisation d'un instrument. On apprendra également quelle utilisation l'on fait du graphisme, ainsi que le sens qu'il faut lui donner (langage, symbolisme). Nous examinerons ici l'évolution graphique sous l'angle de la motricité. Autrement dit, nous reprendrons l'évolution de la motricité fine, mais cette fois-ci en fonction de l'évolution du tracé.

Notons d'abord que l'activité graphique comporte, comme les autres activités corporelles, une dimension perceptive et une dimension motrice. Puisque ces deux dimensions évoluent à des rythmes différents au cours de l'enfance, l'amélioration de l'activité graphique dépendra du degré d'harmonie atteint dans leur développement respectif. Chez l'enfant d'environ 3 ans, par exemple, le manque de contrôle du geste impose une limite à l'expression des idées. En général, l'enfant ne possède pas, à cet âge, l'habileté manuelle qui lui permettrait de représenter ses perceptions.

Les premières traces que fait l'enfant avec ses doigts n'ont rien à voir avec l'expression de sa pensée. À 1 an environ, l'enfant exécute des tracés avec de la nourriture, de la boue et avec tout ce qui laisse des marques. Ces mouvements, dirigés par l'articulation de l'épaule, consistent en grands balayages. La motivation de l'enfant reste ici purement motrice ; il a du plaisir à bouger de cette façon et il exerce ainsi des gestes qui libèrent ses tensions.

Puis, l'enfant constate l'effet de son geste et veut le répéter. Ainsi, vers l'âge de 2 ans, l'expression graphique devient intentionnelle. Tracer devient pour lui un but en soi, sans qu'il cherche cependant à reproduire quoi que ce soit. Cette activité devient un jeu d'exercice et l'incite à perfectionner le contrôle du geste.

Entre 2 et 4 ans, la vue intervient de plus en plus pour guider le geste. Vers 3 ou 4 ans, la dissociation des parties du corps lui permet l'usage séparé du bras et de la main pour mieux contrôler le geste, de sorte que le tracé devient plus fin et plus précis. Simple jeu d'exercice (exercice d'une habileté manuelle) à ses débuts, cette activité se transforme peu à peu en jeu symbolique. L'enfant, grâce à la fonction symbolique, reconnaît des images dans ses tracés et commence à les nommer ; mais il n'identifie les formes qu'après les avoir tracées. Son plaisir, à partir de ce moment-là, consiste à tracer, à nommer ou à raconter ce qu'il a dessiné. L'activité graphique devient alors un support à l'expression de sa pensée et une façon d'extérioriser ses sentiments. Le contenu de l'activité graphique évolue avec le développement du jeu symbolique. Les jeux de motricité fine (expression graphique) entraînent l'ajustement de l'amplitude du mouvement, de sorte que les tracés s'adaptent à la dimension de l'espace disponible ; ainsi se prépare graduellement la capacité de respecter les limites d'une feuille de papier.

Entre 4 et 5 ans, la dextérité manuelle, notamment dans la pince digitale et la coordination oculo-manuelle, est suffisamment développée pour que les tracés deviennent représentatifs. L'enfant ne s'intéresse plus seulement au geste : il cherche à représenter quelque chose. Ainsi, il dessine des personnages, des animaux et des maisons ; il est capable de dessiner une croix, un cercle fermé et un carré qui soient reconnaissables. Au cours de cette période, on remarque chez presque tous les enfants une phase où ils reproduisent les formes carrées et triangulaires pour représenter quelque chose, notamment pour dessiner une maison.

Vers 5 ou 6 ans, l'enfant peut dessiner un bonhomme avec visage reconnaissable, et ses gestes s'adaptent à l'espace d'une feuille. Il est prêt pour l'apprentissage de l'écriture.

4.3.2. L'écriture

L'écriture est une praxie qui nécessite un niveau de maturation et d'expérience relié à l'ensemble du développement psychomoteur ; c'est donc dire que, pour l'exercer, tous les aspects du domaine psychomoteur sont nécessaires.

Vers l'âge de 6 ans, la plupart des enfants ont acquis ce qu'il faut pour l'apprentissage de l'écriture. Cette praxie constitue une activité motrice complexe, directement dépendante de l'ajustement de l'ensemble du corps et de ses parties. Elle exige donc de l'enfant une bonne connaissance du schéma corporel et aussi la connaissance de son côté dominant, afin de l'utiliser régulièrement. L'écriture requiert une bonne régulation du tonus dans l'ensemble du corps, de même que la capacité d'exécuter des gestes graphiques sans hésitation (coordination oculo-manuelle et dextérité manuelle). Écrire sur une feuille suppose que l'on commence en haut, à gauche, la formation de lettres disposées les unes à côté des autres, dans un déplacement de la main vers la droite, puis que l'on revient en dessous à gauche et ainsi de suite jusqu'au bas de la page. Cette activité ne peut se réaliser sans la capacité de différencier les lettres, de les placer dans le bon sens et à de bonnes distances dans l'espace, ni sans la possibilité de mémoriser la forme globale de la lettre et du mot. Ces habiletés font appel à l'organisation perceptive, spatiale et temporelle, ainsi qu'au rythme et à la régularité du mouvement : elles font intervenir des notions qui s'intègrent progressivement les unes aux autres à travers les activités spontanées de l'enfant, pendant ses premières années.

Résumé

La motricité fine concerne le contrôle des petits gestes. La dextérité manuelle et la coordination oculo-manuelle sont ses deux composantes.

La motricité fine commence par l'acquisition de la préhension et se poursuit par le raffinement dans la manipulation des objets. L'exercice fréquent de la motricité fine favorise la découverte et la connaissance des objets ; ainsi, la motricité fine et la perception sont sans cesse en interaction.

Nous verrons dans la troisième partie comment la motricité fine permet à l'enfant de s'adapter aux différentes situations de la vie courante et de s'adonner à différentes activités manuelles utilitaires comme l'écriture, et à d'autres activités d'expression comme le dessin ou la pratique d'un instrument de musique.

CHAPITRE 5

Le schéma corporel

Le schéma corporel résulte de la conscience qu'a la personne de son corps et de sa place dans l'espace, de même que de la connaissance de ses possibilités d'action (mouvements et habiletés psychomotrices) en relation avec les personnes et les objets environnants. On parle en ce sens de l'image tridimensionnelle.

Le Boulch donne la définition suivante du schéma corporel :

> C'est l'intuition d'ensemble ou la connaissance immédiate que nous avons de notre corps à l'état statique ou en mouvement dans le rapport de ses différentes parties entre elles et surtout dans ses rapports avec l'espace et les objets qui nous environnent[1].

Le schéma corporel n'est pas inné et son développement s'effectue de la naissance à 12 ans, grâce à la maturation du système nerveux et à l'intégration de nombreuses expériences corporelles. Ces expériences sont composées de l'ensemble des perceptions reliées aux diverses sensations du corps, y compris le vécu émotionnel.

Le schéma corporel, à mesure qu'il se construit, joue un rôle fondamental dans le développement de l'enfant, car il lui fournit toute l'information nécessaire à la découverte des possibilités d'action de son corps. De plus, il entraîne la possibilité d'ajuster les gestes en fonction des exigences d'une tâche motrice donnée. L'enfant courra, par exemple, en économisant son énergie, parce qu'il aura éliminé les mouvements inutiles et fatigants. Cette prise de conscience de ses possibilités confère à l'enfant un sentiment de sécurité dans ses activités motrices, et constitue la base de l'organisation de sa personnalité. En effet, la conscience de soi passe par la représentation de son expérience corporelle ; le moi de l'enfant se construit d'abord à travers son vécu corporel.

5.1. Les composantes du schéma corporel

L'évolution du schéma corporel se traduit par des acquisitions et des comportements relatifs au corps propre, et qui se regroupent autour de trois composantes : l'image corporelle, la connaissance des parties du corps et la représentation du corps. En théorie, on peut les définir indépendamment l'une de l'autre mais, dans l'activité de l'enfant, il devient difficile de les isoler. Un même comportement, en effet, peut relever de plusieurs éléments

---

1. Jean LE BOULCH, *L'éducation par le mouvement*, Paris, Les Éditions ESF, 1971, p. 67.

appartenant à l'ensemble des composantes. Par exemple, lorsqu'on demande à un enfant de montrer son genou et qu'il le fait, cela signifie qu'il connaît le nom de cette partie du corps et qu'il sait où elle est située. Nous allons maintenant examiner ces trois composantes en essayant de les définir le plus précisément possible.

5.1.1. L'image corporelle

L'image corporelle désigne le portrait intériorisé que chacun se fait de son corps. Cette image à deux dimensions se dessine petit à petit dans l'esprit, en fonction de l'évolution de l'aspect cognitif. Elle entraîne la capacité de situer les segments de son corps les uns par rapport aux autres et de les situer dans l'espace (le haut, le bas, le côté gauche, le côté droit, le derrière et le devant).

5.1.2. La connaissance des parties du corps

La maîtrise de cet aspect du schéma corporel s'exprime par la capacité de nommer et de montrer les différentes parties du corps. Cette habileté se développe au cours des six premières années.

5.1.3. L'ajustement postural

L'ajustement postural désigne la capacité de prendre volontairement une position. Il suppose la capacité de placer son corps et ses parties dans une position donnée en fonction de la tâche motrice à exécuter ou de l'attitude à adopter. Cette capacité est rendue possible notamment grâce au sens kinesthésique qui renseigne sur la place et la position du corps et de ses parties dans l'espace.

L'ajustement postural repose sur un certain niveau de dissociation et de coordination des membres, sur la régulation du tonus musculaire dans les différentes parties du corps et sur la capacité de rééquilibrer le corps, au fur et à mesure que se déroule le geste ou le déplacement.

Cette maîtrise du corps permet à la personne d'adopter des attitudes et des positions spécifiques, soit par l'imitation de mouvements, soit par l'exécution de consignes verbales, soit encore par l'adaptation à une situation donnée.

5.2. L'évolution du schéma corporel

L'élaboration du schéma corporel se réalise tout au cours du développement de l'enfant grâce à ses sensations et à ses mouvements spontanés. Elle s'effectue à travers les jeux de manipulation et d'exploration. C'est en utilisant son corps, en effet, que l'enfant découvre ce qu'il est et qu'il prend conscience de toutes ses possibilités.

L'image corporelle se forme dès les premières expériences corporelles, puis se modifie au fur et à mesure que l'enfant acquiert de nouvelles habiletés et enrichit ses perceptions. Par exemple, lorsque l'enfant commence à se tenir debout, cette nouvelle position l'amène à sentir différemment son corps (sens kinesthésique) et à se percevoir autrement par rapport à l'espace et aux objets. De plus, l'exercice de cette nouvelle praxie et les réactions de son entourage lui procurent un grand sentiment de fierté. Tout le vécu relié à l'expérience de se tenir debout s'ajoute à l'ébauche d'image de soi déjà amorcée à ce moment-là.

Puisque les sensations occupent une place majeure dans l'élaboration du schéma corporel, précisons-les : il s'agit de celles qui proviennent à la fois de la faim, de la soif, de la douleur, etc. (les intéroceptives), de celles éprouvées par les cinq sens (les extéroceptives) et, enfin, de celles des différentes positions du corps (les proprioceptives) transmises par le sens kinesthésique.

Le schéma corporel résultant de la conscience personnelle de son corps et de ses possibilités, on comprendra qu'il ne peut être complètement réalisé tant que la croissance n'est pas achevée et que la motricité n'est pas suffisamment développée. De plus, les outils de connaissance étant la perception et la pensée, elles-mêmes en évolution et en transformation au cours des 12 premières années, il va de soi que le schéma corporel passe par plusieurs esquisses avant d'atteindre un stade définitif. Nous pourrions comparer ce processus à la photographie d'une maison (le corps) à différentes étapes de sa construction et que l'on prendrait avec un appareil photo (perception) dont on améliorerait progressivement la qualité de la lentille.

Trois étapes fondamentales, reliées au développement perceptif et cognitif de l'enfant, marquent l'élaboration du schéma corporel : il s'agit des étapes du corps vécu (période de 0 à 3 ans), du corps perçu (période de 3 à 7 ans) et du corps représenté (période de 7 à 12 ans). Nous les abordons en les situant par rapport aux aspects du schéma corporel (image corporelle, connaissance des parties du corps et ajustement postural).

5.2.1. *De 0 à 3 ans, l'étape du corps vécu*

Cette étape correspond à la période sensorimotrice et au début de la pensée représentative[2]. L'expérience de l'enfant, à cet âge, est constituée de sensations et de mouvements qui s'enregistrent et se transformeront progressivement en images vers l'âge de 18 mois.

On dit qu'au cours des premiers mois l'enfant se confond avec les objets qui l'entourent. Il développe graduellement ses capacités de perception auditive, visuelle, tactile et kinesthésique. Au début, donc, l'enfant sent son corps à travers ses sensations intéroceptives et proprioceptives, c'est-à-dire celles reliées à la faim, à la soif, à la température, aux positions et aux mouvements. Ces sensations lui permettent, petit à petit, d'aboutir au sentiment d'un corps agréable et «à l'aise» ou, dans le cas contraire, d'un corps désagréable et «mal à l'aise». Puis, progressivement, il découvre visuellement les différentes parties de son corps, segment par segment. Ainsi, par la répétition d'activités sensorielles et motrices, et grâce à une certaine stabilité dans le contact avec les autres et les objets[3], l'enfant reconnaît de plus en plus ce qu'il éprouve, c'est-à-dire ses propres sensations. De cette façon, il en arrive à se voir séparé de l'entourage, à différencier de mieux en mieux son corps. Éprouvant de plus en plus le sentiment d'être une personne à part entière, il se détache du tout dont il faisait partie avec les autres et l'univers, au début de sa vie. À la fin de cette période, il existe comme entité : il comprend que l'image que lui renvoie le miroir est la sienne, celle d'un moi senti. L'image de son corps, uni en un tout indépendant, est désormais acquise.

Pour mieux comprendre comment évolue le schéma corporel à l'étape du corps vécu, nous utiliserons les comportements observés par Dailly et Koupernik[4] au cours des 18 premiers mois. Ils divisent cette étape en quatre périodes : de 0 à 4 mois, de 4 à 9 mois, de 9 à 18 mois, et après 18 mois.

• De 0 à 4 mois

Lors de cette période, les différentes parties du corps sont traitées comme des objets extérieurs avec lesquels elles sont confondues. Le schéma

---

2. PIAGET a divisé le développement de l'intelligence en quatre grandes périodes. La période sensorimotrice entre 0 et 2 ans ; la période représentative entre 2 et 7 ans ; la période opératoire entre 7 et 11-12 ans ; la période de la pensée formelle à partir de 11-12 ans.

3. Benoîte GROULX parle du besoin de répétition dans l'enfance en ces termes : «Les enfances profondes se font avec des ''re''». Voir : *Ainsi soit-elle*, Paris, Grasset, 1972, p. 12.

4. C. KOUPERNIK et R. DAILLY, *Développement neuro-psychique du nourrisson*, Paris, PUF, 1972.

d'ensemble du corps n'existe pas et l'enfant ne fait pas d'imitation systématique des autres. Le monde est perçu comme un tout, cessant d'exister lorsqu'il n'est plus visible.

• De 4 à 9 mois

À ce moment, l'enfant commence à explorer son corps, il attrape ses mains, ses genoux, ses pieds et ses cheveux. Il devient capable de prendre, et la praxie l'amène à sentir son corps différemment grâce au sens kinesthésique. De plus, cette maîtrise l'amène à distinguer sa main des autres objets : il se rend compte qu'elle lui appartient. On remarque également que l'enfant de cet âge regarde les images dans le miroir et tente de les attraper ; c'est pourquoi on parle du stade du miroir. L'enfant reconnaît une personne dans l'image projetée mais, en fait, il ignore qu'il s'agit seulement d'une réflexion ; le miroir est aussi bien l'autre que lui-même.

• De 9 à 18 mois

À cet âge, l'enfant devient un être locomoteur et se perçoit comme tel : il explore les possibilités de ses mouvements. Au cours des multiples expériences de motricité globale qu'il effectue dans l'espace, sa faculté de perception s'enrichit grâce à l'exploration tactile de son corps et à la sensation de ses différentes positions. Parfois, l'exploration des sensations prend une allure auto-offensive : on constate que certains enfants, vers 12 mois, se heurtent les dents ou la tête contre le mur ou encore se mordent les bras. Ces gestes indiquent que la douleur joue un rôle évident dans la prise de conscience du corps. À cette période, les différentes parties du corps ne sont pas perçues par l'enfant comme étant les siennes. Par exemple, on note que vers 10 mois l'enfant peut prendre son pied à deux mains avec l'intention de le donner, comme il le ferait pour un objet.

L'observation et l'imitation des autres jouent un rôle notable dans la construction du schéma corporel. À partir de 1 an l'enfant peut, par exemple, explorer le visage de l'adulte et en toucher successivement les différentes parties, puis vérifier les siennes correspondantes. Il s'intéresse également aux gestes des autres et, en observant les mains de quelqu'un qui mange, il sera porté à regarder les siennes puis à prendre celles de l'adulte pour les faire déplacer. Vers 15 mois, l'enfant commence également à se reconnaître dans le miroir : il aime s'y regarder et jouer à faire des mimiques. Il s'agit d'un moment crucial qui marque le passage de l'image du corps morcelé à la compréhension de l'unité du corps. L'enfant voit maintenant son corps comme un tout organisé. Il perçoit l'image comme une forme humaine dans laquelle il reconnaît tout à la fois lui-même et l'autre (figure 5.1.).

• Après 18 mois

Dorénavant, le corps est perçu comme un tout indépendant et permanent. Le passage de la période sensorimotrice à celle de la pensée représentative rend possible, progressivement, l'intériorisation des perceptions sous forme d'images. La capacité d'imiter les positions d'un autre enfant ou d'un adulte démontre que l'enfant considère le schéma de son corps de plus en plus comme un tout.

FIGURE 5.1.
Vers 15 mois,
l'enfant prend
plaisir à se
regarder et à faire
des mimiques.

De la naissance à 3 ans, la connaissance du corps évolue vers un schéma global intériorisé sous forme d'images mentales. Cependant, la connaissance se limite au corps vécu, car l'enfant ne peut nommer ce qu'il fait. Ces capacités senties débouchent sur l'exercice d'actions maîtrisées, quand l'enfant se trouve devant un objet, par exemple une balle. Il se souvient, au fur et à mesure que se déroule l'action, de ce qu'il sait faire avec la balle, c'est-à-dire de ce dont son corps est capable. À cette période également, l'enfant apprend à montrer et à nommer la plupart des parties de son corps perçues visuellement. On peut dire qu'à 3 ans l'enfant a acquis la conscience d'un corps bien à lui, et que l'image mentale de son propre corps se présente à lui sous une forme globale. Cependant, il ne situe pas encore les segments les uns par rapport aux autres et n'a pas encore la conscience du corps symétrique.

Schéma corporel et personnalité de l'enfant

Jusqu'à 3 ans, l'enfant est égoïste et ne ressent aucune forme d'altruisme ou de considération pour les autres enfants. Cela s'explique en partie par le fait que l'enfant commence à peine à posséder la conscience de son corps propre ; par conséquent, la conscience de soi est très peu développée. On sait que, pour s'intéresser vraiment à une personne distincte de lui, l'enfant doit d'abord se reconnaître comme individu. Il s'agit là d'une condition préalable à la découverte d'autrui et du respect qu'on lui doit. À cet âge, l'image corporelle est à peine élaborée et la perception de soi ou de son individualité propre n'en est qu'à ses débuts. Par contre, la période de 3 à 7 ans favorisera les contacts susceptibles d'amener l'enfant à faire une place à autrui, à le reconnaître. Mais il devra d'abord avoir découvert sa propre identité et sa propre place. Il faudra attendre l'étape de la pensée opératoire (7 à 12 ans) pour que l'enfant soit vraiment capable de se détacher de son propre point de vue et de tenir compte de son entourage.

5.2.2. De 3 à 7 ans, l'étape du corps perçu

De 3 à 7 ans, avec la formation de la pensée représentative, l'image du corps se dessine progressivement ; on parle alors de l'étape du corps perçu. L'enfant découvre les différentes orientations de son corps (devant, dos, droite, gauche), les différentes orientations possibles de ses membres (tendre ses bras vers l'avant, vers l'arrière, etc.) et tous les mouvements qu'il peut effectuer. C'est grâce à la pensée représentative que ces expériences corporelles s'intérioriseront et composeront progressivement l'image corporelle.

Par exemple, à 3 ans l'enfant peut nommer le front, les coudes, le dos, le côté, les pieds, etc. À 5 ans, il localise mieux les différentes parties de son corps, de sorte que l'imitation de positions se précise. Il semble qu'à 6 ans l'image mentale du corps soit intériorisée. À cet âge, les personnages représentés dans les dessins des enfants comprennent généralement le corps au complet, avec certains détails au niveau du visage. C'est pourquoi on emploie l'expression «corps perçu» pour nommer cette étape; l'enfant, en effet, développe l'image mentale de son corps. Cependant, cette image n'est que bidimensionnelle, puisqu'elle demeure liée à la perception immédiate de l'enfant, comme une photo prise de face. On parle alors d'image statique du corps.

La maîtrise du langage joue un grand rôle dans cette période. L'enfant peut, en effet, nommer et montrer toutes les parties de son corps, et le raffinement de la perception lui permet de les situer les unes par rapport aux autres. Le langage l'aide à bâtir son image corporelle, et les mots seraient vides de sens s'ils ne prenaient pas racine sur des perceptions. L'apprentissage de la gauche et de la droite illustre bien cette affirmation : apprendre à nommer le côté gauche et le côté droit avant de les percevoir séparément comme des entités distinctes relève surtout du «par cœur» et ne signifie pas que les parties du corps sont réellement identifiées comme telles. À 6 ans, la symétrie du corps est perçue et la différence entre les deux côtés est sentie dans l'action. L'enfant utilise un côté de préférence à l'autre dans ses activités motrices (figure 5.2.). De plus, il peut situer les différentes parties de son corps dans l'espace : le haut, le bas, le devant, le derrière, un côté et l'autre côté.

FIGURE 5.2.
L'enfant utilise son côté dominant lorsqu'il dessine (enfants de 5-6 ans).

5.2.3. De 7 à 12 ans, l'étape du corps représenté

Le passage de la pensée représentative à la pensée opératoire, vers 7 ans, constitue le principal facteur de l'évolution du schéma corporel à cette période. L'accès aux opérations mentales permet à l'enfant d'intérioriser ses actions, d'en inventer d'autres et de les coordonner en imagination. On parle alors de l'étape du corps représenté. Cette capacité est requise dans les activités sportives et d'expression, lorsque l'enfant doit anticiper un mouvement ou un déplacement plutôt qu'un autre ; l'ajustement postural exigé dans le patinage artistique nous en donne un exemple. La représentation des différents côtés du corps devient également possible ; on le constate dans les dessins de personnages présentés de devant, de côté ou de derrière. L'attention visuelle et la maîtrise du langage constituent de même des outils précieux dans l'exercice de la représentation mentale, nécessaires à l'adoption de positions et à l'exécution de mouvements.

Autrement dit, au stade du corps représenté, l'ajustement postural se perfectionnera considérablement et l'enfant pourra imaginer un mouvement avant de l'exécuter. On ne doit pas minimiser pour autant l'exercice spontané qui, combiné à la représentation mentale, favorise l'exercice de l'ajustement postural ; ce dernier peut ainsi se perfectionner en se raffinant. C'est l'âge où les enfants deviennent habiles en expression corporelle (expression de sentiments, imitations et représentations de personnages). Ces exercices d'attention au corps, que ce soit à travers l'action ou dans une attitude de repos ou de relaxation par exemple, éveillent la conscience du corps et consolident le schéma corporel (figure 5.3.).

**FIGURE 5.3.
L'ajustement postural se raffine : l'enfant apprend les mouvements spécifiques à une discipline (enfants de 9 à 12 ans).**

Résumé

Le schéma corporel fait appel à la conscience du corps, qu'il soit en mouvement ou au repos. Ce concept englobe non seulement l'image que nous nous faisons de notre corps, mais aussi la connaissance de ses parties et l'ajustement postural.

L'évolution de la motricité globale et de la motricité fine influence grandement cette prise de conscience du corps, laquelle a aussi un impact sur l'évolution de la motricité globale et de la motricité fine. Rappelons qu'il est difficile de dissocier le schéma corporel de l'organisation spatiale, comme c'est le cas par exemple pour monter une marche.

Retenons enfin que l'évolution de la conscience du corps reste fondamentale pour l'organisation des perceptions, l'ajustement de la motricité et la maîtrise des mouvements.

CHAPITRE 6

La latéralité

La latéralité est la prise de conscience des deux côtés du corps, c'est-à-dire leur connaissance intériorisée par l'enfant. Elle se traduit par l'utilisation d'un côté de préférence à l'autre dans l'exécution de tâches motrices, puis par la capacité d'identifier le côté gauche et le côté droit.

La latéralité se fonde sur la symétrie du corps en même temps que sur le développement de la dominance d'un côté par rapport à l'autre (asymétrie). Elle s'inscrit dans l'évolution du schéma corporel puisqu'il exprime la prise de conscience du corps et de ses parties, incluant les deux côtés du corps. Tout ce qui touche directement la différenciation d'un côté du corps par rapport à l'autre concerne particulièrement la latéralité. Par exemple, le fait pour l'enfant de préférer l'utilisation d'une main par rapport à l'autre, dans une tâche motrice, relève de la latéralité.

La latéralité n'est pas innée, en ce sens qu'elle n'est pas encore à maturité au moment de la naissance; elle est déterminée par des facteurs neurologiques et par l'influence de l'environnement. Toutefois, les études semblent démontrer la prépondérance des facteurs neurologiques sur l'influence de l'environnement. En ce sens, on peut dire que la latéralité d'un individu est déterminée génétiquement, comme la couleur de ses yeux et de ses cheveux. Par contre, son développement suppose la maturation du système nerveux ainsi que l'utilisation libre et spontanée des deux côtés du corps, dans l'exercice d'habiletés motrices. Ainsi s'effectue le choix du côté dominant. C'est en utilisant les deux côtés de son corps que l'enfant en prend conscience et qu'il découvre une préférence pour l'un plutôt que pour l'autre. On appelle latéralisation le processus par lequel se développe la latéralité. Il est à noter que le fait d'utiliser une main de préférence à l'autre dans les activités manuelles ne signifie pas que l'autre ne travaille pas. Dans le geste de découper, par exemple, la main dominante tiendra les ciseaux tandis que l'autre servira à tenir le papier.

Les deux hémisphères cérébraux peuvent intervenir dans l'exécution des activités motrices. La prévalence motrice désigne le côté le plus facile à contrôler ou contrôlé avec le plus de précision; elle est déterminée par la supériorité d'un hémisphère sur l'autre, ou «dominance hémisphérique». Autrement dit, un hémisphère cérébral domine l'autre en ce qui a trait au contrôle du geste, et cette dominance se manifeste dans le côté opposé du corps. Le contrôle est donc croisé par rapport à l'axe du corps. Par exemple, si la prévalence motrice se situe du côté droit, c'est que la dominance hémisphérique se situe du côté gauche, et inversement. C'est ainsi qu'un droitier a une dominance hémisphérique du côté gauche, tandis qu'un gaucher a une dominance hémisphérique du côté droit (figure 6.1.).

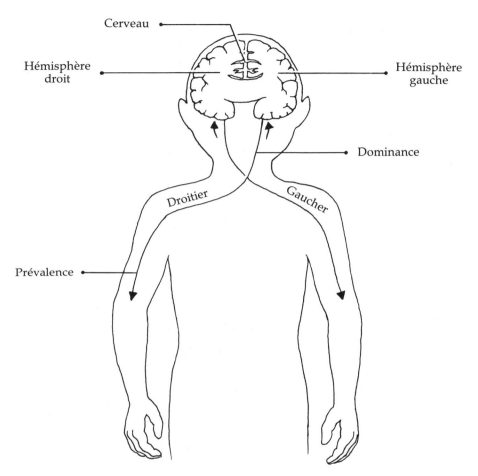

Cerveau

Hémisphère
droit

Hémisphère
gauche

Dominance

Droitier

Gaucher

Prévalence

FIGURE 6.1.
Croisement de la dominance hémisphérique
et de la prévalence motrice

La latéralité concerne également le traitement de l'information. Ainsi, on parle de la «dominance manuelle sensorielle» pour représenter l'habileté à reconnaître des formes par le toucher; c'est ce qu'on appelle la connaissance haptique. La main gauche est plus habile dans la discrimination et l'identification des formes, parce que le traitement de l'information non verbale relève davantage de l'hémisphère droit. On peut le vérifier principalement chez les aveugles droitiers lisant en braille: ils lisent plus vite et mieux avec leur main gauche[1]. Toutefois, dans les activités courantes, la plupart des gens se servent de leurs deux mains pour capter l'information.

6.1. Quelques définitions

Avant de poursuivre nos explications sur le développement de la latéralité, il importe de définir quelques mots et expressions, afin de favoriser une meilleure compréhension de ce chapitre.

• **Latéralité.**   La latéralité exprime la dominance droite ou gauche de la main, de l'œil ou du pied, dans l'exécution d'une praxie.

• **Latéralisation.**   La latéralisation désigne le processus par lequel la dominance hémisphérique se traduit en prévalence motrice. Ce processus est influencé par l'exercice moteur et les pressions du milieu. On dit de quelqu'un qu'il est latéralisé lorsqu'il utilise régulièrement son côté dominant.

• **Droitier complet.**   C'est la personne qui utilise de préférence le côté droit pour la main, l'œil et la jambe, par prédominance cérébrale gauche.

• **Gaucher complet.**   C'est la personne qui utilise de préférence le côté gauche pour la main, l'œil et la jambe, par prédominance cérébrale droite.

• **Ambidextre.**   C'est la personne qui est aussi habile d'un côté que de l'autre, et qui utilise tantôt le droit, tantôt le gauche, indifféremment.

• **Gaucher ou droitier mixte.**   C'est la personne qui fait certains gestes avec le côté droit et d'autres avec le côté gauche, sans toutefois les inverser. Certains enfants, par exemple, lancent la balle de la main droite, mais adoptent la position du gaucher pour la frapper avec un bâton.

• **Gaucher contrarié.**   C'est la personne dont l'utilisation de la main droite est forcée par l'influence sociale. C'est le cas du gaucher naturel que l'on contraint à tenir sa cuillère de la main droite ou encore à écrire de la main droite.

• **Faux gaucher ou faux droitier.**   C'est la personne qui, à la suite d'un accident ou autrement, est devenue paralysée ou a été amputée de son côté dominant. Elle développe alors des habiletés avec son autre côté.

1. Robert RIGAL, *Motricité humaine*, Sillery, Presses de l'Université du Québec, 1974, p. 474.

6.2. L'importance de la latéralité

La conscience des deux côtés du corps ainsi que la différenciation de la gauche et de la droite fournissent un point de référence essentiel pour la localisation des objets dans l'espace. En effet, la connaissance intériorisée de la droite et de la gauche nous permet de situer les objets par rapport à soi d'abord, puis les uns par rapport aux autres par la suite. On dira, par exemple, que la chaise est située à notre droite, ou encore que le crayon se trouve à gauche du livre.

La latéralité joue un rôle fondamental dans l'apprentissage de la lecture et de l'écriture. L'acquisition de telles praxies suppose chez l'enfant la répétition du geste pour intérioriser un modèle d'action efficace et développer une bonne dextérité manuelle ; il y aurait donc perte de temps s'il exerçait les deux côtés de son corps. Les études sur le développement démontrent, en effet, que l'apprentissage d'une praxie se fait avec moins d'efforts et plus d'efficacité si l'on se sert du côté dominant. Voilà pourquoi il est recommandé aux éducateurs d'affermir la latéralité de l'enfant avant de commencer l'enseignement de l'écriture. De même, avant d'apprendre à lire, l'enfant doit d'abord savoir diriger le regard de gauche à droite, puis de haut en bas et, enfin, localiser les lettres les unes par rapport aux autres ; ce repérage dans l'espace devient possible en grande partie grâce aux points de repère situés sur le corps.

6.3. Gaucher ou droitier

Le fait d'être gaucher ou droitier, en ce qui concerne la latéralité, n'a pas de conséquence sur le potentiel d'un individu. Toutefois, on doit tenir compte de la latéralité pour l'acquisition des praxies. Les outils de manipulation (ciseaux, couteaux, bâtons de golf et plusieurs autres instruments) sont en quelque sorte «latéralisés», c'est-à-dire qu'ils sont généralement faits pour être utilisés d'un seul côté. De plus, différentes activités comme coudre, crocheter, etc. supposent une organisation du mouvement différente dans l'espace, selon qu'elles sont effectuées par un droitier ou par un gaucher. Par exemple, il sera plus facile pour un gaucher de coudre de la droite vers la gauche, tandis que le droitier effectuera ces gestes plus facilement de la gauche vers la droite. Il en va de même dans les diverses disciplines sportives ou artistiques ; ainsi, une rotation en patins artistiques s'apprend plus facilement et se maîtrise avec plus d'habileté lorsqu'elle est effectuée avec le pied d'appel dominant. Il est évident qu'on n'entraînera pas que le côté dominant, au détriment de l'autre. Cependant, quand il s'agira de l'apprentissage d'une praxie faisant appel à un seul côté, comme le geste de découper, on privilégiera le côté dominant.

Pour l'harmonie du corps (motricité globale) et la maîtrise de techniques sportives ou artistiques, l'entraînement des deux côtés demeure nécessaire. Il est donc important de se rappeler que l'enfant possède un potentiel lui permettant de réaliser des apprentissages avec chacun de ses deux côtés. Robert Rigal en parle en ces termes :

> La virtuosité d'un pianiste, d'un violoniste ou d'un guitariste ainsi que l'habileté d'une personne opérant une machine à écrire témoignent de l'efficience motrice que chaque main peut acquérir et de la coordination qui existe entre les centres de commande corticaux des hémisphères opposés[2].

Être droitier ou être gaucher n'a donc aucune importance en soi. Ce qui compte, c'est que l'on connaisse le côté dominant afin d'en tenir compte dans l'apprentissage d'activités motrices. Par exemple, lorsqu'un professeur droitier enseigne un mouvement ou une technique à un élève gaucher, il doit inverser ses gestes afin que l'élève puisse saisir le déroulement du mouvement. Il faut savoir également que les conventions sociales privilégient les droitiers. L'éclairage, par exemple, se fait habituellement à gauche et facilite la vue du droitier (élimine l'ombre sur la page); mais le gaucher apprécierait que l'éclairage provienne de la droite lorsqu'il écrit. Les poignées de porte sont placées pour les droitiers, les instruments dont nous parlions plus haut sont surtout pensés pour les droitiers, et des gestes humains comme donner une poignée de main se font avec la main droite.

En ce qui concerne l'écriture, on a tort de croire qu'il vaut mieux être droitier que gaucher. Le fait que notre système d'écriture soit orienté de la gauche vers la droite ne constitue pas un argument valable pour changer la latéralité naturelle d'un enfant, et ainsi le contrarier dans son corps. Plusieurs études sur le sujet nous amènent à conclure qu'il est plus important de privilégier la latéralité naturelle que d'éliminer les quelques adaptations supplémentaires nécessaires au gaucher pour écrire de la gauche vers la droite. Les conséquences négatives du changement de latéralité chez les gauchers, notamment la fatigue et la maladresse dans l'écriture et les activités manuelles, justifient cette affirmation.

Certains auteurs signalent que si l'on devait changer la latéralité d'un enfant, le changement serait beaucoup plus facile chez un enfant de moins de six ans qui possède un niveau d'intelligence normal ou élevé, qui accepte le changement et qui a un indice d'ambidextrie élevé. Dans ces conditions, la période d'essai ne provoquerait probablement pas de troubles secondaires.

---

2. Robert RIGAL, *op.cit.*, p. 469.

6.4. L'évolution de la latéralité

Chez certaines personnes, la dominance hémisphérique n'est pas évidente car elles démontrent autant d'habileté avec un côté du corps qu'avec l'autre. Cependant, cette particularité ne concerne qu'un faible pourcentage de la population.

La latéralité, même si elle est déterminée par la dominance hémisphérique, est influencée par l'exercice moteur, la pression du milieu (facteurs sociaux), les conventions de fabrication qui favorisent les droitiers (ciseaux, etc.), les conventions sociales (façons de mettre la table ou de saluer en serrant la main), la loi de la majorité (pour les gestes enseignés et à imiter), l'éclairage, etc.

La dextérité manuelle (composante de la motricité fine) dépend directement de la latéralité. De plus, parmi les facteurs déterminant la prévalence manuelle, on constate que l'exercice joue un rôle capital. On rencontre même des personnes qui sont plus habiles avec la main exercée qu'avec la main correspondant à la dominance hémisphérique ; le cas des gauchers contrariés en est un exemple.

Comment le développement de la latéralité se produit-il ? Il existe un processus interne s'actualisant au cours du développement et dont la perturbation a une influence sur le comportement des enfants. La latéralité se développe donc, en général, sans intervention directe de l'adulte, si ce n'est pour éviter que la pression du milieu ne vienne perturber l'évolution naturelle de l'enfant. On doit donc rester très vigilant pour découvrir, dès le début, l'éclosion de la latéralité naturelle de l'enfant.

De la naissance à 4 ans, l'enfant peut utiliser aussi bien une main que l'autre pour ses activités, ou les deux : une main en particulier pour prendre les objets, l'autre pour les manipuler en inversant selon la situation. Vers 4 ans, la dominance latérale est établie et l'enfant utilise son côté dominant. Il s'agit à ce moment d'une latéralité vécue, car l'enfant n'en est pas encore vraiment conscient. Il faudra attendre l'âge de 6 ou 7 ans pour que l'enfant comprenne la symétrie de son corps, intériorise ses deux côtés et puisse alors les nommer (côté gauche, côté droit). Il est à noter que cette acquisition va de pair avec l'élaboration de l'image corporelle et qu'elle contribue à la construction du schéma corporel. Vers 6 ou 7 ans, l'enfant perçoit très bien son côté gauche et son côté droit, et il peut les identifier. Il peut également localiser les objets en relation directe avec lui, c'est-à-dire exprimer qu'un objet se trouve à sa droite ou à sa gauche.

Au début, l'enfant saisit la latéralité seulement sur son propre corps. Ce n'est qu'avec l'avènement de la pensée opératoire concrète, vers 7 ans, qu'il percevra la latéralité extérieure à lui. Il deviendra capable, par exemple, d'identifier la droite et la gauche sur une personne placée en face de lui. C'est la réversibilité de la pensée qui, en lui permettant d'effectuer une action mentalement sans déplacer son corps, rend possible cette acquisition.

L'affermissement de la latéralité et l'accès aux opérations mentales fournissent les bases essentielles à l'identification de la droite et de la gauche sur des objets situés les uns par rapport aux autres ; ces deux acquisitions constituent un tremplin pour celle des notions spatiales en général.

Résumé

La latéralité fait partie du schéma corporel ; elle concerne plus précisément la perception que l'on se fait des deux côtés du corps et la reconnaissance du côté dominant.

On a vu que la latéralité se développe de façon naturelle et que dans tout être il y a aussi un côté naturellement dominant : on parle alors de prévalence motrice déterminée par une dominance hémisphérique.

Ce côté dominant permet à l'enfant un plus haut niveau de précision et de performance dans l'exécution du geste.

L'habileté à se servir d'un côté du corps reste cependant influencée par l'exercice, comme c'est le cas pour un gaucher contrarié.

CHAPITRE 7

L'organisation perceptive

L'organisation perceptive porte sur la connaissance des objets et des personnes ainsi que de leurs interrelations.

Le concept d'organisation perceptive, comme le mentionnent Betsalel-Presser et Garon, fait appel à la capacité de déceler, d'organiser et, éventuellement, d'interpréter une information fournie par l'environnement, à partir de différentes sources sensorielles. L'organisation perceptive dépend beaucoup du développement de la motricité. En effet, bien que les organes sensoriels soient présents dès la naissance, leur action, en vue de capter les stimuli provoqués par les objets, n'entrera en jeu qu'à partir des mouvements de l'enfant. Au fur et à mesure que se développent la préhension, la manipulation et la locomotion, l'organisation perceptive de l'enfant s'enrichit grâce à l'accroissement et à la diversité de ses activités sensorimotrices. Autrement dit, plus le nombre d'objets que l'enfant peut prendre et examiner est grand, plus les stimuli qui enrichissent et activent son organisation perceptive sont nombreux.

L'organisation perceptive comporte quatre composantes distinctes et interreliées qui agissent simultanément. Pour illustrer ces composantes, représentons-nous la situation où nous observons une fleur dans un jardin. D'abord, il a fallu que notre attention soit captée par la fleur et que notre regard s'arrête sur elle ; ce sont des sensations qui ont provoqué ces réactions. Puis, nous l'examinons et nous prenons contact avec ses caractéristiques : il s'agit de l'attention que nous lui portons. Ensuite, nous repérons des détails distincts les uns des autres : c'est la discrimination. Enfin, nous en conservons l'expérience grâce à la mémoire.

Notons que l'organisation perceptive concerne tous les sens, même si nos exemples précédents et suivants illustrent surtout les perceptions visuelles et auditives ; ce sont en effet les plus importantes pour la cueillette et le traitement de l'information en provenance du milieu où vit l'enfant.

Nous examinerons, dans le présent chapitre, l'évolution de l'organisation perceptive en nous intéressant au développement de l'appareil de connaissance, soit l'intelligence. De plus, nous présenterons les étapes que l'enfant doit franchir pour arriver à percevoir l'objet comme une entité distincte et permanente. Soulignons cependant que notre but n'est pas de reprendre ici le développement cognitif comme tel : il s'agit plutôt de démontrer en quoi les activités sensorielles et motrices contribuent à la connaissance de l'environnement et du monde et participent par le fait même au développement de l'intelligence. Mais, d'abord, définissons plus précisément les quatre composantes de l'organisation perceptive, au regard de la vision et de l'audition.

7.1. Les composantes de l'organisation perceptive

Nous avons signalé précédemment que la vue et l'ouïe constituent les deux principaux sens pour la réception de stimuli. Voyons maintenant ce que perçoivent ces deux sens par rapport aux propriétés de l'environnement.

La vision informe sur les caractéristiques familières telles la dimension, la couleur, la forme, le relief et le mouvement des objets et des êtres vivants (par exemple un gros ballon rouge de forme lisse qui roule vers une quille).

Par ailleurs, l'audition porte sur les sons comme les bruits, les cris et les voix. Ils comportent des caractéristiques ou paramètres qui les définissent : ce sont le timbre, l'intensité, la hauteur, la durée, la succession, la distance et la densité. Précisons-les donc quelque peu.

- Le timbre est la propriété du son par laquelle on peut en identifier la source. Par exemple, avant qu'une personne connue ne se nomme au téléphone, on la reconnaît au timbre de sa voix.

- L'intensité, c'est le volume d'un son. Il se mesure en unités de bels et de décibels ; on dira que le son est fort ou doux.

- La hauteur d'un son dépend du nombre de vibrations à la seconde (hertz). On dira qu'il est aigu ou grave. Plus le nombre de vibrations par seconde est élevé, plus le son est aigu. Les sons de différentes hauteurs sont présentés sous forme de gamme dans un système musical.

- La distance du son précise sa proximité ou son éloignement (notions de «près» et de «loin»). Il arrive que ce paramètre soit confondu avec l'intensité, et c'est ainsi qu'un son fort pourra paraître plus proche qu'il ne l'est en réalité.

- La densité du son concerne l'épaisseur de la masse sonore. On dira, par exemple, qu'on entend des bruits de foule ou des bruits de quelques personnes ; ou encore on parlera d'une pluie fine ou d'une grosse pluie, selon le son entendu.

- La durée, c'est la longueur d'un son, exprimée par les notions de «long» et de «court». En musique, la durée des sons est codifiée par la valeur de notes : la croche, la noire, la blanche et la ronde.

• La succession a pour objet l'agencement des sons les uns à la suite des autres, dans le temps et dans l'espace. Elle concerne donc au moins deux sons et renseigne sur leur distance temporelle (intervalle de temps); les notions de «vite» et de «lent» servent à la qualifier. Avec la succession, nous abordons aussi le rythme, dont nous traiterons avec l'organisation temporelle.

Qu'il s'agisse de la vision ou de l'audition, les composantes de l'organisation perceptive se définissent de la même façon; seuls les stimuli et leurs propriétés diffèrent.

7.1.1. Les sensations

Les sensations représentent la composante la plus élémentaire de l'organisation perceptive, celle qui permet de détecter un stimulus. Il s'agit de l'opération en vertu de laquelle on reçoit les images des objets par la vue, ou perçoit les sons par le sens de l'ouïe.

7.1.2. L'attention

L'attention requiert plus de vigilance que les sensations. Ici, on fixe le regard sur un stimulus ou l'on s'arrête à écouter ce qui est audible; on porte donc attention. En somme, on fixe son intérêt sur un objet ou sur un bruit pendant quelques instants. Notons que l'attention soutenue, préalable à la concentration, représente un facteur déterminant dans le développement des capacités d'apprentissage, surtout en ce qui concerne les apprentissages scolaires.

7.1.3. La discrimination

La discrimination est la capacité de percevoir des différences et des ressemblances dans les objets sonores, visuels ou autres. Il s'agit d'un processus où la personne perçoit et compare certaines propriétés d'un objet, puis constate ce qu'elles ont de semblable ou de différent. Cette faculté est capitale pour la connaissance des objets et de leurs interrelations. Par exemple, la reconnaissance des pièces d'un casse-tête ou, plus tard, la connaissance des lettres, suppose la discrimination des formes entre elles. Notons que la discrimination, chez le jeune enfant, passe d'abord par des sensations différentes les unes des autres et qu'il ressent très bien dans son corps.

7.1.4. La mémoire

La mémoire est cette faculté qui permet de conserver les expériences, de se les rappeler. Elle exige l'intervention préalable des sensations et de l'attention, de même qu'un certain degré de discrimination : quand on retient un stimulus plutôt qu'un autre, c'est qu'un certain choix s'opère dans les stimuli.

La mémoire évolue avec le développement de l'intelligence et elle s'adapte à l'appareil de connaissance ; la façon dont elle opère est donc fonction des structures mentales. C'est ainsi que l'on peut distinguer deux grandes formes de mémoire : la mémoire sensorimotrice (à partir de la naissance) et la mémoire représentative (à partir de 18 mois).

La mémoire occupe un rôle essentiel dans le développement de l'organisation perceptive et de l'intelligence. Elle nous permet, pour ainsi dire, de «prendre de l'expérience». Sans le souvenir, la vie ne serait qu'une suite de sensations et d'actions sans lien entre elles, et l'apprentissage n'existerait pas. On ne pourrait pas, comme on dit souvent, tirer profit de son expérience.

En s'associant, donc, les quatre composantes de l'organisation perceptive nous permettent de découvrir et de comprendre le monde, puis d'agir sur lui.

7.2. L'évolution de l'organisation perceptive

On s'entend sur le fait que l'enfant découvre le monde et entre en relation avec ses éléments grâce aux perceptions qu'il accumule à travers ses activités sensorimotrices. Cela nous amène à dire que l'organisation perceptive se confond presque avec l'organisation de la pensée, et que son évolution est fonction du développement cognitif. Plus l'enfant entrera en contact avec des objets adaptés à son âge et présentant différents stimuli, plus ses expériences seront variées et plus il exercera ses capacités d'organisation perceptive.

De plus, le corps joue un rôle de premier ordre dans la démarche d'appropriation et de connaissance du monde extérieur. On ne saurait donc parler de l'organisation perceptive sans rappeler le développement du corps, aussi bien au point de vue de la motricité, qui détermine la façon de manipuler les objets, qu'au point de vue de la conscience du corps, qui précise le niveau de différenciation atteint par l'enfant entre lui et le monde extérieur[1].

---

1. Au cours de la première année, le nourrisson se confond avec l'univers. Il forme un tout avec l'environnement. Ainsi, ni lui ni les objets n'existent comme des entités.

Nous traiterons ici de l'organisation perceptive en étudiant comment l'enfant, entre la naissance et 7 ans, en arrive à se percevoir lui-même et à percevoir les objets comme des entités distinctes[2] de lui-même et dotés de propriétés propres. Nous ne parlerons pas directement ici de l'organisation perceptive après ces âges, puisqu'à partir de 7 ans l'organisation perceptive se confond presque avec le développement cognitif. On pourra toutefois suivre l'évolution de l'organisation perceptive à travers l'organisation spatiale et temporelle.

7.2.1. De 0 à 2 ans

En venant au monde, l'enfant perçoit des sons et des objets, puisqu'il entend et voit. Cependant, il ne leur porte pas une attention particulière, ne s'attarde pas à leurs différences et ne peut les évoquer s'ils sont absents de son champ de perception immédiat. Par ailleurs, on sait que la discrimination débute dès les premiers mois de la vie, à partir des expériences sensorielles, toniques et affectives, comme les moments de sommeil et d'éveil, la présence ou l'absence de quelqu'un, les états de tension ou de détente, les sensations de faim ou de satiété, de clarté ou d'obscurité, de bruit ou de silence, de chaud ou de froid, d'être au sec ou mouillé, etc.

Ces expériences corporelles constituent les premières formes de discrimination, et l'on peut prétendre qu'elles servent de base à l'éveil de la motivation nécessaire à l'enfant pour poursuivre la découverte du monde extérieur. Autrement dit, quand les premières expériences sont vécues agréablement, on peut s'attendre à ce que l'enfant manifeste une plus grande ouverture sur le monde environnant et exerce ainsi davantage son organisation perceptive. Remarquons une fois de plus combien l'expérience des premiers mois de la vie reste déterminante pour le développement ultérieur de l'enfant. Une résistance aux stimuli au cours des premiers mois peut causer un certain retard dans le développement.

Comment l'enfant en arrive-t-il à percevoir les objets comme des entités distinctes, donc séparés de lui? Comment ses réactions évoluent-elles par rapport aux objets?

Entre la naissance et 4 mois, le nourrisson ne recherche aucunement les objets placés hors de sa vue; puis, progressivement, il commence à suivre du regard un objet qui se déplace, et il se tourne également en direction d'un bruit; on dit qu'il coordonne vision et audition. Prenons un bébé de 4 mois. Lorsqu'il boit, il n'est plus complètement absorbé comme le nouveau-

---

2. Le portrait du développement de la notion d'objet est tiré de l'étude de Jean PIAGET, *La construction du réel*, Paris, Delachaux-Niestlé, 1971.

né. Il peut, par exemple, se laisser distraire par une voix; il s'arrête alors brusquement de téter et tourne la tête en direction du bruit. L'enfant suit des yeux sa mère quand elle sort de son champ visuel, et il continue à regarder dans la même direction après sa disparition. Voilà des indices qui démontrent l'intérêt de l'enfant pour le monde extérieur et qui marquent le début de l'attention visuelle et auditive.

Entre 4 et 8 mois, période du début de la préhension, le bébé prend les objets qu'il voit, mais ne les recherche pas s'ils sont cachés ou disparaissent. Il adoptera, par exemple, des comportements comme se regarder les mains, suivre du regard un objet qui se déplace, chercher du regard un objet échappé de la main, porter des objets à la bouche, regarder, prendre et explorer des objets avec la main, chercher à prendre un objet même si une seule de ses parties est visible, enlever la couverture déposée sur sa tête par l'adulte pour jouer (coucou), etc. C'est le début du jeu de cache-cache. L'univers de l'enfant se compare à un ensemble de tableaux issus du néant et dont les éléments n'existent que parce qu'ils sont perçus ou manipulés.

Entre 8 et 12 mois, l'enfant commence à chercher les objets et à enlever les obstacles pour les retrouver; il peut toutefois se décourager s'il ne les retrouve pas facilement. Cette recherche de l'objet est un signe que l'enfant commence à conserver l'objet en mémoire, donc en dehors de sa perception immédiate. Notons qu'il s'agit ici d'une mémoire sensorimotrice[3], c'est-à-dire que seule la présence d'indices sensoriels provoque le souvenir de quelque chose. L'objet, à cet âge, ne demeure toujours qu'un aspect d'un tableau d'ensemble. On dit, par exemple, qu'une poupée sera connue comme la poupée sur le mur ou la poupée dans les mains de maman; elle n'est pas encore perçue comme une entité distincte. L'enfant cherchera donc à retrouver les objets dans leur tableau; par exemple, il essaiera de retrouver une balle sous le fauteuil, là où il l'a aperçue la dernière fois. Il ne tient pas compte des déplacements successifs de l'objet: il le cherche à la place où il l'a vu la première fois. L'objet n'est donc pas encore un tout existant en soi: il demeure partie intégrante de son contexte.

L'enfant apprécie les jeux où l'on cache des objets devant lui, et il ira avec plaisir chercher les objets qui se trouvent à sa portée lorsqu'on le lui demandera. Il prend les objets et exerce des schèmes comme frapper, secouer, mordre, mâcher, froisser, déchirer, passer d'une main à l'autre, mettre un objet dans un autre. En exerçant ainsi ses propres habiletés, il découvre les propriétés des objets. Il perçoit leur forme, leur poids, leur couleur, leur

---

3. Précisons que la mémoire sensorimotrice continue d'agir même à l'âge adulte. C'est le cas, par exemple, lorsqu'on est incapable de décrire le parcours pour se rendre à un endroit donné mais qu'on peut s'y rendre en s'orientant au fur et à mesure que l'on perçoit et reconnaît des indices sur la route, comme un garage à droite ou un arbre à gauche.

texture et leur température. De plus, quand on le voit examiner et comparer deux objets, on sait qu'il découvrira progressivement ce qui est pareil et ce qui est différent, même s'il ne peut le verbaliser.

De même, l'enfant manifeste un intérêt grandissant pour les sons à travers des comportements comme s'apaiser au son d'une musique familière, frapper des mains ou se balancer en suivant de la musique, imiter des sons et prendre plaisir à s'écouter.

Entre 12 et 18 mois, l'enfant commence à chercher un même objet à différents endroits. C'est le signe qu'il commence à percevoir l'objet comme permanent et comme une entité distincte d'un tableau global. Il cherche ainsi les objets aux différents endroits où ils se trouvent habituellement. Toutefois, l'objet reste lié à un ensemble, et il n'existe pas encore comme un tout complètement distinct.

L'enfant aime regarder des images, dans un livre ou sur des blocs. Il aime assembler et séparer des objets comme les blocs ou les pièces, dans les jeux d'encastrement simples. Ces activités témoignent de l'exercice de la discrimination, donc d'une organisation perceptive enrichie où, dorénavant, l'enfant agit sur les objets afin de les comparer concrètement.

En ce qui concerne l'audition, on peut dire qu'à partir de cette période l'enfant reconnaît les bruits familiers ; de plus, il aime se dandiner avec rythme au son de la musique.

Progressivement jusqu'à 24 mois, l'objet devient un tout permanent et indépendant : il existe comme entité distincte. Grâce à l'avènement de la pensée représentative, l'organisation perceptive commence à se traduire sous forme d'images mentales. Ainsi, l'enfant peut conserver l'image d'un objet en dehors de sa perception immédiate ou l'évoquer à la vue d'une photo. En outre, il a encore plus de facilité à mettre différents objets en relation. Il compare, associe, observe les réactions ; la construction de l'objet est ici reliée à celle du temps, de l'espace et de la causalité. L'enfant situe l'objet dans ses rapports avec l'environnement et en découvre les propriétés. Par exemple, il découvre comment monter une tour de blocs en respectant d'une certaine façon les lois de l'équilibre. Il s'agit, bien sûr, d'une connaissance pratique, sensorimotrice.

À ce stade, l'enfant se reconnaît comme une entité distincte. Il perçoit son corps comme le sien et commence à savoir ce qu'il peut faire avec lui. Il s'agit de l'étape du corps vécu, dont il a été question au chapitre 5, traitant du schéma corporel.

L'enfant acquiert un début de pensée représentative, et l'image des objets prend de plus en plus d'importance. Ainsi, les jeux d'encastrement simples, comprenant de grosses formes géométriques, et les images très colorées captent son attention et lui permettent d'exercer sa discrimination et sa mémoire en évoquant l'objet représenté (figure 7.1.). Pour l'audition, les changements sont moins importants, mais on note un grand intérêt pour le son des clochettes et des instruments à percussion.

7.2.2. De 2 à 6 ans

L'enfant entre maintenant dans la période de la pensée représentative. L'objet existe comme une entité distincte et permanente, et l'enfant en garde le souvenir (mémoire représentative). Ainsi, un indice peut déclencher son désir de se procurer un objet : la vue d'un ballon sur une photo, par exemple, peut l'amener à vouloir retrouver le sien, ou encore à le comparer avec le sien. Le Boulch traduit le rôle de la représentation mentale dans les termes suivants :

> Cette évocation de l'objet par l'image va être un support fondamental pour que se prolonge et se développe l'activité perceptive. Lorsque l'enfant se trouvera en présence d'un objet nouveau, il pourra le comparer par le biais de la représentation mentale aux schèmes perceptifs élaborés

Figure 7.1.
Par tâtonnements, l'enfant associe la forme à son espace (enfant de 16 mois).

lors de ses expérimentations précédentes et réaliser ainsi des synthèses de plus en plus complexes qui jailliront à leur tour sur une évolution de la fonction symbolique[4].

Entre 2 et 6 ans, l'organisation perceptive procure une connaissance de plus en plus raffinée des propriétés des objets et des personnes. L'enfant s'intéresse aux qualités des objets et à leurs relations. Cet intérêt se manifeste dans les activités de manipulation, de construction et d'expression verbale ou graphique. Ainsi, on verra l'enfant assembler, aligner, superposer, entasser des objets, puis les comparer, les associer et les regrouper selon certaines propriétés. On l'entendra aussi nommer les objets qu'il reconnaît sur les images ou encore essayer de les dessiner. Les jeux où l'enfant aligne spontanément des blocs de même forme, comme les carrés ou les rectangles, constituent un bel exemple de ces nouvelles aptitudes (figure 7.2.). Ainsi, au cours de cette période, l'enfant deviendra capable d'identifier les formes, de classer les objets qui se ressemblent ou qui ont une même fonction, de faire des liens entre une action et son résultat (rapport de causalité). Notons qu'au début l'enfant commence par identifier les formes géométriques en les associant à des objets; par exemple, il identifiera le cercle à un ballon, le triangle à une tente, etc.

Vers 5 ou 6 ans[5], l'organisation perceptive est suffisamment développée pour permettre à l'enfant, par exemple, de démonter et de remonter des objets, d'ordonner des objets selon leurs caractéristiques et leur quantité, de décrire un objet connu qui n'est pas sous sa vue. Au cours de cette période, l'enfant commence également à saisir la notion de nombre.

Retenons que les activités où l'enfant décrit les caractéristiques des objets et des personnes, classe des objets selon leurs propriétés ou les regroupe selon leur quantité favorisent l'exercice de l'attention, de la discrimination et de la mémoire, et représentent des manifestations de l'organisation perceptive. Ces activités psychomotrices, où interviennent les fonctions du corps et de l'esprit, préparent ainsi la pensée logique et mathématique, et conduisent aux opérations mentales (ou actions intériorisées), caractéristiques de la période 6 à 12 ans.

Rappelons que les occasions pour l'enfant d'exercer son organisation perceptive se retrouvent dans toutes les activités de la vie courante, au contact des objets et des personnes. Ces activités lui offrent toutes les chances de faire des apprentissages, car elles correspondent à l'expérience significative

---

4. J. Le Boulch, *Le développement psychomoteur de la naissance à 6 ans*, Paris, Les Éditions ESF, 1981, p. 114.

5. Ces données sont tirées de R. Betsalel-Presser et D. Garon, *La garderie, une expérience de vie pour l'enfant*, volet 3, collection Ressources et Petite Enfance, Sillery, Les publications gouvernementales du ministère des Communications du Québec, 1984, p. 71.

FIGURE 7.2.
Vers 2-3 ans,
l'enfant regroupe
spontanément les
objets de même
forme et de
même couleur.

de l'enfant. Voilà pourquoi les éducateurs et les éducatrices devraient profiter des situations vécues quotidiennement par l'enfant pour l'amener à faire des liens, de la discrimination et de la classification entre les sensations et les perceptions, et à les nommer.

Résumé

Par «organisation perceptive» on entend la capacité de capter, de discriminer et de conserver les stimuli en mémoire. Comme elle concerne la connaissance des objets et la compréhension de leurs relations entre eux, elle est directement reliée au développement cognitif.

L'évolution de l'organisation perceptive se fait au rythme des étapes du développement cognitif et s'observe dans la façon dont l'enfant s'intéresse et traite les propriétés des objets. Retenons donc qu'elle s'exerce à travers l'ensemble des activités sensorielles et motrices de l'enfant; au départ, elle se manifeste très concrètement par la manipulation des objets et s'enrichit vers 2 ans de l'activité de la pensée représentative, puis des opérations mentales vers 6 ou 7 ans.

Nous verrons dans la troisième partie comment se servir des moments de vie pour développer l'organisation perceptive.

L'organisation spatiale

L'organisation spatiale ou organisation de l'espace englobe la connaissance et l'appréciation de l'environnement et de ses constituants.

Les capacités d'organisation spatiale sont directement liées à l'évolution du schéma corporel (conscience du corps propre) et à l'organisation perceptive (connaissance des objets et de leurs relations). Le lien avec le schéma corporel s'explique par le fait que toute connaissance du milieu commence d'abord par la conscience du corps propre, le corps étant le premier point de référence pour l'enfant. La notion de verticale, par exemple, prend un sens à partir de la prise de conscience de la position du tronc et des jambes dans l'espace. De plus, l'organisation spatiale se confond avec l'organisation perceptive lorsqu'il s'agit des relations entre les objets, notamment en ce qui a trait aux positions et aux dimensions.

L'organisation spatiale concerne particulièrement la façon dont les stimuli sont traités par rapport aux distances, aux positions et aux relations des éléments de l'espace. Il s'agit des relations entre soi et les personnes ou les objets, et des relations des objets les uns par rapport aux autres. Par leur forme et leur dimension, les objets occupent un certain espace; on pourrait même parler de l'espace intérieur à un objet, c'est-à-dire de la dimension de l'objet lui-même; mais il y a aussi l'espace extérieur à l'objet, qui varie selon la proximité, l'éloignement, la superposition ou l'inclusion. Retenons également que l'organisation spatiale englobe tout aussi bien l'espace vide ou occupé que la position des objets dans l'espace.

Toutes les activités quotidiennes font appel à l'organisation de l'espace. En effet, qu'il s'agisse des déplacements, des activités manuelles courantes, de l'écriture, de la conduite d'un véhicule, des activités sportives, etc., on doit évaluer des distances, apprécier des directions, situer et retrouver des objets, s'orienter, diviser des surfaces, etc. En fait, toute action adaptée nécessite l'habileté à occuper un espace en fonction des personnes et des objets qui s'y trouvent, de même que l'ajustement de la réponse motrice à la situation concernée; elle suppose donc une certaine interprétation des informations provenant de l'espace.

Nous reprenons ici la classification choisie par Betsalel-Presser et Garon[1], qui facilite la description de comportements observables dans le quotidien. Les divisions retenues pour désigner les composantes de l'organisation spatiale sont les suivantes :

---

1. R. BETSALEL-PRESSER et D. GARON, *La garderie, une expérience de vie pour l'enfant*, volet 1, collection Ressources et Petite Enfance, Sillery, Les publications gouvernementales du ministère des Communications du Québec, 1984, p. 16.

- l'acquisition des notions d'espace;
- l'adaptation à l'espace;
- l'orientation dans l'espace;
- la structuration de l'espace.

8.1. Les composantes de l'organisation spatiale

L'organisation spatiale exige de nombreux et longs apprentissages fondés sur la capacité d'acquérir de nouvelles notions, de s'adapter, de s'orienter ou de construire quelque chose.

Ces habiletés, on le voit, correspondent aux expressions employées pour désigner les composantes de l'organisation spatiale. Elles sont toutes interreliées et s'interinfluencent dans leur évolution respective. Notons toutefois que l'orientation spatiale et particulièrement la structuration spatiale sont plus complexes; l'enfant devra atteindre un certain niveau de maturité avant qu'elles se manifestent vraiment.

8.1.1. L'acquisition des notions d'espace

On peut suivre l'évolution de l'acquisition des notions spatiales, chez l'enfant, à travers les mots qu'il utilise pour désigner les positions dans l'espace. Parmi les notions les plus courantes, on note celles qui sont reliées au corps propre, comme à côté, devant, derrière, en bas, en haut, de même que celles qui désignent les positions des personnes et des objets par rapport à soi, et les positions des objets les uns par rapport aux autres, comme près, loin, sur, sous, en face, au milieu, à la fin, au début, à travers, dedans, dehors, à gauche, à droite, parallèle, croisé, etc. Mentionnons qu'il est plus facile pour l'enfant d'apprendre ces notions en les abordant par contraste.

8.1.2. L'adaptation spatiale

L'adaptation à l'espace se traduit par la capacité d'ajuster à un espace donné une position ou l'exécution d'un mouvement. Elle impose des limites au mouvement et nécessite une juste évaluation de l'espace. Cette notion comprend la perception et l'appréciation des formes, des dimensions et de la distance.

Pour s'adapter à l'espace, l'enfant doit contrôler ses mouvements (contrôle du corps et du geste). Le fait de tenir compte de la hauteur d'une marche en montant un escalier, de dessiner en respectant la grandeur d'une feuille de papier, d'arrêter sa course avant de toucher un mur, de se déplacer sans toucher un obstacle, relève de l'adaptation à l'espace. Soulignons que, dans le cas des activités manuelles reliées au graphisme, on parlera d'adaptation à l'espace graphique.

8.1.3. L'orientation dans l'espace

L'orientation est la capacité de se retrouver dans l'espace. Elle suppose l'identification de points de repère pour se situer soi-même, de même que pour situer les personnes et les lieux. L'activité qui consiste pour l'enfant à retrouver son chemin en se rendant à l'école illustre bien cet aspect de l'organisation spatiale.

8.1.4. La structuration de l'espace

La structuration spatiale est la capacité de diviser l'espace en différentes parties et formes, selon certaines règles ou certains critères. Par exemple, mettre six couverts sur une table suppose que l'on divise l'espace en six places relativement égales. La structuration spatiale est l'activité principale de l'architecte, qui conçoit et organise des espaces.

Cette activité fait particulièrement appel à une pensée plus abstraite dont l'acquisition se fait seulement vers 9 ou 10 ans, car elle nécessite le traitement de notions comme les droites, les courbes et les angles. On reconnaît l'ébauche d'exercices de structuration quand l'enfant d'âge préscolaire aligne des objets ou fabrique des maisons avec des blocs, ou encore lorsqu'il commence à représenter intentionnellement des choses, dans les activités graphiques. On parlera véritablement de structuration de l'espace, cependant, lorsque l'enfant sera guidé par certaines règles dans l'activité de construction ou l'activité graphique, et non pas quand il se contentera de copier un modèle perçu ou imaginé. L'aménagement d'une pièce selon certains critères ou la conception graphique d'un plan en sont des exemples.

8.2. L'évolution de l'organisation spatiale

L'évolution de l'organisation spatiale signifie une interprétation de plus en plus objective de la réalité. Réalité à laquelle on donne un sens à partir de la façon dont on la comprend. Voyons comment la maturation et l'expérience agissent sur l'ensemble des composantes de l'organisation spatiale pour faire évoluer la perception vers une plus grande objectivité, c'est-à-dire vers une interprétation et une représentation meilleures et plus justes de la réalité.

Les transformations que subissent les perceptions spatiales se divisent en deux grandes étapes au cours des 12 premières années de vie. Il s'agit, d'une part, de la période qui va de la naissance à 7 ans, où la connaissance de l'espace reste influencée par la perception immédiate : on parle alors de l'espace perceptif. À compter de 7 ans, quand l'enfant devient capable d'objectiver les données de sa perception, on parle d'espace projectif. On peut déjà dire que l'évolution de l'organisation spatiale passera d'un jugement subjectif des données à une vision plus réaliste et de plus en plus détachée d'un point de vue personnel.

8.2.1. De 0 à 7 ans, l'espace perceptif

À la naissance, l'espace est d'abord vu, senti, goûté, saisi et touché. L'espace n'est alors qu'une composante parmi d'autres composant l'univers de l'enfant. Notons également que l'espace buccal est le premier espace perçu comme tel. En effet, il représente le lieu des premières expériences actives et significatives comme téter, sucer, mordre et porter à la bouche.

Les premières expériences de l'enfant, particulièrement les expériences sensorielles, déterminent ses premières perceptions du monde et notamment de l'espace. Attardons-nous ici à un passage du livre *Shantala*[2], qui montre comment le nourrisson prend contact avec l'environnement à travers l'expérience de la faim et de la soif :

> Dehors, dedans…
> Voilà le monde coupé en deux.
> Dedans, la faim.
> Dehors, le lait.
> L'espace est né.
> Dedans, la faim
> dehors, le lait.
> Et, entre eux deux
> l'absence,
> l'attente
> qui est indicible souffrance.
> Et qui s'appelle
> le temps.

---

2. Frédérick LEBOYER, *Shantala*, Paris, Seuil, 1974, p. 17.

Et c'est ainsi
que, simplement
avec l'appétit,
sont nés
l'espace et la durée.

Outre la poésie comprise dans ces mots, on doit retenir combien les premières sensations façonnent et colorent le sens que l'enfant donne à la réalité. L'espace naît du vécu relié à la satisfaction des besoins vitaux. Les perceptions auxquelles donnent lieu ces expériences s'organisent progressivement avec l'exercice de la pensée, elle-même en évolution. L'espace est d'abord un espace senti et exploré. Il est vécu affectivement et se découpe avec les personnes et les objets rattachés aux expériences significatives de l'enfant.

Jusqu'à 7 ans, on parle de l'espace perceptif. Tout au long de cette période, la notion d'espace repose sur le vécu moteur et sur l'expérience perceptive immédiate. Cette étape correspond à la période sensorimotrice et à la période de la pensée représentative, caractéristiques du développement de l'intelligence. L'enfant ne peut se détacher de son point de vue propre et demeure incapable de réversibilité[3]; il ne peut imaginer l'univers différent de celui qui se trouve devant ses yeux; chez lui, aucune opération mentale ne vient rectifier les erreurs de perception attribuables à la perspective. Par exemple, il décrira une maison perçue au loin comme plus petite, de toute évidence, que celle qui se trouve de l'autre côté de la rue. L'enfant ne relativise pas ses perceptions.

Les premières manifestations de l'organisation spatiale portent sur la configuration globale des objets et se traduisent par la perception qu'a l'enfant des relations qui existent entre eux. Autrement dit, l'organisation de l'espace débute par le découpage de l'univers. Elle s'effectue donc d'abord quand l'enfant réalise que les formes ou les objets peuvent être séparés les uns des autres, placés dans une position donnée les uns par rapport aux autres, par exemple placés plus ou moins proches, à l'intérieur ou à l'extérieur. Ces rapports entre les éléments de l'univers portent le nom de rapports topologiques.

Au cours des deux premières années de la vie, la manipulation et la locomotion entraînent chez l'enfant une multitude d'activités d'exploration de l'espace. En exerçant ainsi ses habiletés manuelles (praxies) avec les objets de l'environnement, l'enfant découvre les rapports topologiques. De même, grâce à la locomotion, il fait la conquête de l'espace comme tel et, du même

---

3. La réversibilité est la capacité d'imaginer la réalité vue d'en face ou de refaire un trajet en sens inverse; par exemple, si ma main droite est de ce côté, alors la main droite de la personne en face de moi se trouve de l'autre côté.

coup, il accroît ses possibilités d'exploration des objets. L'aire de jeu s'agrandit, le jouet devient l'espace à parcourir. L'enfant expérimente sa place et celle des objets dans l'espace. Les jeux d'exercices consistent à grimper sur un fauteuil, à monter sur une chaise, à se déplacer d'un coin à l'autre, à passer par-dessus, à côté ou en dessous des obstacles, à se rapprocher, à s'éloigner, à aller, à revenir, à transporter des objets, etc. (figure 8.1.).

Ces activités locomotrices transforment la perception de l'enfant, de sorte que ses déplacements lui permettent de voir l'espace autrement que comme un simple tableau. L'espace devient un lieu à plusieurs dimensions comportant une hauteur, une largeur, une profondeur, et dans lequel il lui est possible d'entrer et de circuler de gauche à droite ou de bas en haut (figure 8.2.). De même, les choses que l'enfant percevait jusque-là comme dans un tableau global, situé devant lui, apparaissent maintenant comme pouvant être atteintes, touchées. En tentant de s'approprier les choses et en les déplaçant dans l'espace, l'enfant exerce sa volonté d'agir sur le monde; cela lui procure une sorte de sentiment de puissance, indispensable à son épanouissement et à son ouverture sur l'entourage.

Soulignons ici que ses nombreux déplacements amènent l'enfant à vivre avec son corps les notions de verticale et d'horizontale; ainsi, pour atteindre l'objet placé sur un meuble, l'enfant doit grimper, s'étirer et tendre les bras. De plus, l'objet est examiné, renversé, comparé et associé à d'autres, puis classé. Tout au long des deux premières années, l'enfant perçoit le rapport des objets entre eux et leur place dans l'espace à travers ses nombreuses activités. On peut affirmer, en observant attentivement les activités de l'enfant

FIGURE 8.1.
L'enfant développe ses habiletés psychomotrices en surmontant des obstacles (enfant de 21 mois).

FIGURE 8.2. L'enfant prend plaisir à varier ses déplacements dans l'espace (enfants de 2 à 4 ans).

au cours des premières années, que son activité motrice est mise au service de l'exploration de l'espace et de ses éléments, tout comme l'exploration de l'espace favorise l'exercice et le perfectionnement de la motricité.

Avec la pensée représentative, vers l'âge de 2 ans, les multiples actions dans l'espace s'intériorisent progressivement et s'élaborent sous forme d'images mentales. Entre 2 et 4 ans, avec la perception de formes comme le carré, le cercle, le triangle et le losange, l'enfant assimile peu à peu les lignes et les angles. Il s'agit d'une étape capitale qui aboutira à la perception d'un espace séparable en différents axes, où l'enfant pourra s'orienter à partir de points de repère. Ainsi, entre 2 et 7 ans, les notions spatiales sont perçues et intériorisées progressivement, de sorte que les capacités d'orientation spatiale se développent d'abord dans l'espace familier, ensuite dans des trajets comme celui de la maison à la garderie ou à l'école. L'orientation comme telle commence lorsque l'enfant peut, par exemple, se déplacer intentionnellement de sa chambre vers la cuisine en se référant à la voix de sa mère ou à d'autres repères très concrets. Jusque vers 7 ou 8 ans, l'orientation se fait à partir de soi; le corps demeure donc le seul point de référence pour l'enfant, au cours du déplacement d'un point à l'autre, l'enfant ne se représente pas l'ensemble du trajet.

Mentionnons aussi que la connaissance des notions de droite et de gauche se fait d'abord sur le corps propre; autrement dit, l'enfant saisit vraiment le sens des mots gauche et droite lorsqu'il a pris conscience de son côté gauche et de son côté droit, et qu'il peut les nommer (vers l'âge de 5 ou 6 ans). À la même période, il s'intéresse aux notions spatiales concernant la position des objets par rapport à lui, d'un côté, de l'autre, puis devant, derrière, etc. Par exemple, une phrase comme : «Le ballon est à droite» signifie : «Le ballon est à ma droite»; «Le chat est tout près» veut dire : «Le chat est tout près de moi».

Il est à noter que les notions de droite, de gauche, de haut, de bas, de dessus, de dessous, etc. constituent un préalable de l'orientation dans l'espace et des apprentissages scolaires tels la lecture, l'écriture et les mathématiques. Par exemple, avant de comprendre qu'un nombre est plus grand qu'un autre, l'enfant doit saisir le sens des notions «plus grand» et «plus petit», dans le rapport des objets entre eux. De même, la reproduction concrète ou graphique d'une figure suppose l'appréciation exacte de ses droites et de ses courbes dans l'espace, en ce qui concerne leur longueur, leur direction ainsi que leur position les unes par rapport aux autres. Cette capacité dépasse les limites de la pensée représentative, selon laquelle les configurations ne sont pas véritablement décomposées en lignes et en angles. Pour que ces notions se transfèrent dans l'espace comme tel et sur les objets non plus seulement par rapport à soi mais les uns par rapport aux autres, et pour en arriver à une affirmation comme : «La feuille est à droite de Luc», il faut une opération mentale permettant à l'enfant d'imaginer quelque chose au-delà de son propre point de vue. Cette capacité qui entraîne la réversibilité devient possible avec la pensée opératoire concrète, acquise vers l'âge de 7 ou 8 ans. L'enfant accède alors à une organisation spatiale plus objective : l'espace projectif.

8.2.2. De 7 à 12 ans, l'espace projectif

Jusque vers 8 ans, donc, les notions spatiales ne sont envisagées que par rapport à soi. Entre 8 et 12 ans, grâce à la pensée opératoire concrète, l'enfant peut analyser les données de la perception. Il traite l'information en tenant compte de la réalité objective et non plus seulement à partir des données de sa perception immédiate. Édith Fournier, dans son film *Au seuil de l'opératoire*[4], illustre clairement la différence dans le traitement des perceptions visuelles, selon que l'enfant en est au stade de la pensée représentative ou au stade opératoire concret; elle utilise pour cela une discussion entre deux enfants qui représentent les deux stades.

À partir de 8 ans (stade opératoire concret), l'enfant sort de son propre point de vue, il est capable d'imaginer la perception qu'il aurait d'un paysage s'il était placé ailleurs qu'à l'endroit où il se trouve; tandis que, malgré des démonstrations logiques, l'enfant de moins de 7 ans (stade de la pensée représentative) persiste à croire que la réalité est comme il la perçoit, quel que soit le point de vue où il se trouve.

On voit donc qu'après 7 ans l'organisation spatiale correspond à une perception de l'espace où l'enfant est capable d'analyser les données sensorielles, afin d'établir un tableau plus juste de la réalité. Il lui devient alors possible de décrire les relations entre les éléments d'un tableau, vu d'un autre point de vue que le sien, et de situer les objets les uns par rapport aux autres. Cette faculté est capitale dans les jeux intellectuels, comme les échecs, et dans toutes les activités sportives où l'on doit établir à tout moment des stratégies, à partir d'une configuration donnée.

Il faut comprendre, ici, le lien qui existe entre l'organisation spatiale et les déplacements, que ce soit dans un sport ou dans les stratégies du jeu d'échecs. On doit, dans ces deux catégories d'activités, imaginer des réponses sous forme de configuration, à partir d'hypothèses autres que la perception immédiate, mais inspirée par elle. Cette opération mentale demande de sortir du point de vue immédiat, et l'on comprend mieux pourquoi on parle alors d'espace projectif. Notons cependant que l'élaboration de stratégies, dans les sports collectifs, fait également appel à l'organisation temporelle, puisque l'on doit tenir compte de la vitesse des déplacements. On parle dans ce cas d'adaptation spatio-temporelle. Ajoutons ici que l'élaboration de stratégies, aux échecs ou dans les activités sportives, sollicitera le traitement de données abstraites. Ainsi, ces activités bénéficieront d'un potentiel accru, vers 11 ans, au stade de la pensée formelle.

Soulignons également qu'après l'âge de 8 ans, les représentations graphiques deviennent plus réalistes; l'enfant apprend à reproduire plus exactement les relations entre les éléments d'un tableau, car il peut tenir compte des positions réelles des éléments les uns par rapport aux autres, de même que des lignes et des angles. À partir de 8 ans, donc, on peut parler véritablement d'orientation dans l'espace. En effet, l'enfant peut non

---

4. Édith FOURNIER, *Au seuil de l'opératoire*, vidéo réalisée par Michel Moreau, Production Heri Vatrou, 1972, durée 44 min.

seulement mémoriser un parcours sous forme de tableau mais aussi, par une opération mentale, déduire des trajets en combinant différents parcours. Sa capacité de situer les éléments de l'espace les uns par rapport aux autres le rend apte à déduire un trajet par raisonnement mental, à partir d'indices connus, comme le circuit de tel numéro d'autobus, le coin de telle rue, le lieu d'habitation de telle personne, etc.

On constate régulièrement que l'orientation dans l'espace devient un jeu d'exercice. Le plaisir éprouvé par les enfants du deuxième cycle du primaire (quatrième, cinquième et sixième années) à se rendre seuls chez des amis, à pied ou encore plus en utilisant les transports en commun, témoigne de leur grand intérêt pour l'exercice des capacités d'orientation. Ils vont même jusqu'à prendre l'autobus pour le simple plaisir de circuler d'un endroit à un autre, dans la ville. Outre le sentiment d'autonomie et de liberté dont elles sont le signe, ces activités indiquent l'émergence de facultés intellectuelles arrivées à maturité. Ici encore, le besoin de se développer se manifeste par une immense recherche d'exercice.

C'est ainsi que l'orientation dans l'espace devient possible. De plus, grâce à l'acquisition de notions spatiales, l'enfant peut maintenant reproduire graphiquement des trajets et apprendre à s'orienter sur des cartes géographiques. L'espace devient une entité détachée du moi, un ensemble d'axes et de points dont l'enfant fait partie, mais qui peut être analysé en dehors de sa perception immédiate (figure 8.3.).

FIGURE 8.3.
Enfants de 11 et 12 ans localisant les pays sur la carte du monde

Quand l'orientation devient possible, après 8 ans, on peut parler de structuration de l'espace. À partir de ce moment-là, l'enfant peut jouer avec des parties de l'espace, afin de les diviser et de les agencer en suivant certaines règles. Avant cette période, quand l'enfant fait des dessins ou des constructions, il représente ou invente des modèles, mais il n'applique pas de règles et ne tient pas compte des lois de la perspective. Il s'agit plutôt de la copie d'une configuration globale. À titre d'exemple, prenons l'habileté à dessiner une table : dans une première phase, l'enfant dessine la table en plaçant les pattes à chaque coin, sans tenir compte de la perspective ; à partir de 8 ou 9 ans, il les dessinera à la verticale en tenant compte d'une certaine perspective.

Résumé

L'organisation spatiale réfère à la connaissance des notions spatiales, aux capacités d'adaptation et d'orientation spatiale de même qu'à celles de structuration de l'espace.

L'évolution de l'organisation spatiale est reliée au développement cognitif ; elle est marquée par la croissance de l'objectivité dans l'appréciation de tout ce qui se situe dans l'espace. Elle repose sur l'exercice des déplacements naturels de l'enfant et s'enrichit des expériences où l'enfant est appelé à résoudre des problèmes qui l'amènent à évaluer correctement les distances, les directions et les dimensions afin d'ajuster ses mouvements ou ses déplacements.

L'organisation spatiale est présente dans toutes les activités de l'enfant ; ses manifestations et les moyens de favoriser son développement sont décrits dans la troisième partie.

CHAPITRE 9

L'organisation temporelle

On appelle organisation temporelle ou organisation du temps la faculté de percevoir et d'utiliser le temps, cette donnée abstraite perceptible à travers la succession des événements de la vie. En ce sens, l'appréciation du temps comporte une dimension personnelle et subjective, puisqu'elle est reliée à la façon dont on vit les situations. Les expressions du genre : «Ah! que le temps passe vite!» ou : «C'était long et ennuyant» en sont des exemples.

Le temps est aussi représenté par des données objectives. Il s'évalue à partir d'échelles mesurant la distance qui sépare deux événements. Les façons de mesurer le temps s'inspirent de rythmes intrinsèques, comme celui des battements du cœur, et de rythmes obtenus par l'alternance des événements naturels, comme la succession des jours et des nuits ou des saisons. Retenons toutefois que même si le temps se confond avec les événements et dépend de la façon dont on les vit, le chronométrage reste possible avec des instruments comme les horloges et les calendriers. De plus, la perception personnelle du temps peut devenir de plus en plus objective, grâce au développement cognitif et à l'entraînement procuré par l'expérience.

Le temps est un aspect à la fois omniprésent et très discret du développement psychomoteur. Comme c'est une notion abstraite, il se manifestera à travers les changements, l'espace parcouru, le nombre et la vitesse des mouvements exécutés. Dans une expression comme : «C'est loin! ça prend beaucoup de temps pour s'y rendre», l'espace et le temps sont associés et confondus; de même, dans la phrase «Comme tu as grandi! Il y a longtemps que je t'avais vu», le degré de changement sert d'indice à l'évaluation du temps. On dit que la notion du temps se confond alors avec celle de l'espace, de la vitesse et du rythme.

L'organisation temporelle s'exprime à travers différents comportements que nous regroupons sous les mêmes dénominations que celles de l'organisation spatiale. Nous aborderons l'étude de l'organisation temporelle à partir de ses principales manifestations, soit l'ordre et la durée. Les composantes de l'organisation du temps sont les suivantes :

- l'acquisition des notions de temps;
- l'adaptation temporelle;
- l'orientation dans le temps;
- la structuration du temps.

Il y a aussi le sens rythmique, mais comme cette composante du temps demeure plus complexe, nous en traiterons dans une section à part.

9.1. Les composantes de l'organisation temporelle

Tout comme pour l'organisation spatiale, l'organisation temporelle se manifeste, nous l'avons dit, à travers quatre composantes qui, en pratique, demeurent interreliées.

9.1.1. L'acquisition des notions de temps

L'acquisition des notions temporelles se traduit par la compréhension et l'utilisation progressives du vocabulaire portant sur l'ordre et la durée, comme les couples formés par les mots avant et après, hier et demain, long et court, etc. Comme pour l'acquisition des notions reliées à l'espace, l'enfant saisit plus rapidement les notions temporelles lorsqu'il peut les sentir et les percevoir par contraste.

9.1.2. L'adaptation temporelle

L'adaptation temporelle consiste en la capacité d'ajuster ses actions ou son comportement à la durée d'un temps. Arriver à l'heure, être capable d'attendre son tour ou exécuter un mouvement en tenant compte d'une durée sont des exemples d'adaptation au temps. Ces activités supposent l'appréhension objective du temps, ainsi que la volonté et la capacité d'ajustement.

Soulignons que l'adaptation au temps relève de facteurs affectifs, surtout lorsqu'il s'agit pour l'enfant de vivre des délais ou d'être à l'heure ; par exemple, à la garderie, le temps peut paraître long pour un enfant qui s'ennuie de ses parents. Tout en reconnaissant l'importance de ces facteurs dans l'appréhension du temps, nous n'en décrirons ici que l'aspect perceptif.

Notons également que l'adaptation au temps se confond avec l'évolution du sens rythmique, notamment l'adaptation au rythme, dans la mesure où ce concept englobe la capacité de sentir et de reconnaître la durée et l'ordre des éléments. En effet, marcher en suivant un battement régulier, par exemple, suppose que l'enfant accorde le mouvement de son corps à la durée et à l'ordre des sons ou des éléments, c'est-à-dire à la structure rythmique.

Lorsqu'il s'agit d'évaluer la durée qui permet d'attraper un ballon au vol, comme au basket-ball, on touche à la notion de vitesse fournie par le rapport espace - temps. Pour désigner cette capacité, il est plus juste d'utiliser l'expression adaptation spatio-temporelle. Cette notion concerne à la fois la motricité, l'espace et le temps, et elle est présente toutes les fois que la vitesse devient un élément auquel le mouvement locomoteur doit s'ajuster.

9.1.3. L'orientation dans le temps

L'orientation temporelle consiste en la capacité d'ordonner correctement des événements ou des sons dans le temps, et elle fait appel à la mémoire. C'est l'aptitude de la personne à situer des moments précis en identifiant ce qui se passait avant et ce qui est arrivé après tel événement, en somme à décrire le moment exact d'une situation donnée en utilisant des points de repère comme des activités courantes ou les notions du temps. Replacer en ordre chronologique les activités d'une journée est un exemple d'orientation dans le temps. Les enfants qui fréquentent un service de garde apprennent très vite l'ordre des activités de leur journée.

9.1.4. La structuration du temps

La structuration du temps correspond, pour ainsi dire, à la capacité d'organiser son temps. Elle comporte principalement deux opérations : la division du temps et l'utilisation du temps disponible pour y situer des périodes d'activités. Il s'agit pour la personne d'aménager et d'ordonner des activités dans des intervalles de temps, selon une durée évaluée par anticipation. Les points de repère sont, la plupart du temps, des unités de mesure comme les heures, les jours, les mois et les années. Cette notion ne fait pas directement appel à la mémoire. On peut cependant, dans certains cas, se référer à des expériences antérieures similaires, afin de prévoir le temps requis pour effectuer certaines activités.

Pour structurer le temps, on doit être en mesure de se représenter assez objectivement la durée d'un intervalle donné, puisque l'on divise cet intervalle de temps en périodes, d'après certains critères préalablement établis. Prenons l'exemple de la fabrication d'un horaire : il s'agit d'une activité familière qui exige la structuration du temps. En préparant un horaire, on doit inclure toutes les activités d'une semaine et non pas seulement celles qui sont fixées d'avance dans une fonction ou un emploi, car alors il s'agirait seulement d'orientation et d'adaptation dans le temps. Dans le cas de la structuration du temps, il faut faire des choix concernant l'utilisation du temps. Par exemple, un élève qui veut gérer efficacement son temps, au cours de la semaine, doit d'abord examiner son horaire de base et, à partir de cette grille, commencer à structurer son temps. Pour ce faire, il devra se représenter le plus objectivement possible l'intervalle de temps disponible, évaluer précisément la durée nécessaire pour l'exécution de chacun des travaux et, finalement, fixer dans l'horaire les tâches à exécuter, afin de réaliser ce qu'il a prévu.

L'organisation temporelle constitue une habileté indéniable dans l'adaptation des gestes et des comportements aux données immédiates d'une situation. On ne pourrait parler d'adaptation de la réponse motrice si celle-ci ne tenait pas compte instantanément des stimuli en place. De même, une bonne appréhension de la durée et de l'ordre des événements assure une interprétation plus juste de la réalité, et favorise par le fait même l'intégration de la personne à son milieu. Les relations interpersonnelles pourraient être gravement troublées si on ne pouvait atteindre une certaine objectivité dans l'évaluation et l'utilisation du temps. Par exemple, on ne s'entendrait pas pour relater les faits historiques si l'on était incapable d'orientation dans le temps. Et comment pourrait-on apprendre à gérer son temps si on ne pouvait le diviser en périodes faciles à agencer?

Dans la société actuelle, les personnes aux prises avec des horaires surchargés trouvent une façon de gérer efficacement leur temps de façon à répondre à tous leurs engagements. Autrement dit, ces personnes améliorent leur capacité de structurer le temps.

9.2. L'évolution de l'organisation du temps

L'organisation temporelle fait partie de la famille des aspects psychomoteurs reliés au développement de la perception. En ce sens, l'évolution de l'organisation temporelle va de pair avec le développement cognitif, et on en reconnaît la maturation dans l'appréciation de plus en plus objective du temps à travers les composantes définies plus haut. Pour en faciliter l'étude, nous examinerons l'évolution de l'organisation temporelle en deux grandes périodes, soit de la naissance à 7 ans et de 7 à 12 ans.

9.2.1. De 0 à 7 ans

Pendant les deux premières années de la vie, on peut dire qu'il existe un temps vécu et senti à travers une succession d'événements comme la veille et le sommeil, l'action et l'inaction, la tension et la détente, etc. Le retour régulier et périodique des activités reliées aux besoins corporels de l'enfant détermine le temps (l'ordre et la durée) et lui donne une coloration affective, en fonction du degré de bien-être ressenti. De plus, à partir de ses actions spontanées, l'enfant commence à reconnaître un début, un déroulement et une fin.

L'étape suivante de l'organisation du temps va de 2 à 6 ans et correspond à la période de la pensée représentative. Betsalel-Presser et Garon écrivent à ce propos:

> À deux ans l'enfant expérimente la notion de temps en acceptant d'attendre son tour. Il possède la notion vécue du «maintenant». Il comprend une succession très simple dans le temps (une action par rapport à une autre), mais sans référence au passé[1].

Ainsi, grâce à la fonction symbolique, les événements sont conservés sous forme d'images. L'enfant peut se rappeler des situations et les situer avant, par rapport à un «maintenant». Un enfant de 3 ans situera le retour de sa mère dans le temps en employant des points de repère très concrets comme la fin de la sieste ou du sommeil (dodo). Dans la même période, il commence à faire la distinction entre les actions simultanées et les actions successives. On verra apparaître par la suite la conscience du passé immédiat. Les notions de passé et de futur ne prennent un sens pour l'enfant que si elles ont comme point de référence le moment présent. Les événements passés ne sont pas ordonnés chronologiquement.

Betsalel-Presser et Garon rapportent que, vers 3 ou 4 ans, l'enfant possède une dizaine d'expressions pour désigner le temps. Par exemple, il emploiera les mots aujourd'hui, hier et demain, mais on ne peut pas encore véritablement parler d'acquisition des notions de temps, puisque le vocabulaire utilisé marque davantage un avant ou un après par rapport au moment présent, plutôt qu'un moment en particulier. Ainsi, un enfant de 4 ans dira fréquemment «hier» pour parler d'un fait arrivé deux jours auparavant. De même, vers 4 ans, l'enfant commence à sentir la continuité du temps ainsi que la chronologie des événements. Par exemple, on dira à l'enfant que l'on reviendra le chercher dans «deux dodos», qu'il prendra sa collation après s'être lavé les mains, etc. C'est le début de l'orientation dans le temps.

À la fin de cette période, vers l'âge de 6 ans, l'enfant comprend et identifie le présent, le passé et le futur. Certaines confusions subsistent dans l'utilisation de mots comme avant-hier et hier, mais on peut dire que sa capacité de se rappeler et d'ordonner les événements d'une histoire simple (orientation temporelle), de même que celle d'utiliser des notions temporelles liées au vécu immédiat sont acquises. La connaissance temporelle s'appuie donc sur l'expérience et la perception immédiates. Rappelons que les principaux points de repère de l'enfant pour se situer dans le temps au cours

---

1. R. Betsalel-Presser et D. Garon, *La garderie, une expérience de vie pour l'enfant*, volet 2, collection Ressources et Petite Enfance, Sillery, Les publications gouvernementales du ministère des Communications du Québec, 1984, p. 43.

de cette période demeurent les activités de routine comme la période de la sieste, les repas, etc. (figures 9.1. et 9.2.). Cette façon de mesurer le temps correspond à la pensée du stade préopératoire, c'est-à-dire à une pensée encore reliée directement à l'expérience. Il faudra attendre l'étape suivante pour que l'enfant se détache de l'expérience immédiate et situe mentalement les événements les uns par rapport aux autres.

9.2.2. De 7 à 12 ans

L'organisation temporelle évolue considérablement pendant cette période de la pensée opératoire concrète. En effet, à partir de l'intériorisation de la durée et de l'ordre des événements, l'enfant peut opérer mentalement des

FIGURE 9.1. L'éveil après la sieste représente un moment significatif pour l'enfant (enfant de 21 mois).

FIGURE 9.2.
La période du repas aide l'enfant à se situer dans la journée (enfants de 18 mois à 3 ans).

liens en ce qui concerne la succession et la simultanéité des faits vécus. Sa compréhension de la réalité se rapproche davantage de celle de l'adulte. Les notions temporelles sont acquises et l'adaptation au temps se perfectionne. Par exemple, l'enfant commence à se représenter l'horaire d'une journée, puis d'une semaine. Vers 8 ans, il pourra apprendre à utiliser des instruments de mesure du temps, comme l'horloge et le calendrier, puis les jours de la semaine et les dates deviendront de plus en plus signifiants pour lui.

À l'étape précédente (0 à 6 ans), on ne pouvait encore parler d'orientation temporelle, car l'enfant ne disposait que des activités de routine pour marquer le temps. À ce stade-ci, il en va tout autrement puisque l'enfant a acquis la capacité d'ordonner chronologiquement les événements passés.

La structuration du temps évolue également grâce à la faculté de l'enfant de se représenter la durée d'une période donnée et à la possibilité de diviser le temps. C'est donc dire que l'enfant apprend à jongler avec les notions du temps : il le découpe et l'organise en périodes. Presque simultanément, il apprend à s'adapter réellement au temps; il améliore sa capacité de s'organiser pour faire en sorte d'être à l'heure et de respecter des échéances, car il peut prévoir la durée de certaines tâches.

Cet âge (8-9 ans) est particulièrement propice pour apprendre à l'enfant à gérer son temps pourvu, bien sûr, que l'on commence par de courtes périodes et qu'on l'aide à prendre conscience de l'importance de l'organisation et de la durée des situations. L'exercice de cette habileté peut débuter durant cette période, mais la maîtrise de la structuration du temps relève des facultés cognitives qui arrivent à maturité vers 10 ou 11 ans (stade de la pensée opératoire formelle).

9.3. Le sens rythmique

Le sens rythmique représente la capacité de coordonner harmonieusement les mouvements de son corps, spontanément ou en répondant à des stimuli extérieurs visuels ou sonores. Autrement dit, lorsqu'on parle du sens rythmique, on touche à la fois à la perception juste du rythme et à la capacité de le reproduire ou de s'y adapter vocalement ou avec des mouvements.

9.3.1. La définition du rythme

Le rythme suppose la répétition de séquences (périodes) d'événements ou de sons. On dit que le rythme est une suite logique de mouvements ou de sons dans l'espace et dans le temps. Comme nous le mentionnions dans la définition de l'organisation temporelle, le rythme se manifeste dans toute forme de vie. Le rythme du cœur et celui de la respiration en sont des exemples. Parler de rythme, c'est parler du temps écoulé entre deux sons, mais aussi de la vitesse d'émission des sons. Le rythme demeure lié à l'organisation temporelle puisqu'il concerne l'ordre et la durée des sons.

Mentionnons que le rythme joue un rôle majeur dans les activités humaines. Il stimule et encourage le mouvement et le travail, et il procure une certaine détente. L'effet des comptines, des chants et de la musique sur les tout-petits, de même que le plaisir relié à des activités comme se balancer ou se bercer en sont des exemples.

On reconnaît trois principales composantes du sens rythmique chez les enfants :

- la régularisation, fondée sur la régularité dans l'exécution de mouvements répétitifs spontanés comme celui de la marche ou celui de frapper dans les mains ;
- la répétition d'un rythme, c'est-à-dire la capacité de reproduire fidèlement (de mémoire) une séquence de sons en respectant l'intervalle de temps entre chacun d'eux ;
- la synchronisation (ou adaptation) au rythme, traduite par la capacité d'effectuer un mouvement en accordant ses gestes à un rythme extérieur.

9.3.2. L'évolution du sens rythmique

L'évolution du sens rythmique se manifeste donc par l'acquisition des capacités de régularisation du mouvement, de répétition d'un rythme et de synchronisation de la voix ou du mouvement à un rythme donné.

On peut aisément observer, chez le nourrisson, un certain nombre de manifestations rythmiques spontanées, telles la succion et, plus tard, la mastication. Vers 3 mois apparaissent les balancements. Il s'agit de battements de pieds lorsque l'enfant est couché sur le dos, et dont la fréquence diminuera assez rapidement entre 4 et 7 mois. On note également différentes formes de balancements d'avant en arrière, en position à quatre pattes, et de balancements assis ou debout, quand l'enfant tient le côté de son lit par exemple. Fraisse décrit les balancements de l'enfant en ces termes:

> Chez les très jeunes enfants ces balancements peuvent être interprétés d'abord comme la régulation d'une tension musculaire. Ils permettent à l'enfant d'acquérir un contrôle de ses mouvements et l'aident à s'approprier les sensations kinesthésiques de son corps. Ces balancements se manifesteraient plus particulièrement au moment des transitions dans le développement moteur, par exemple dans le passage de la station assise à la marche[2].

Pour comprendre l'évolution du sens rythmique, il faut définir la notion de tempo. Le tempo représente la cadence ou vitesse à laquelle se succèdent des battements réguliers que l'on nomme pulsation. Le tempo spontané d'un individu se rapproche de celui de son rythme cardiaque. Le tempo moteur spontané peut se définir comme la cadence la plus naturelle et la plus agréable dans l'exécution d'un mouvement. Cette cadence, ou fréquence de la périodicité, varie d'un individu à l'autre et paraît intimement liée au rythme biologique. Par exemple, la marche fait partie de ce qu'il est convenu d'appeler les rythmes moteurs spontanés.

Le tempo spontané, généralement lent chez le jeune enfant, s'accélère jusqu'à 7 ou 8 ans, puis ralentit peu à peu en même temps qu'il s'individualise. C'est une donnée dont on devra tenir compte dans l'éducation du sens rythmique; à la base de cette éducation, en effet, la régularité s'obtient plus facilement lorsque le tempo, ou rythme extrinsèque, colle le plus possible au tempo spontané. On peut connaître ce tempo naturel de l'enfant en lui demandant de frapper sur une table avec la main, à la vitesse où il se sent le plus à l'aise. Précisons que ce tempo naturel influence beaucoup la perception du rythme.

Ce qui importe avant tout, pour l'éducation du sens rythmique, c'est de partir du tempo spontané des enfants. Ainsi, dans les activités où l'on demande aux enfants de suivre un rythme ou tempo (régularisation), on utilisera d'abord un mouvement équivalent au tempo spontané des enfants. Progressivement, on pourra les amener à s'adapter à des rythmes différents (synchronisation rythmique).

---

2. Paul FRAISSE, *Psychologie du rythme*, Paris, PUF, collection SUP, 1974, p. 56.

La maîtrise du sens rythmique dépend largement de l'aptitude de l'enfant à synchroniser le mouvement et le stimulus sonore (synchronisation). Vers l'âge de 1 an, l'enfant prend déjà plaisir à bouger son corps au son de la musique. On a même vu des poupons sauter gaiement au son de la petite musique de nuit de Mozart. Mais il ne s'agit pas encore de synchronisation véritable, la musique agit comme élément déclencheur pour stimuler l'activité de l'enfant. C'est par la répétition de mises en situation et grâce à la maturation du système nerveux que la synchronisation s'installe petit à petit.

Vers l'âge de 3 ans, l'enfant atteint une certaine maîtrise globale de son corps, et arrive à une certaine régularité dans le tempo spontané. Autrement dit, les mouvements locomoteurs fondamentaux deviennent rythmés et semblent se faire avec une certaine harmonie. Ce n'est toutefois que vers l'âge de 7 ans qu'il acquerra une synchronisation à des cadences diverses.

L'éducation du sens rythmique s'appuie donc sur la pulsation qui est l'élément le plus facile à exercer ; mais c'est aussi un élément fondamental puisqu'il constitue la base du rythme, c'est-à-dire la régularité. De plus, il semble que la mesure binaire, c'est-à-dire la mesure à deux temps, constituée d'un temps fort alternant avec un temps faible (rythme de la marche), soit la plus naturelle pour l'enfant. Quand l'enfant démontre une certaine maîtrise du rythme à deux temps, l'introduction de la mesure ternaire, à travers les comptines et les chants, constitue un bon exercice d'adaptation au rythme.

Résumé

L'organisation temporelle a trait à la perception du temps. Tout comme pour l'espace, la connaissance des notions, les capacités d'adaptation, d'orientation et de structuration en sont les composantes.

L'évolution de l'organisation temporelle se fait parallèlement à celle de l'organisation spatiale et repose sur le développement cognitif. Elle se mesure dans la capacité de l'enfant à percevoir avec objectivité la durée et l'ordre des événements et des sons. Rappelons que lorsqu'il s'agit de la perception, de la longueur des sons et de leur distance entre eux, on parle alors de sens rythmique.

Retenons que l'ajustement d'un mouvement à la vitesse du déplacement d'un objet ou d'une personne que nous avons appelé «adaptation spatio-temporelle» dépend largement de l'organisation temporelle. Il en est de même pour l'adaptation ou la synchronisation au rythme d'une musique qui sont directement conditionnées par la perception du temps.

Le lecteur pourra suivre les manifestations et le rôle de l'organisation temporelle dans le développement de l'enfant par la description des comportements de l'enfant, au cours des différents moments de vie présentés dans la troisième partie.

CHAPITRE 10

L'intervention
en éducation
psychomotrice

L'intervention en éducation psychomotrice vise l'exercice et l'utilisation maximale du potentiel psychomoteur de l'enfant, ainsi que l'équilibre et le renouvellement d'énergie, dans le but de développer son autonomie corporelle.

La poursuite de ces objectifs se fait à travers tous les moments de la vie de l'enfant et elle concerne toutes ses activités. L'intervention éducative suppose donc que l'on puisse préparer chacun de ces moments de vie, afin qu'il enrichisse l'expérience sensorimotrice de l'enfant. Rappelons que, pour son développement et son plein épanouissement, l'enfant a besoin d'exercer ses facultés qui arrivent à maturité. Il devra donc trouver dans son environnement les stimulations appropriées à son âge et à son niveau de développement.

Nous nous proposons donc, dans ce chapitre, de décrire des moyens que pourront utiliser l'éducateur et l'éducatrice, pour concevoir et préparer des moments de vie riches, attrayants et adaptés aux enfants. Il s'agit en quelque sorte d'un chapitre charnière entre la deuxième et la troisième partie de l'ouvrage. Il fournira à l'intervenante et à l'intervenant des outils essentiels à la préparation de leurs activités et grâce auxquels ils pourront tirer un meilleur parti des chapitres subséquents.

10.1. La notion d'intervention en éducation psychomotrice

L'enfant porte en lui tout ce qui est nécessaire à l'actualisation de son potentiel. Mais il a besoin des adultes pour l'accompagner dans ses explorations ou dans ses découvertes et pour l'aider à surmonter les difficultés inhérentes aux activités de la vie courante. Cependant, les conditions de vie ne sont pas toujours propices à son épanouissement; de plus, les contraintes auxquelles le soumet la vie contemporaine, comme les horaires et l'exiguïté des espaces, peuvent entraver son développement ou même faire surgir des comportements réprouvés par les adultes qui en ont la charge. En ce sens, l'organisation du milieu de vie de l'enfant doit permettre des interventions appropriées, répondant à ses besoins de développement et d'épanouissement.

L'intervention, comme nous l'envisageons ici, inclut les actions, les paroles, les gestes, les attitudes et tous les stimuli qui agissent sur l'enfant, quels que soient la situation ou le moment donnés. Nous divisons habituellement l'ensemble des activités corporelles en quatre catégories : les activités de la vie courante, c'est-à-dire les activités de routine et toutes les activités utilitaires, les activités ludiques, les activités sportives et les activités d'expression.

Soulignons que l'intervention devient éducative à partir du moment où elle stimule l'activité sensorimotrice de l'enfant, lui permettant ainsi d'exercer ses facultés qui arrivent à maturité.

En éducation psychomotrice, l'intervention a donc pour rôle :

- de fournir à l'enfant les stimuli propres à favoriser l'exercice de tous les aspects psychomoteurs ;

- de favoriser, au moment opportun, l'apprentissage d'habiletés, que ce soit dans le domaine des activités de la vie courante, des activités ludiques et sportives, ou des activités d'expression plastique, graphique, et corporelle ;

- d'assurer l'équilibre et le renouvellement d'énergie de l'enfant.

10.2. Les modes d'intervention

Les éléments de l'environnement (comme les autres enfants, l'espace, un objet, un son, etc.) ou l'intervention comme telle de l'éducatrice ou de l'éducateur (par sa voix, ses actions, ses attitudes, ses gestes et ses consignes verbales) sont susceptibles de représenter une source de stimulation pour l'enfant ; par conséquent, nous les incluons dans l'intervention. Dans cette optique, nous divisons les modes d'intervention en éducation psychomotrice en trois grandes catégories :

- l'organisation de milieu, c'est-à-dire le matériel et la mise en place du matériel dans l'espace ;

- l'animation spontanée, c'est-à-dire l'intervention de l'éducatrice ou de l'éducateur auprès d'un enfant seul, de quelques-uns ou du groupe au complet ; il s'agit en quelque sorte d'une intervention spontanée, déclenchée ou inspirée par la situation qui se présente ;

- l'animation prévue ou l'activité dirigée, c'est-à-dire l'intervention planifiée et organisée en fonction d'objectifs à atteindre, ou d'un centre d'intérêt à développer.

Il est à noter que l'animation spontanée requiert autant de préparation que l'animation prévue. En effet, pour être capable d'intervenir spontanément en exploitant une situation aux fins éducatives, on doit réfléchir régulièrement aux besoins et aux intérêts des enfants de même qu'aux défis que peuvent représenter les moments de vie dans une journée.

En général, dans l'animation spontanée et dans l'animation prévue, la communication des consignes peut se faire directement par la parole, ou encore par l'attrait symbolique, au moyen de signes visuels ou sonores, d'imitation de mouvements, ou de mise en situation d'un problème à résoudre. Il peut s'agir, par exemple, de fournir à l'enfant une structure qui lui présente différentes façons de grimper. Notons également que le style d'animation choisi peut être plus ou moins directif, selon l'objectif poursuivi et le sujet en cause.

Dans un service de garde, on peut utiliser ces modes d'intervention à tout moment de la journée: arrivée, jeux libres ou organisés, collation, sieste, repas, transition entre deux activités, activités elles-mêmes (corporelles, ludiques, sportives et d'expression), période d'habillage et départ.

Examinons maintenant certaines pistes qui peuvent aider l'éducatrice et l'éducateur à préparer des interventions stimulantes et favorables au développement ou à l'épanouissement des enfants.

10.3. La «boîte à outils» de l'éducatrice et de l'éducateur

La boîte à outils offre un ensemble de pistes à explorer pour la préparation des moments de vie avec les enfants. Elle comprend, d'une part, la description d'outils pouvant servir à élaborer des interventions stimulantes, qu'elles soient sous forme d'organisation de milieu, d'animation spontanée ou d'activité dirigée (d'animation prévue) et, d'autre part, un guide explicatif sur l'équilibre et le renouvellement d'énergie des enfants.

Rappelons toutefois que l'attitude de l'éducatrice ou de l'éducateur demeure un des facteurs déterminants dans le processus éducatif. La qualité de l'intervention résidera dans l'art d'agencer ces différents moyens, et relèvera donc avant tout de la sensibilité de l'éducatrice ou de l'éducateur.

10.3.1. L'intervention stimulante

> Le plus grand besoin de l'enfant consiste à pouvoir exercer librement
> ce qui arrive à maturité[1].

L'intervention stimulante est celle qui provoque l'enfant, qui attire son attention et le rend actif. En éducation psychomotrice, les interventions doivent amener l'enfant à exercer les différents aspects du développement

---

1. Lawther, 1959, cité dans Robert Rigal, René Paoletti, Michel Portmann, *Motricité: approche psycho-physiologique*, Montréal, Presses de l'Université du Québec, 1974, p. 158.

psychomoteur, soit la motricité globale et fine, le schéma corporel, la latéralité, l'organisation perceptive, spatiale et temporelle ainsi que le sens rythmique.

Nous regroupons les facteurs qui rendent une intervention stimulante selon les trois grandes qualités auxquelles ils font appel : l'intervention doit être riche, attrayante et adaptée au niveau de développement de l'enfant. Nous allons maintenant décrire comment tendre vers ces qualités.

L'intervention riche et attrayante

Une intervention riche et attrayante est celle qui captive l'enfant et enrichit son expérience sensorimotrice (figure 10.1.). L'utilisation d'objets, d'attraits et de variantes du mouvement demeure une bon moyen de conférer ces deux qualités à l'intervention. Regardons maintenant comment ces éléments peuvent être utilisés dans la préparation de l'intervention.

FIGURE 10.1.
L'attrait des objets retient l'attention de l'enfant et enrichit son expérience sensorimotrice.

LES OBJETS

Les objets influencent le comportement psychomoteur de l'enfant. Pensons, par exemple, à sa réaction à la vue d'un ballon : n'est-il pas porté à le prendre dans ses mains et à le faire bondir ? Et qui n'a pas observé un enfant de 18 mois devant une série de contenants de plastique ? Les propriétés de l'objet, soit sa couleur, sa forme, sa grosseur, son odeur, sa texture et son poids attirent l'attention de l'enfant et déclenchent une réaction. On constate que l'objet représente un centre d'intérêt concret qui sollicite les sens de l'enfant, stimule sa participation et favorise sa concentration. L'exemple d'un enfant qui cherche le bon couvercle pour un contenant illustre bien ces faits. De plus, le contact avec l'objet provoque l'acquisition et l'ajustement des gestes de même que leur raffinement, car il offre diverses possibilités de manipulation et «réagit» en cas de gestes imprécis. Par exemple, en construisant une tour avec des blocs, l'enfant apprend à bien les superposer pour éviter qu'ils tombent ; il peut aussi découvrir que ces blocs s'emboîtent les uns dans les autres. L'objet conduit également au jeu, provoque la socialisation et favorise la créativité à la condition, qu'il ait un sens pour l'enfant, c'est-à-dire qu'il corresponde à son niveau de maturité.

L'utilisation des objets peut être variée, et l'éducatrice ou l'éducateur aussi bien que les enfants doivent faire preuve d'imagination pour en tirer pleinement profit. On réunit en deux grandes catégories les diverses façons d'exploiter les objets :

- la façon statique, dans laquelle l'objet sert seulement de point de repère, car il ne bouge pas ; l'exercice de saut par-dessus des cordes alignées en est un bon exemple ;

- la façon dynamique, dans laquelle l'enfant agit avec l'objet, le déplace et le manipule ; transport d'une petite table, à deux, illustre bien cette notion.

Certains objets portent en eux-mêmes leur caractère dynamique. Par exemple, on peut lancer un ballon, le faire bondir et le rouler (façon dynamique), mais on peut aussi, faute de matériel, s'en servir comme point de repère (façon statique). On peut aligner une série de ballons et s'en servir comme ligne, mais on peut aussi sauter par-dessus. De même, des planches peuvent servir d'obstacles dans un parcours (façon statique), ou encore de poids dans un exercice où on les lève et les porte à deux (façon dynamique).

L'objet constitue donc un moyen par excellence pour enrichir l'environnement de l'enfant. On peut d'ailleurs utiliser des objets simples et à la portée de la main, pour autant qu'ils stimulent la curiosité de l'enfant, déclenchent son activité et soient sécuritaires.

LES ATTRAITS

Les attraits sont des moyens de rendre plus intéressante, plus captivante et plus amusante une intervention donnée. L'éducatrice et l'éducateur peuvent avoir recours aux attraits pour égayer différentes mises en situation. Ils pourront, par exemple, exercer telle ou telle habileté sous forme de jeu ou amener l'enfant à respecter des consignes d'une façon positive et amusante.

Le rôle des attraits consiste donc à alimenter la motivation, à stimuler l'intérêt et à fournir du soutien à l'enfant, en faisant d'un objet ou d'une situation quelque chose d'agréable, ou en transformant une consigne ou un exercice en une sorte de jeu. On distingue notamment cinq catégories d'attraits.

- l'attrait visuel, ayant trait à la couleur des objets, à leur forme, ou même à leur disposition pour attirer l'attention de l'enfant; notons que, s'il y a trop d'objets, si ce sont toujours les mêmes ou s'ils sont en désordre, l'enfant peut finir par s'en désintéresser;

- l'attrait moteur, consistant par exemple à utiliser un mouvement ou un geste pour le plaisir ou pour permettre à l'enfant de bouger pendant un moment d'attente;

- l'attrait auditif, consistant à faire entendre une musique ou un son agréable pour stimuler une activité en cours;

- l'attrait intellectuel, faisant appel à la réflexion et au jugement de l'enfant, pour le faire participer à la recherche d'une solution en vue d'un geste à poser, par exemple trouver une façon de traverser un ruisseau;

- l'attrait symbolique, faisant appel à l'imagination de l'enfant, pour qu'il s'identifie à un personnage ou à un animal et qu'il vive des sensations ou des émotions déjà connues ou même vécues, afin d'agrémenter l'exécution d'exercices ou de jeux. Par exemple, on pourrait dire au groupe: «Nous sommes des petits canards qui se promènent autour d'une mare» ou encore «Nous traversons une rivière en sautant sur des roches représentées par des cerceaux». L'attrait symbolique, cependant, ne peut être utilisé avant l'apparition de la fonction symbolique, c'est-à-dire vers l'âge de 18 mois. Il est particulièrement apprécié des enfants âgés entre 2 et 7 ans.

LES VARIANTES DU MOUVEMENT

Les variantes d'un mouvement sont des modifications d'un mouvement; elles permettent à l'enfant d'exercer davantage le contrôle de son corps et de le raffiner. Ces variantes, reliées à l'espace et au temps, sont de quatre types: la direction, le niveau, la forme et la vitesse. Pour illustrer la signification de chacune d'elles, empruntons l'exemple de la marche. On peut varier la marche en allant à reculons ou vers l'avant, d'un côté ou de l'autre: c'est la variante direction. On peut marcher plus ou moins haut ou plus ou moins bas, en s'allongeant le corps ou en s'accroupissant: c'est la variante niveau. On peut marcher en se montrant fatigué, lourd ou, au contraire, très léger: c'est la variante forme. Finalement, on peut marcher rapidement ou lentement: c'est la variante vitesse.

L'intervention adaptée

L'intervention adaptée est celle qui correspond à l'intérêt et au niveau de développement de l'enfant.

La motivation de l'enfant est proportionnelle aux défis psychomoteurs de même qu'à l'intérêt suscité par cette activité, au moment où elle se déroule. Précisons que l'enfant sera d'autant plus motivé à vivre une situation que celle-ci lui permettra d'actualiser son potentiel, de s'épanouir et de s'exprimer. D'ordinaire, l'enfant qui s'adonne spontanément à un jeu s'y engage totalement, si le défi est à sa mesure; il peut alors fournir des efforts pour réussir ce qu'il entreprend. Rappelons-nous que l'être humain en bonne santé tend naturellement à se développer et à s'épanouir quand l'environnement s'y prête, c'est-à-dire quand le climat est chaleureux, quand les activités sont intéressantes et quand les situations lui offrent des défis adaptés à son niveau de développement. Le dosage des difficultés représente aussi un défi pour l'éducateur et l'éducatrice qui veulent favoriser chez l'enfant une bonne motivation et l'exercice de son potentiel.

LA MOTIVATION ET LE DOSAGE DES DÉFIS

On doit donc proposer à l'enfant des défis ajustés à la mesure de ses capacités. De là l'importance, pour l'éducatrice ou l'éducateur, de bien connaître le niveau de développement de l'enfant et son expérience, de même que le degré de difficulté des défis contenus dans l'activité. En effet, les habiletés psychomotrices requises pour chaque catégorie d'activités corporelles représentent des défis bien précis qu'on doit savoir doser. Ainsi, dans le cas de l'apprentissage d'activités corporelles particulières, les exercices proposés seront ordonnés du plus facile au plus difficile. Par exemple, dans une activité de coordination oculo-manuelle comme celle du lancer de sacs de grain dans une boîte, on commencera par faire placer l'enfant assez près de la boîte, pour qu'il réussisse à faire tomber les sacs dedans; puis, on l'éloignera progressivement pour l'obliger à faire des ajustements, à exercer l'amplitude et la force de son mouvement, et à augmenter la précision de son geste. Pour exercer son potentiel, l'enfant ne doit pas simplement répéter ce qu'il sait; il lui faut aussi apprendre à se mesurer à des difficultés ou à des problèmes nouveaux.

Les défis constituent un facteur déterminant pour la motivation de l'enfant: s'ils sont trop nombreux ou trop difficiles à relever, l'enfant pourra manifester une perte d'intérêt, un découragement, un retrait ou un comportement agité; s'ils sont trop faciles ou absents, l'enfant pourra également réagir par une perte d'intérêt ou un comportement agité.

Les défis peuvent être de trois ordres: psychomoteur, c'est-à-dire reliés aux aspects du développement psychomoteur; cognitif, c'est-à-dire reliés à la compréhension, par exemple d'une consigne; socio-affectif, c'est-à-dire reliés à la socialisation et aux émotions, par exemple le fait de partager du matériel. Comme l'enfant est un être global, il réagit globalement à une situation et se trouve donc confronté aux trois catégories de défis. Par exemple, un enfant qui peint à la gouache peut perdre soudainement tout intérêt parce qu'il lui manque la couleur rouge et que le fait de devoir en demander constitue pour lui un trop grand défi à relever sur le plan socio-affectif. L'éducatrice ou l'éducateur devront alors aider l'enfant à verbaliser ce qu'il ressent et l'inviteront à le faire aussi par la suite. De même, l'enfant pourra délaisser son casse-tête s'il éprouve des difficultés d'organisation perceptive, parce que le défi lui paraît trop lourd à relever.

Dans une activité, il peut arriver que l'enfant soit confronté à des défis auxquels l'éducatrice ou l'éducateur n'avaient pas pensé. L'observation et le décodage des comportements de l'enfant demeurent leurs principaux moyens d'identifier les défis.

Retenons donc que l'intervention adaptée est celle qui offre à l'enfant des défis psychomoteurs, cognitifs et socio-affectifs adaptés à son niveau de développement.

10.3.2. *L'équilibre et le renouvellement de l'énergie*

Pour une plus grande disponibilité d'esprit, et pour répondre adéquatement aux stimuli de l'environnement, l'enfant a besoin d'un certain bien-être; c'est en l'aidant à assurer son équilibre et le renouvellement de ses énergies, à travers les activités corporelles, qu'on pourra le lui procurer. Le bien-être de l'enfant commence par la qualité de ses rythmes de base, tels une alimentation saine, équilibrée, suffisante et régulière, un bon climat lors des repas, le respect et les soins reliés à l'élimination, de même que les conditions favorables au sommeil et au repos. De plus, l'alternance des activités de l'enfant joue un rôle notable dans le maintien de son bien-être, car certaines activités ou certains moments de vie occasionnent des tensions et de la fatigue, ou au contraire favorisent la détente et le plein d'énergie. Ces éléments représentent des facteurs concrets sur lesquels on peut agir pour assurer le bien-être de l'enfant.

De lui-même, l'enfant peut alterner ses activités et faire en sorte d'équilibrer ses énergies; il le fait d'ailleurs inconsciemment. Cependant, la vie de groupe, le stress occasionné par l'adaptation à une nouvelle situation, les horaires imposés par l'organisation des milieux de vie viennent très souvent perturber la régulation spontanée. Mentionnons aussi que l'enfant n'a pas la maîtrise complète de son corps ni la capacité psychologique de prendre les décisions appropriées à ses besoins. La maturation et l'expérience, de même que l'encadrement des adultes, sont essentiels à l'apprentissage de l'autonomie, dans ce domaine comme dans les autres.

Il est donc essentiel pour l'équilibre et le renouvellement des énergies de l'enfant ou de tout le groupe, que l'éducatrice ou l'éducateur fassent en sorte d'assurer l'alternance d'activités de concentration, d'activités riches en mouvements et d'activités plus calmes. L'intervention, ici, consiste donc à évaluer régulièrement l'état de chaque enfant et celui du groupe en général, et à orienter le choix des activités pour en assurer un meilleur équilibre. Par exemple, le fait qu'un enfant soit maussade ou plus agité peut être un signe qu'il n'est pas en forme et qu'il a besoin de récupérer; dans ce cas, à partir d'une analyse de l'emploi du temps, on peut déceler un besoin de repos ou encore un besoin de bouger librement. Soulignons que les périodes de jeux moteurs très actifs (décharge motrice) doivent être suivies d'un moment de détente, afin que l'enfant se calme et retrouve réellement le contrôle de soi, caractéristique d'un bon équilibre des énergies.

Le tableau 10.1., inspiré de la thèse de Jeannine Guindon[2], peut servir d'indice pour mesurer les dépenses et les gains d'énergie occasionnés par

---

2. Institut de rééducation et de formation de Montréal.

certaines activités. On doit cependant se rappeler que l'observation de l'enfant, à partir de ses comportements, demeure le meilleur moyen de connaître l'effet réel des différents moments de la vie sur lui. En outre, chaque individu possède son propre fonctionnement biologique.

TABLEAU 10.1.
Tableau indicateur pour évaluer les gains et les dépenses d'énergie

Gain d'énergie	**Dépense d'énergie**
Gain important : Activité de décharge motrice, c'est-à-dire où l'enfant bouge beaucoup sans contrainte, comme la course.	*Dépense importante :* Grande émotion chez l'enfant, frustation ou changement dans ses habitudes.
Gain moyen : Activité physique modérée, comme la marche, les étirements ou les balancements.	*Dépense moyenne :* Activité qui demande de la concentration, comme les jeux à l'ordinateur, les échecs, le fait d'écouter une histoire ou de résoudre un casse-tête.
Gain faible : Activité de détente qui sollicite les sens, comme écouter de la musique ou regarder de belles images.	*Dépense faible :* Travail physique, comme balayer un plancher ou ranger des objets.

Illustrons ces données au moyen d'un exemple puisé dans une expérience vécue. Il s'agit d'une période de repas, le midi, dans un service de garde en milieu scolaire. Les enfants terminaient l'école à onze heures trente et, aussitôt la cloche sonnée, se rendaient à la salle à manger et s'asseyaient pour le dîner. Les enfants étaient agités, mangeaient vite ou peu, et certains ne cessaient de se faire réprimander, pour leur comportement inacceptable. En faisant une évaluation rapide de la situation, on s'est aperçu que ces enfants avaient besoin de bouger avant de se soumettre à des consignes pour la période des repas. Par la suite, on a modifié l'horaire et permis aux enfants de sortir prendre l'air et de bouger à leur guise une dizaine de minutes, avant de les inviter à se rendre calmement à la salle à manger. Grâce à ce nouvel aménagement du temps, on a pu constater des changements considérables dans le déroulement du repas : les enfants étaient plus calmes et mangeaient mieux.

Nous voulons démontrer par cet exemple que le principe d'alternance peut s'appliquer en tout temps, et qu'on doit en tenir compte dans toutes les activités quotidiennes. Il suffit d'assurer régulièrement assez de moments pour que l'enfant puisse bouger tout son corps et se détendre par les activités. C'est ainsi qu'il renouvelle ses énergies, se contrôle mieux et devient plus disponible et tolérant envers les autres et l'entourage.

On évitera toutefois de tomber dans le piège des recettes miracles car, bien entendu, les comportements de certains enfants restent fort complexes et souvent inconscients. Ils peuvent avoir des racines profondes, résulter de situations particulières ou s'expliquer par l'organisation pédagogique; on peut aussi en trouver la cause dans des événements familiaux, comme l'arrivée d'un nouvel enfant, la séparation des parents, un deuil, ect. Nous n'approfondirons pas davantage cette question, mais l'expérience démontre que même chez des enfants qui se contrôlent difficilement, l'alternance des activités en fonction de leurs besoins améliore leur disponibilité d'esprit et les rend plus calmes; il va de soi que des interventions plus adaptées doivent être faites occasionnellement.

10.3.3. *La préparation d'une activité ou d'un « moment de vie »*

Le bon déroulement d'un moment de vie[3] dépend de plusieurs facteurs, et une préparation sérieuse permettra à l'éducatrice ou à l'éducateur de mieux répondre aux besoins de développement des enfants. En effet, on peut organiser des «moments de vie» de façon à contrôler la dynamique des événements et à utiliser les forces de chaque enfant. Nous décrirons ici les différentes composantes d'une activité et examinerons la procédure à suivre pour sa préparation, afin qu'elle soit riche, attrayante et adaptée aux besoins de l'enfant. Notons que les façons les plus répandues de préparer les moments de vie se rapportent notamment à deux modèles types: d'une part, un modèle où l'on prépare une activité à partir d'une idée ou d'un centre d'intérêt; d'autre part, un modèle où l'on part d'un objectif psychomoteur pour élaborer une activité ou une mise en situation. Voici donc, sous forme de tableaux, un exemple de préparation qui intègre l'un et l'autre modèle, suivi d'un modèle type de présentation d'activité servant à la compilation.

Une activité peut trouver sa source dans l'intérêt d'un ou de plusieurs enfants, dans un objectif de développement, dans un centre d'intérêt exploité à ce moment-là, dans une situation ou une tâche à accomplir. De plus, l'éducatrice ou l'éducateur peuvent influencer son déroulement grâce à une préparation adéquate, en modifiant et en ajustant les points mentionnés ci-dessus à partir des besoins et des intérêts perçus.

---

3. Rappelons ici que l'expression «moment de vie» désigne autant les moments de routine que les activités commes telles.

TABLEAU 10.2.
Modèles types de préparation

Groupe d'âge :   Nombre d'enfants :

MODÈLE A
1. Idée d'activité
   ou intérêt d'un (des) enfants
2. Identification d'objectifs de développement
   psychomoteur

MODÈLE B
1. Objectif de développement psychomoteur
2. Liste des moyens pour atteindre cet objectif

3. Élaboration d'une activité riche et attrayante
4. Identification et dosage des défis
5. Organisation de l'activité

La partie matérielle
- Choix du local
- Liste du matériel nécessaire
- Aménagement de l'espace

L'animation
- Élément déclencheur
  (Comment amener les enfants
  à l'activité ?)
- Étapes de l'activité
- Modes d'intervention
- Consignes
- Attraits
- Niveau d'engagement des
  enfants dans l'activité et
  choix possibles
- Questions à poser pour
  amener les enfants à exprimer
  ou à trouver des idées
- Souplesse à prévoir
- Précautions à prendre en
  fonction de la dynamique de
  groupe

Le temps
- Durée prévue
- Moments les plus appropriés

6. Élaboration d'activités parallèles (s'il y a lieu)
7. Retour sur l'activité avec les enfants
8. Transition à la fin et retour au calme (s'il y a lieu)
9. Évaluation : identification des objectifs
   de développement réalisés, etc.
10. Suivi à donner
11. Variantes

TABLEAU 10.3.
Modèle type de présentation d'activités

Titre de l'activité : _____

Groupe d'âge : _____

Objectif(s) de développement prévu(s) : _____

_____

Matériel requis : _____

Description de l'activité :

Autres aspects du développement touchés par cette activité : _____

Évaluation : _____

_____

_____

Variantes de l'activité : _____

_____

_____

_____

10.4. L'intervenant

L'éducation psychomotrice est un art, et elle est l'œuvre d'artisanes et d'artisans. En effet, la création des conditions propices à la qualité de vie des enfants repose, essentiellement, sur l'ardeur et l'enthousiasme quotidiens des adultes qui en sont responsables. De plus, le dynamisme et la bonne forme physique de l'éducateur et de l'éducatrice engendrent nécessairement une bonne qualité du climat et des actions favorables à l'enfant. Voilà pourquoi l'éducatrice et l'éducateur doivent se doter de moyens de favoriser l'équilibre et le renouvellement de leurs propres énergies, afin d'assurer leur dynamisme et de renouveler sans cesse leur capacité d'émerveillement ou leur sens de l'altruisme.

Ainsi, tout en travaillant à l'éducation des enfants, l'adulte doit régulièrement porter attention à sa forme physique, en se demandant comment intégrer dans le quotidien, avec les enfants, des moyens d'assurer son propre renouvellement d'énergie, à travers l'activité corporelle. Certains ajustements, au cours d'une journée, peuvent améliorer la qualité des rythmes de base et répondre davantage au besoin d'alternance de l'adulte. Il peut s'agir, par exemple, d'un meilleur aménagement de l'horaire ou d'un ajustement dans les façons de prendre les tout-petits ou de se placer à leur hauteur, pour diminuer la fatigue engendrée par ces gestes.

Nous n'avons pas ici à développer davantage ce sujet, mais il importe que chaque intervenant lui accorde beaucoup d'attention. La profession d'éducatrice ou d'éducateur exige beaucoup, mais il s'agit là d'un travail qui contribue à la qualité de la vie en société, même si les gratifications ne sont pas toujours proportionnelles à l'effort fourni. Comme le dirait Simonne Monet-Chartrand, «il faut croire que si ce n'était pas fait ça manquerait[4]». Dans les cas de fatigue accumulée et de non-renouvellement d'énergie, on perçoit moins bien son travail, et on risque de devenir esclaves du temps et de la lourdeur des tâches imposées par la vie quotidienne avec les enfants. Conséquemment, on n'a plus la même ouverture d'esprit, la même souplesse, ni la même capacité d'ajustement pour assurer la qualité des interventions.

4. Tiré de la conférence d'ouverture du premier «Colloque québécois sur la qualité de vie dans les services de garde», en septembre 1985 au Palais des Congrès à Montréal.

Résumé

Les moments de vie doivent être préparés avec soin, de manière à respecter les besoins réels de développement et d'épanouissement de chacun des enfants d'un groupe, que ce soit dans le cadre de l'organisation du milieu, de l'animation spontanée ou de l'animation prévue. Toutefois, l'éducatrice et l'éducateur doivent faire preuve de souplesse et d'ouverture pour percevoir, accueillir et essayer d'intégrer les idées des enfants dans le déroulement prévu, avec les modifications nécessaires aux intérêts de l'ensemble. Les finalités d'un service de garde, rappelons-le, portent sur l'éveil et l'actualisation du potentiel de l'enfant. En ce sens, l'enfant ne devrait pas se voir imposer de participer à des activités dirigées, comme s'il était à l'école.

Mentionnons aussi que l'activité psychomotrice, comme telle, peut se vivre en tout temps. L'éducatrice et l'éducateur s'inspireront tantôt d'un conte ou d'une musique, tantôt de situations imprévues, pour offrir aux enfants des défis psychomoteurs à surmonter. Pour parvenir à exploiter au maximum les situations vécues, ils doivent avoir en tête les objectifs de développement adaptés au niveau des enfants. En effet, en relevant seul et en présence des autres les défis d'une situation qui demande des ajustements corporels, l'enfant acquiert et raffine de plus en plus de gestes, accroît la conscience de son corps et organise de mieux en mieux ses perceptions pour connaître les objets, l'espace et le temps.

Enfin, rappelons que les suggestions présentées dans ce chapitre trouveront leur pleine utilité que si on les adapte à chaque groupe d'âge. En effet, l'intervention éducative nécessite avant tout la connaissance et la compréhension du niveau de développement de l'enfant, et la préparation d'un moment de vie ou d'une activité exige un ajustement constant, en fonction des personnes visées.

TROISIÈME PARTIE

Les interventions éducatives

Cette troisième partie, qui comprend les cinq derniers chapitres, traite des interventions appropriées pour assurer le développement optimal et harmonieux de l'enfant.

Le chapitre 10 fait état des facteurs dont il faudra tenir compte dans la préparation des interventions qui sont suggérées dans les chapitres subséquents. Ces chapitres présentent, en effet, des suggestions d'interventions à réaliser avec les enfants de chaque groupe d'âge, interventions qui s'appuient sur une bonne connaissance de l'enfant à cet âge.

CHAPITRE 11

L'éducation psychomotrice des enfants de 0 à 18 mois

Regarde-moi, prends-moi et touche-moi, écoute mes sons, mes sourires, mes pleurs, observe mes gestes et mes mouvements, tu comprendras tout ce qu'il me faut pour me développer et apprendre à «être», avec toi.

(Annie, 1 mois, décembre 1977, pour tous les bébés du monde)

De la naissance à 18 mois, l'enfant est tout entier dans son corps. Décrire le développement psychomoteur à cet âge, c'est aussi aborder la personnalité dans sa globalité. En effet, les 18 premiers mois constituent une période de la vie où l'enfant se développe à travers le mouvement et les sensations éprouvées. Nous verrons plus loin que les sensations et les émotions, vécues à travers les soins corporels, agissent directement sur la construction de la personnalité future. Au cours de cette période, l'enfant se situe au stade du corps vécu, c'est-à-dire que les domaines sensorimoteur, affectif et cognitif se confondent presque totalement.

L'évolution est très rapide au cours des 18 premiers mois où des changements notables apparaissent. Le bébé passe de la situation d'être dépendant à celle d'être relativement autonome, capable d'adopter les positions et les mouvements fondamentaux propres à l'espèce humaine comme prendre, ramper, s'asseoir, marcher, courir, etc. La perception occupe également une large place dans l'activité de l'enfant. Il développe la conscience de son corps propre de même que la connaissance des personnes, des objets et de son espace environnant; il saisit le temps à travers la succession des événements vécus.

Le premier anniversaire ouvre la porte à de nouveaux comportements, l'enfant commençant, entre autres choses, à prendre certaines distances par rapport à l'adulte.

Ce chapitre décrira l'intervention éducative par tranche d'âge, selon le développement de l'enfant; les changements sont si nombreux et importants, en effet, qu'ils exigent des ajustements constants de la part de l'éducatrice ou de l'éducateur.

Pour bien cerner le portrait de l'enfant, entre la naissance et 18 mois, il convient de regrouper les caractéristiques de son développement en deux étapes principales, soit celle qui va de 0 à 12 mois et celle qui va de 12 à 18 mois.

11.1. Le développement de l'enfant de 0 à 12 mois

De la naissance à 12 mois, l'enfant est essentiellement sens et mouvement. «Ah le beau p'tit bébé!» «Regarde ses p'tites mains!» «Oh! il sort sa p'tite langue!» «Comme il a l'air fâché! Il est tout rouge et tout crispé». De telles exclamations sont fréquentes à la vue d'un nouveau-né, tant de la part de jeunes que de la part d'adultes qui ont souvent peine à retenir une larme au coin de l'œil. Pourquoi sommes-nous si rapidement touchés, au contact d'un bébé? Comment un si petit être peut-il prendre autant de place en nous, et en si peu de temps? Comment la communication peut-elle s'établir si rapidement sans le support habituel des mots?

«La beauté touche l'âme», a-t-on déjà écrit. C'est notre âme, en effet, qui est atteinte au contact d'un bébé, et tout notre être réagit à la vue de ses mimiques et de ses gestes, signes d'une vie autonome qui cherche à se faire entendre et à prendre sa place. Ce petit être se présente à nous corps et âme; il représente ce que nous avons de plus précieux, ce que nous avons tendance à négliger ou à oublier dans le tumulte quotidien: notre corps et notre âme, sources d'énergie et d'émerveillement.

Pareille communication directe avec un enfant de cet âge est attribuable à l'unité de l'être, caractéristique du bébé en santé. À la naissance, en effet, l'être humain est pourvu d'une qualité que les adultes cherchent tous à retrouver: l'harmonie du corps et de l'esprit. Le bébé représente la vie à l'état pur, dans un corps exprimant tantôt le bien-être, comme lors d'un relâchement musculaire, tantôt l'inconfort, comme au moment d'une tension musculaire généralisée. Grâce à cette qualité qu'a le bébé d'être tout entier dans son corps, la forme de communication qui s'établit se manifeste sur le plan corporel. C'est pourquoi on appelle dialogue tonique, la communication qui s'établit entre l'adulte et le bébé (figure 11.1.).

11.1.1. La personnalité

Durant la période qui va de la naissance à 1 an, c'est-à-dire celle du stade oral sensoriel, la faim, la soif, le besoin de bouger et d'exercer ses sens, le besoin d'être touché, pris et bercé chaleureusement occupent une place prépondérante chez l'enfant. Il exprime ses malaises et son bien-être par la tension ou la détente musculaire, selon le cas.

Les moyens de communication se limitent à des signes corporels et consistent en divers sons et attitudes. Il appartient donc aux personnes responsables de l'enfant de décoder les messages qu'il transmet par ses cris, ses gestes et ses attitudes, de même que par les comportements reliés à ses rythmes de base comme l'alimentation, l'élimination et le sommeil.

FIGURE 11.1.
**L'enfant communique son bien-être par ses sourires et ses rires
(enfant de 8 mois).**

La majorité des échanges significatifs entre l'enfant et l'adulte se fait par l'attitude corporelle générale du couple enfant-adulte. Notons que les deux partenaires restent très sensibles, et même perméables, au vécu émotionnel de l'un et de l'autre, et cette mutualité se traduit en grande part par le degré de tension ou de détente corporelle de chacun. Par exemple, si la mère est fatiguée et irritable, une journée, le bébé le sera aussi, et la dynamique des deux alimentera l'inconfort de chacun. De même, si l'un des deux partenaires est «en forme», il peut influencer l'autre grâce au contact corporel, et ainsi déclencher chez lui la détente et le mieux-être. C'est en ce sens que l'expression dialogue tonique convient particulièrement bien au type de communication qui s'établit. Cet exemple illustre à quel point le bien-être du bébé dépend de l'équilibre émotionnel, du degré de détente et de bien-être des adultes qui s'en occupent. À ce propos, certaines études rapportent que les parents ou les éducateurs ont moins tendance à répondre aux appels des bébés pleurnichards ou agités; la connaissance des faits précités devrait contribuer à prévenir de telles réactions.

À travers les échanges qui se font lors des divers soins corporels, l'enfant développe un sentiment profond de confiance ou de méfiance, qui constitue la base de sa personnalité future. Prenons l'exemple de la faim. Cette sensation désagréable vécue par l'enfant se traduit d'abord par des tensions et des cris, sans qu'il y ait au départ l'attente d'une réponse. Dans ce cas, l'enfant ne fait qu'exprimer des sensations. Par ailleurs, les cris de l'enfant provoquent une réaction auprès de l'entourage qui intervient alors. Quand les réponses sont régulières et stables, la répétition de l'expérience amène l'enfant à associer son comportement au résultat provoqué. Ainsi, l'enfant découvre progressivement que lorsqu'il agit de telle façon, il se produit telle réaction. Lorsque surgit la sensation de la faim, par exemple, l'enfant se sert des moyens découverts et s'attend à une réponse qui lui procurera satisfaction et bien-être.

Ici, le temps prend une coloration affective notable : ou bien l'attente aboutit à un soulagement de la tension, comme lorsque l'enfant affamé trouve détente et apaisement en étant nourri, ou bien l'attente provoque plus de malaise, voire de la douleur, lorsque le besoin exprimé n'est pas assouvi. Soulignons que plus l'enfant accumule des moments agréables concernant l'alimentation et ses autres besoins corporels, au cours des premiers mois, mieux il sera disposé à vivre les délais auxquels il devra faire face dans la vie. Il croira en effet qu'en prenant les bons moyens, il pourra se faire entendre et assouvir ses besoins ; c'est ainsi qu'il développe le sentiment de confiance en soi et dans les autres. De plus, il fait l'apprentissage du bien-être corporel, grâce à la détente musculaire déclenchée par la satisfaction des besoins. Dans le cas contraire, c'est-à-dire lorsque l'expérience reliée à la satisfaction des besoins corporels est douloureuse, quand les besoins ne sont pas assouvis ou qu'ils le sont de façon discontinue et dans un climat de tension continuelle, une certaine hostilité s'installe et le bébé n'apprend pas à être bien ; le potentiel de sa qualité de vie s'appauvrit et, alors, un sentiment général de méfiance s'installe en lui. Ultérieurement, à condition d'avoir vécu dans un milieu approprié, l'enfant aura confiance en ses possibilités de mouvement et d'action, et il cherchera à agir sur l'environnement.

Ce qu'il faut comprendre ici, c'est que ce sentiment passe d'abord par l'expérience corporelle de l'enfant, reliée notamment à la qualité de ses rythmes de base, où il apprend aussi à accepter ce qu'on lui offre à cause de son état passif des premiers mois. Par la suite, en développant ses capacités d'action, il devient plus actif et apprend aussi à donner et à aller chercher ce dont il a besoin. Erik Erickson exprime l'acquisition de cette identité par la phrase : «Je suis l'espoir que j'ai et que je donne[1].» En d'autres termes,

---

1. E. ÉRICKSON, *Adolescence et crise*, Paris, Flammarion, 1972, p. 103.

dans des conditions appropriées, l'enfant développe les rudiments d'une personnalité où s'enracinent la confiance et l'espoir.

11.1.2. *Le développement psychomoteur*

Les deux premiers mois constituent la période proprement dite du nourrisson, celle où l'enfant est presque totalement absorbé par les sensations de ses viscères. Sa vie se découpe en périodes de sommeil et de veille, de tension et de détente qui, par leur retour périodique, conduisent à la notion du temps. Le bébé se confond avec un univers dont il ne se dissociera pas vraiment avant l'âge de 18 mois. Sa motricité ressemble à celle du fœtus, en ce sens que ses mouvements ne sont que les réactions de son corps à des stimuli reçus passivement. Comme nous l'avons déjà mentionné, on peut observer chez le nourrisson la présence de réflexes archaïques. À ce stade, on parle de motricité anarchique, c'est-à-dire ne supposant aucune volonté de la part du nourrisson. Il demeure en effet totalement dépendant de l'adulte pour survivre, et il ne démontre pas d'emprise sur son environnement. S'il est couché sur le dos, on observe chez lui une attitude asymétrique : la tête reste tournée d'un côté, les membres sont généralement repliés et raides, et les muscles du tronc sont hypotoniques, c'est-à-dire presque complètement relâchés.

Vers 3 mois, âge moyen où les bébés peuvent être admis dans certains services de garde, le système digestif se régularise. L'enfant sort progressivement de l'univers des sensations intéroceptives qui le captivaient depuis sa naissance et commence à s'intéresser davantage au monde environnant. Il se produit une éclosion sur le plan social : c'est le début des vocalises, du gazouillis et des sourires déclenchés par la vue des visages. Les réflexes archaïques comme le réflexe d'agrippement et le réflexe tonique du cou disparaissent progressivement pour faire place peu à peu à la motricité volontaire. Couché sur le dos, l'enfant adopte une position de plus en plus symétrique. Vers 4 mois, la tête peut rester dans l'axe du corps.

Par la suite, le contrôle du corps se manifeste plus particulièrement avec l'apparition de la coordination oculo-manuelle. On assiste alors aux premiers mouvements volontaires : l'ébauche de la préhension et le mouvement de l'ensemble du corps vers l'objet convoité. Ces activités marquent le début de la motricité intentionnelle.

La vision joue aussi un rôle notable à cet âge. L'intérêt pour les personnes et les objets environnants déclenche chez l'enfant une démarche d'appropriation du monde extérieur. Durant cette période, l'évolution du tonus du tronc et du contrôle des mouvements de la tête permet à l'enfant de suivre le déplacement des objets. En tournant la tête d'un côté et de l'autre, il agrandit son répertoire d'expériences visuelles. De même, l'enfant réagit aux sons : il se calme, vocalise et tente de repérer les sources sonores, encore une fois en tournant la tête d'un côté puis de l'autre.

Jusqu'à six mois, l'exercice de la préhension occupe une large place dans les activités du bébé et représente un changement majeur dans ses comportements. On utilise l'expression «période de la préhension» pour souligner cette acquisition motrice, la plus évidente alors. L'exercice de cette habileté provoque de nombreuses manipulations qui enrichissent l'expérience sensorimotrice et contribuent ainsi au développement de l'organisation perceptive. Rappelons que l'organisation perceptive demeure limitée aux données de la perception immédiate puisque l'enfant, jusque vers 8 mois, ne recherche pas les objets disparus. Toutefois, à travers l'exercice de la préhension, la connaissance de l'objet s'enrichit par les perceptions tactiles et kinesthésiques ; c'est ce qu'on appelle la connaissance haptique.

On remarque que l'enfant regarde souvent ses mains et les joint devant ses yeux. Il s'adonne à cette activité très intensivement et très fréquemment durant une certaine période, parce que les mains constituent l'objet le plus disponible pour l'exercice de la préhension. De l'étape où il regarde et examine ses mains, l'enfant passe à celle où il les dirige vers un objet qui attire son attention. La vision et le geste se combinent alors pour prendre l'objet : la vision dirige les bras et les mains, au lieu de suivre leur déplacement. Au début, le geste reste très global : tout le corps se projette vers l'objet pour l'attraper ; puis, progressivement, le mouvement se différencie.

Les progrès touchant le contrôle de l'ensemble du corps sont également considérables. Couché sur le ventre ou sur le dos, l'enfant commence à redresser la tête, le tronc, puis il effectue des pivotements. Le tonus musculaire des membres diminue, de sorte qu'aux battements désordonnés des bras et des jambes succède une détente de l'appareil musculaire entraînant la possibilité de développer la dissociation des membres et la coordination des mouvements. On ne peut encore vraiment parler de dissociation et de coordination des membres à cet âge mais, par contre, on remarque une envie très forte, chez l'enfant, de déplacer tout son corps en direction de l'objet désiré.

Vers 6 mois, l'enfant devient de plus en plus intéressé et captivé par son entourage immédiat (ses parents, ses frères et sœurs, ses éducatrices ou éducateurs) qu'il commence à différencier des autres personnes. De même, il démontre beaucoup d'intérêt pour tout ce qu'il perçoit. Il commence à agir sur le monde et à vouloir l'attraper avec tout son corps. Il peut s'asseoir avec appui, dans une chaise haute ou encore sur l'adulte, s'il est tenu par le bassin ou par les mains. Notons que la position assise lui plaît beaucoup, car il peut regarder et attraper à sa guise les objets et les personnes qui l'entourent. À cette période, on peut observer des situations comme les suivantes :

- Assis sur un adulte à une table, l'enfant regarde devant lui, aperçoit un napperon, l'agrippe, le tire et renverse la tasse de café. Comme il n'est pas vraiment conscient du lien qui existe entre son geste et le dégât, il peut recommencer et, une fois le napperon dans la main, il cherche à le porter à sa bouche, le secoue et frappe sur la table.

- Assis sur un adulte qui parle au téléphone, l'enfant lève la tête, regarde le visage, aperçoit l'appareil, tente de saisir le fil, le tire et le porte à sa bouche.

- En regardant un livre avec un adulte, l'enfant cherche à tirer les pages, à les prendre et à les mordre.

Notons qu'à cet âge, l'enfant n'arrive pas à relâcher volontairement ce qu'il tient dans la main. Cette habileté arrive à maturité plus tard, vers le dixième mois.

Ces activités spontanées de l'enfant, déclenchées par les objets environnants, constituent un facteur capital dans l'exercice du potentiel de l'enfant. Notons que ses principaux jeux consistent surtout à regarder les personnes ou les objets, à les toucher — bouche ouverte —, à les prendre, à gazouiller couché dans le lit, à bouger tout le corps en tentant de se rapprocher d'un objet intéressant, pour ensuite le porter à sa bouche. Souvent, ce sont ses pieds et ses mains que l'enfant explore avec la bouche. Ces élans vers les personnes ou les objets constituent l'ébauche des premiers déplacements, caractéristiques de l'étape suivante, soit celle de 6 à 12 mois.

Entre 6 et 12 mois apparaissent les premiers mouvements locomoteurs ; on peut même parler de l'âge de la locomotion. La dissociation et la coordination atteignent un niveau de maturation favorable à ce type d'exercice. L'équilibre s'affermit en position assise et se développe lorsque l'enfant se redresse sur les jambes et se tient en position debout. Toutes ces positions favorisent également la régulation du tonus. En outre, les nombreux exercices de déplacement sur le ventre, assis ou à quatre pattes (selon le moyen choisi par l'enfant), pendant lesquels l'enfant s'éloigne ou se rapproche des personnes ou des objets, modifient par le fait même sa vision de la réalité et favorisent son organisation spatiale.

La locomotion confère à l'enfant un sentiment de grande liberté mais, en même temps, lui fait vivre une certaine insécurité, associée à la crainte de ne pas voir réapparaître ce qui disparaît de sa perception immédiate. Ce sentiment est attribuable à l'immaturité de son organisation perceptive.

On emploie l'expression «l'angoisse des 8 mois», pour désigner cette période où l'enfant ne veut plus quitter ses parents; il peut alors réagir fortement lorsque ceux-ci disparaissent de son champ visuel. Dorénavant, les visages étrangers représentent pour l'enfant une menace qu'il exprime par de longs pleurs et qui le rend inconsolable. Ces comportements sont toutefois les signes d'une évolution, en ce sens que l'enfant commence à établir une relation significative avec les personnes qui s'occupent de lui; c'est pourquoi il s'inquiète de leur disparition.

L'appropriation et la découverte des objets caractérisaient la période précédente; celle qui va de 6 à 12 mois est surtout marquée par la manipulation et les déplacements dans l'espace. Les activités motrices agissent sur la perception du corps, en permettant à l'enfant de sentir (inconsciemment) son corps comme un tout séparé de l'entourage. Il commence à ressentir la différenciation entre lui-même et les autres. Ces explorations motrices lui permettent aussi d'enrichir sa perception de l'espace, grâce à la découverte de la profondeur, de la hauteur et des distances.

Concernant la motricité fine, notons en particulier le perfectionnement de la dextérité manuelle, grâce à l'acquisition de la pince digitale, vers 8 ou 9 mois. À cette même période survient la capacité de relâcher prise volontairement; l'enfant accède à de multiples activités où il exerce ses nouvelles possibilités en laissant tomber ou en tentant de lancer tout ce qui lui tombe sous la main. Avec la pince digitale, la manipulation des objets devient plus minutieuse, l'index servant à explorer la profondeur des objets. L'examen attentif des objets se manifeste par des exercices comme le fait de secouer, de frapper, de porter à la bouche, de rapprocher, de lancer, de déchirer ou de froisser; toutes ces actions favorisent la discrimination visuelle et la découverte des rapports entre les objets (à côté, dedans, dessus). Cependant, l'enfant considère encore les objets par rapport aux actions qu'il peut exercer sur eux, plutôt que comme des entités distinctes ayant des propriétés propres et continuant d'exister en dehors de sa perception.

On constate déjà des progrès en ce qui concerne la permanence de l'objet, par exemple quand l'enfant tente d'enlever la couverture qui cache son jouet préféré. Cette acquisition constitue une activité ludique importante au cours de cette période. Se cacher, se découvrir, cacher le visage de l'autre, le retrouver, et faire de même avec les objets déclenchent des éclats de rire et constituent pour l'adulte des moyens de partager les activités du tout-petit.

L'enfant de cet âge peut imiter grossièrement certains gestes de l'adulte, s'ils sont relativement comparables aux siens. Il se dandine et bouge au son de la musique. On peut observer que le rythme à deux temps influence particulièrement les balancements de l'enfant à cet âge.

11.2. Le développement de l'enfant de 12 à 18 mois

Où est passé le petit bébé? L'enfant qui le remplace se déplace, trépigne, crie, touche à tout et se sauve quand on veut le prendre. Durant cette période, d'autres changements se produisent dans le comportement et les attitudes de l'enfant, changements fréquents et qui surgissent au moment où on s'y attend le moins. Nous verrons ici encore comment les acquisitions psychomotrices motivent la conduite de l'enfant, et comment la conquête de l'autonomie favorise l'exercice de la perception et de la motricité (figure 11.2.).

**FIGURE 11.2.
L'enfant
explore son
environnement.**

11.2.1. La personnalité

Vers 1 an, l'enfant entre dans une deuxième étape du développement de sa personnalité, soit celle de la conquête de son autonomie. Dans l'évolution de la personnalité, ce nouveau palier se traduit, au départ, par l'expression d'une certaine opposition aux volontés de l'adulte, qui s'exprime à travers les gestes et les mouvements. Les habiletés développées sur le plan moteur permettent à l'enfant de prendre une certaine distance par rapport à l'adulte, de manipuler certains objets familiers. L'enfant découvre de plus en plus que son comportement provoque des réactions de la part de l'entourage. Par exemple, s'il laisse tomber de la nourriture sur le sol ou s'il grimpe sur la table, on réagit de telle ou telle façon. Cette prise de conscience de ses possibilités lui confère un sentiment de toute-puissance. Lorsqu'il refuse ce qu'on lui propose et manifeste le désir de faire des choix, de se débrouiller seul, c'est d'abord et avant tout un signe de son besoin d'affirmation. En quelque sorte, c'est en manifestant son opposition qu'il prend sa place petit à petit.

L'enfant de cet âge demeure très dépendant de l'adulte toutefois, éprouvant un grand besoin de se sentir protégé pour explorer en toute sécurité. L'autonomie aura toutes les chances de prendre racine si l'enfant se sent en sécurité et perçoit l'attention et la reconnaissance des adultes qui en ont la responsabilité. Autrement dit, l'enfant a besoin qu'on s'intéresse à ce qu'il fait et il le démontre, par exemple en s'installant près de l'adulte pour jouer. À cette période, on fait face à beaucoup d'ambivalence : l'enfant oscille entre le désir de s'éloigner ou de faire quelque chose seul, et son grand besoin d'attention et de présence de la part de l'adulte. Comme il ne peut encore s'exprimer clairement par la parole, il manifeste ce besoin de différentes façons, par exemple en prenant l'adulte par la main pour l'amener vers ce qui l'intéresse. Il pointe souvent les objets, regardant ensuite l'adulte pour savoir s'il représente un danger pour lui, et pour obtenir une sorte d'approbation avant de continuer son exploration.

Notons que l'égocentrisme marque fortement cette période. L'enfant accepte difficilement de partager avec les autres l'adulte qui s'occupe de lui ou les choses qu'il possède. Les relations qu'il établit demeurent encore exclusives, c'est-à-dire en interaction avec une seule personne à la fois. Contraindre l'enfant, dans ces situations, ne lui apprendra pas à partager ; il s'agit plutôt de prévoir une organisation qui tienne compte de ses besoins de développement. Il lui faudra attendre la fin de la période suivante (3 ans) pour que la maturation et l'intégration d'expériences pertinentes lui permettent de faire une place aux autres dans ses activités quotidiennes.

11.2.2. *Le développement psychomoteur*

L'enfant de 12 à 18 mois est à l'âge de l'exploration et des premières manifestations de la connaissance du corps et de l'organisation perceptive. Cette période se caractérise par l'acquisition et la maîtrise de la marche, de même que par la conquête de l'espace et des objets. On parle même de l'âge du grand désordre, l'enfant devenant un vrai déménageur. Il passe la majeure partie de son temps d'éveil à se promener, à prendre des objets — pas toujours à la portée de la main —, à les déplacer, à les mettre les uns dans les autres, etc. Grâce au développement de l'organisation perceptive et à ses nouvelles possibilités motrices, il parvient à exécuter une grande variété de manipulations et de déplacements dans l'espace. Ces actions sont déclenchées par l'intérêt qu'il porte aux propriétés des objets et par les obstacles rencontrés.

On observe fréquemment des situations tout à fait semblables à celle qui suit. Un enfant monte sur un banc pour prendre la bouteille qu'il vient d'apercevoir ; il l'examine et la porte à la bouche. Il marche ensuite vers le coin du repos pour prendre sa «doudou», mais il rencontre une boîte sur sa route ; il s'y intéresse, dépose la bouteille dedans, la reprend, la frappe sur les côtés de la boîte ; il tente de prendre la boîte, la tire et tombe ; il se relève, s'asseoit dans la boîte et en ressort, la tire, etc. L'enfant se laisse conduire par ses expériences.

Le Boulch rapporte qu'entre 12 et 18 mois, l'enfant devient progressivement capable de retenir un geste déclenché par une impulsion motrice. Autrement dit, les centres du système nerveux responsables de l'inhibition des gestes arrivent à maturité. Ainsi, vers 18 mois, l'enfant ayant compris la signification du «non» et voulant plaire aux personnes significatives de son entourage pour conserver leur amour, peut commencer à contrôler suffisamment son corps pour arrêter un mouvement lorsqu'on lui demande de le faire, comme dans le cas d'un interdit. Soulignons toutefois que cet apprentissage demeure difficile puisqu'il suppose également l'intervention de certains acquis relevant de la personnalité, comme la tolérance à la frustration ; c'est pourquoi il faut faire preuve de compréhension lorsqu'un enfant touche ou prend un objet défendu.

De plus en plus active à cet âge, la vie mentale se manifeste à travers le langage. L'organisation perceptive s'enrichit de la fonction symbolique, en ce sens que l'enfant peut dorénavant intérioriser ses expériences sous forme d'images mentales. Cette fonction améliore grandement ses capacités d'imitation et marque le point de départ véritable du langage. Notons que le langage vient consolider les acquis de l'organisation perceptive, de telle sorte que l'un devient le support de l'autre. Autrement dit, les mots permettent à l'enfant de mieux saisir et de clarifier les données de sa perception; de même, une expérience sensorimotrice riche et variée alimente la vie mentale et, par le fait même, enrichit le vocabulaire qui deviendra plus tard l'outil d'expression de la pensée. Certains enfants répètent la plupart des mots qui leur sont familiers et chantonnent par imitation. Ils veulent savoir le nom des choses. Ceux qui verbalisent leur pensée disent: «C'est quoi ça?», en pointant un objet ou une image du doigt. Ils aiment entendre l'adulte nommer les objets ou les images d'un livre. La permanence de l'objet est pour ainsi dire acquise: l'enfant recherche un objet disparu, à plusieurs endroits, ou encore le nomme. Cela signifie qu'il croit en l'existence de l'objet, même en dehors de sa perception immédiate.

La perception temporelle reste liée aux activités quotidiennes. Le temps est encore représenté par la succession des événements ainsi que par leur début et leur fin. La durée représente davantage un état affectif se traduisant par un bien-être ou un inconfort exprimés par la détente ou par les pleurs ou les tensions.

Soulignons également que la nouvelle perception du monde marque pour l'enfant un progrès considérable puisqu'il se perçoit presque totalement comme un être distinct. L'espace et les objets familiers font partie de son univers mental et il les connaît par la place qu'il occupe lui-même dans cet espace et par l'action qu'il peut exercer sur eux.

11.3. L'intervention éducative à privilégier

Comment l'enfant acquiert-il autant d'habiletés au cours de ses premiers mois de vie, et quelles sont les conditions de vie nécessaires à un développement psychomoteur complet et harmonieux?

Outre les besoins d'ordre affectif étudiés précédemment, mentionnons d'abord qu'en ce qui concerne le développement psychomoteur comme tel, particulièrement à cet âge, la maturation occupe la place principale dans le développement de l'enfant, et ce, plus spécialement au cours des 12 premiers mois de la vie. On doit toujours se rappeler que les apprentissages ne peuvent et ne doivent se faire avant l'apparition de la période qui leur est propice. L'exercice prématuré de certaines fonctions représente, nous l'avons déjà dit, une perte de temps; il peut même être nuisible, dans la mesure où l'enfant forcé de faire tel ou tel exercice est dérangé et empêché d'exercer ce qui correspond mieux à son degré de maturation.

Mais revenons à la question qui nous préoccupe: comment assurer un développement psychomoteur harmonieux?

Retenons d'abord que l'activité sensorielle et motrice spontanée de l'enfant, celle qu'il exécute de lui-même au contact des personnes et des objets, représente ce qu'il y a de plus important pour préparer et assurer les apprentissages qui arrivent à maturité au cours de cette période. Ainsi, placé dans un espace sécuritaire et confortable, le bébé trouve de lui-même les positions et les mouvements qui vont lui permettre de franchir les étapes naturelles conduisant à la préhension et à la marche.

Si, au contraire, l'enfant est forcé d'exercer des activités avant d'être vraiment prêt à le faire, il peut développer une certaine crainte ou des raideurs musculaires. Par exemple, le fait de mettre l'enfant debout à 6 mois ne le fera pas marcher plus tôt; il exercera de lui-même cette activité lorsqu'elle arrivera à maturité, si les conditions le permettent.

À ce sujet, on pourra consulter l'étude effectuée par le Dr Emmi Pickler[2] dans une crèche de Hongrie, démontrant clairement à quel point l'activité spontanée de l'enfant (appelée activité auto-induite), au cours des 18 premiers mois, assure non seulement son développement complet et harmonieux, mais représente une condition nécessaire au développement de son autonomie corporelle face à l'adulte.

Retenons donc que l'enfant, de la naissance à 18 mois, doit pouvoir se mouvoir en toute liberté. Ainsi pour cette période, nous privilégions dans les services de garde l'activité spontanée de l'enfant (auto-induite), dans un environnement sécuritaire, stable, riche et stimulant, avec la présence stable d'adultes capables de répondre à ses besoins d'ordre physique et affectif, et manifestant un plaisir réel à le faire.

Pour assurer la qualité de vie nécessaire au plein épanouissement de l'enfant, toute éducatrice ou éducateur devra, dans ses attitudes, poursuivre les objectifs pédagogiques suivants :

- – assurer le bien-être corporel de l'enfant;
- – s'intéresser à ce qui captive l'enfant et à ce qu'il fait;
- – permettre à l'enfant d'exercer des choix.

11.3.1. Assurer le bien-être corporel des enfants

Ce bien-être corporel doit être ressenti par l'enfant lors des repas, pendant les changements de couche, lors de contacts physiques (prendre l'enfant, le bercer, le caresser), mais aussi grâce à la qualité du sommeil et à la liberté de mouvement.

2. Emmi PICKLER, *Se mouvoir en liberté dès le premier âge*, Paris, PUF, 1979.

Les interventions personnalisées doivent tenir compte des particularités de chacun, comme les rythmes de base — notamment la durée des périodes de sommeil et d'éveil — la fréquence et la quantité des boires, les seuils de tolérance aux bruits ou aux stimulations visuelles, tactiles ou autres.

La régularité et la constance, en ce qui concerne les lieux, les personnes responsables et les façons de s'occuper de l'enfant, contribuent encore davantage à son bien-être.

L'observation joue un rôle notable dans la perception des réactions du bébé, à différents moments de sa vie, et il importe qu'on puisse décoder ses messages dans le but de découvrir ce qui provoque son bien-être ou ses malaises, ce qu'il aime ou ce qu'il n'aime pas. Il n'y a pas vraiment de règle à suivre ici ; chaque enfant exprime à sa façon ses besoins que seuls l'écoute et le décodage des signes permettent de découvrir.

Soulignons également qu'en étant attentif aux besoins du bébé, on développe avec lui une certaine intimité (mutualité) nécessaire à la communication et essentielle au développement d'une vraie relation. Cette relation doit devenir assez significative pour servir de base aux relations futures qu'établira l'enfant avec les personnes de son entourage. Autrement dit, l'intensité et la nature de la communication, ressentie à travers les soins corporels, influenceront toutes les relations ultérieures de l'enfant.

Notons enfin que plus l'intervenante ou l'intervenant ajuste ses soins à ceux du bébé, plus celui-ci devient apte à recevoir et à capter les stimuli provenant de son environnement et à exercer son potentiel sensorimoteur. Plus le bébé se sent compris et connu dans ses particularités, plus il a de chances de s'ouvrir au monde. Réciproquement, plus il sera ouvert et réceptif, plus l'entourage sera porté à aller vers lui. Dès la naissance, c'est la qualité de la relation qui constitue la toile de fond de toute intervention. La construction d'une mutualité entre l'adulte et le bébé fournit l'ingrédient essentiel à un développement harmonieux au cours de cette période.

11.3.2.   *S'intéresser à ce qui captive l'enfant et à ce qu'il fait*

L'attention accordée par l'adulte à tout ce que fait l'enfant revêt une importance indéniable dans le développement de sa personnalité. Le degré d'intérêt manifesté par l'enfant, envers lui-même et envers ce qu'il fait, sera d'autant plus grand si les adultes significatifs (père, mère, éducatrice ou éducateur) lui auront porté beaucoup d'intérêt.

L'accueil des premiers sons et gestes, l'écoute et le décodage des manifestations des peines et des joies, de même que l'émerveillement devant les nouvelles acquisitions représentent à cette période les témoignages de l'intérêt et de l'affection des adultes pour l'enfant. Mentionnons aussi que le fait pour l'adulte de verbaliser les actions accomplies par l'enfant ou encore les gestes que l'on pose à son égard constitue un signe d'attention qui favorise le développement du langage.

11.3.3. *Permettre à l'enfant d'exercer des choix*

La manipulation des objets et l'exploration de l'espace, de même que les activités de la vie courante, fournissent à l'enfant une multitude de possibilités d'actions. Actions qu'il effectue d'abord au hasard en exerçant ses habiletés, et qu'il choisit par la suite en fonction des résultats à atteindre ou des façons de faire qu'il a apprises. La capacité de faire des choix se développe naturellement au cours des jeux de l'enfant et dans les différents moments de vie, lorsque c'est possible, c'est-à-dire lorsque l'environnement est suffisamment varié et stimulant.

Toutefois, à cause de son immaturité, et pour des raisons de sécurité ou de respect des autres et du matériel, l'enfant a besoin de l'éducatrice ou de l'éducateur pour l'aider, à certains moments, à faire un choix ou à poser le geste qui convient, ou encore à modifier et à orienter son choix.

Lorsqu'il s'agit de modifier les choix d'un enfant, on peut quand même lui permettre d'exercer sa capacité en lui offrant diverses possibilités. Par exemple, si l'enfant s'amuse à sauter sur les fauteuils, comportement jugé inacceptable, on peut lui offrir de sauter sur un matelas ou sur un coussin destiné à ce genre d'exercice.

Mentionnons aussi qu'à partir du moment où l'enfant tente d'affirmer son opposition par différents comportements peu agréables, l'adulte devra faire preuve de créativité, voire d'ingéniosité, pour orienter autrement l'activité de l'enfant, tout en lui offrant la possibilité de faire des choix et, ainsi, de s'affirmer. Encore ici, il faut comprendre que ces manifestations d'autonomie et d'indépendance s'expliquent par l'évolution normale des comportements moteurs, que ce soit lorsque l'enfant tente de se lever de sa chaise avant la fin du repas ou demande l'objet auquel il n'a pas droit. Rapidement, l'enfant comprend l'effet de ses comportements et il répète les gestes soit pour en voir le résultat, soit pour exprimer clairement sa présence. Ces comportements disparaissent généralement comme ils sont apparus; quand l'enfant a suffisamment exploité une situation, il passe à une autre.

11.4. Des idées pratiques en milieu de garde

Nous allons maintenant examiner comment, dans le quotidien d'un service de garde, on peut intervenir en appliquant la théorie et les attitudes éducatives que nous avons exposées précédemment. Il est certain que la recherche d'une bonne qualité de vie aura des répercussions positives sur l'organisation des conditions de travail en général, sur l'organisation des horaires et du fonctionnement en particulier. Par exemple, la conception des horaires de travail sera influencée par la volonté des responsables de faire vivre à l'enfant la plus grande stabilité possible. Comme l'enfant est totalement dépendant de l'adulte pour la plupart de ses besoins à cet âge, une grande concertation est fondamentale entre ceux et celles qui en ont la charge, afin d'harmoniser les façons de faire avec lui, les horaires et le régime de vie en général, dans le milieu familial et dans celui du service de garde. L'expérience nous a démontré à ce sujet qu'un enfant à qui on fait vivre des changements trop brusques d'horaire ou d'habitudes alimentaires, d'un milieu à l'autre, en est souvent perturbé et le manifeste par des signes comme les pleurnicheries et un désintéressement par rapport aux jeux; il éprouve souvent aussi des malaises psychosomatiques comme des maux de ventre et des troubles digestifs. Dans ces situations, on doit intervenir à la source, car ce serait peine perdue de chercher des attraits extérieurs pour stimuler l'enfant.

Mentionnons également qu'entre 3 et 18 mois, les acquisitions du bébé augmentent si rapidement que l'intervention doit être ajustée constamment. Aussi, afin de trouver les moyens les plus appropriés au niveau de développement de l'enfant, nous préciserons l'âge à partir duquel certaines interventions et précautions se révèlent plus pertinentes. Cette division restera cependant théorique, et rappelons encore une fois qu'il appartient à l'intervenante ou à l'intervenant de discerner, par l'observation du comportement de l'enfant, ce qui paraît le plus adapté aux besoins de la situation.

Voici donc, à titre d'exemples pratiques, différentes façons d'exploiter les moments vécus avec l'enfant et d'en tirer profit pour favoriser son développement psychomoteur, dans le contexte d'un service de garde. Les moyens suggérés ici constituent des pistes pour la recherche d'autres moyens auxquels devraient ultérieurement recourir les intervenantes et les intervenants, à partir des particularités de chacun des enfants et du milieu ambiant.

11.4.1. *L'organisation du milieu*

L'organisation du milieu est d'une importance capitale chez les très jeunes enfants. Pour l'adulte autant que pour l'enfant, tout devra être étudié afin de faciliter la vie commune et de répondre le mieux possible aux besoins individuels, en toute sécurité.

On devra s'assurer notamment que les prises de courant sont couvertes, que les fils électriques ne sont pas accessibles et que les très petits objets[3] ne traînent pas. En outre, pour faciliter les déplacements tout en assurant la sécurité, on réservera des espaces avec des coussins ou on aménagera une partie plus élevée. De cette façon, on évitera les chutes des enfants les uns sur les autres. On devra également s'assurer que l'organisation de l'espace rend possible, à tout moment, la visibilité de tous les enfants.

À cet âge (0-18 mois), les périodes de jeu sont courtes. Fatigué ou seul trop longtemps, le bébé finit par pleurer. La présence d'un adulte à proximité, dont il entend la voix et ressent la tendresse, le stimule et le sécurise (figure 11.3.).

Idées pratiques

- Placer l'enfant sur un matelas ou sur un sol confortable, avec des objets autour de lui, pour qu'il puisse ainsi se soulever, regarder autour de lui, développer sa préhension, bouger à son aise.

- Suspendre un mobile que l'enfant peut regarder, prendre, faire tourner, ou encore un ballon qu'il peut frapper avec ses pieds.

- Coucher ou asseoir l'enfant devant un miroir simple ou un miroir à trois côtés afin qu'il puisse se regarder et essayer d'attraper l'image (l'enfant n'a pas encore conscience que c'est lui-même qu'il voit, que le miroir lui renvoie sa propre image).

- Asseoir l'enfant en le maintenant par des appuis, de façon à ce qu'il puisse regarder autour de lui et bouger librement les bras, pour attraper un mobile par exemple.

- Exposer des photos d'enfants et de bébés, des dessins ou des affiches d'objets familiers; placer un aquarium, des plantes, etc. dans son environnement.

3. En ce qui concerne la sécurité par rapport aux objets, il est intéressant de consulter le livre de Rachel GUÉNETTE, *Des enfants gardés en sécurité,* dans la collection Ressources et Petite Enfance, Les publications gouvernementales du ministère des Communications du Québec, 1988, 262 pages.

FIGURE 11.3.
La présence de l'adulte sécurise l'enfant (enfant de 11 mois).

Quand l'enfant commence à se déplacer, l'organisation de l'espace nécessite beaucoup d'attention. L'enfant s'exerce à grimper, à se soulever, à attraper tout ce qu'il voit et, dans certains cas, à porter à la bouche les objets. Compte tenu qu'il n'a pas conscience du danger, une très grande vigilance s'impose afin d'assurer sa sécurité. L'enfant doit pouvoir disposer d'un espace où il peut se déplacer en fonction de ses habiletés. Pour enrichir l'environnement, on peut recourir aux idées suivantes:

- Placer des objets près de l'enfant — table, chaise, blocs de mousse, etc. — pour qu'il puisse se redresser, se rasseoir et marcher avec un appui.

- Placer des objets à sa portée et à sa vue, sur des tables ou d'autres surfaces, pour qu'il puisse aller les chercher, les cacher, les déplacer, les transporter, etc.

- Ranger des objets à sa portée et à sa vue et favoriser ainsi ses déplacements pour qu'il fouille et retrouve ces objets, les manipule, les jette par terre, les regarde, les secoue, les frappe ensemble, les jumelle et les compare.

- Mettre à sa disposition :

  - des objets à tirer, à pousser et à rouler, à quatre pattes ou debout ;

  - des boîtes ou autres contenants, pour y entrer et en sortir sans aide, les remplir et les vider.

  - du matériel à gratter, à froisser, à déchirer, à frapper ;

  - des livres pour qu'il en tourne les pages et en regarde les images ;

  - du matériel à presser ;

  - des petits objets, de même que des contenants avec et sans couvercle, et de différentes grandeurs ;

  - des coussins de différentes formes (carrés, cylindriques ou autres), de différentes grandeurs ou épaisseurs, et des matelas pour que l'enfant puisse enrichir son expérience sensorimotrice ;

  - des plans inclinés pour le stimuler à grimper, à glisser et à explorer les hauteurs ;

  - un tunnel pour passer dedans ou par-dessus ;

  - des structures pour grimper, monter des marches, glisser, s'étirer, se balancer, franchir des obstacles, afin de lui permettre de construire son organisation spatio-temporelle ;

  - des ballons pour l'encourager à pousser en position assise ;

  - un bac de sable ou de riz, avec des accessoires pour transvaser, creuser, remplir, etc. ;

  - des jouets réunis dans une sorte de centre d'activités offrant des stimuli visuels ou sonores et incitant l'enfant à tirer, à pousser, à tourner, etc. ;

  - des objets à prendre, à associer, à empiler ou à démolir, mais qui ne demandent pas trop de force, comme des blocs de différentes formes, couleurs et grandeurs ;

  - des jeux d'encastrement (casse-tête) constitués de pièces grosses et peu nombreuses, mais de formes complètes ;

  - des catalogues à déchirer ;

  - du matériel pour les jeux symboliques : vêtements à mettre, poupées et accessoires, téléphone, couverts pour mettre la table, etc. (grâce à l'avènement de la pensée représentative, à cet âge, l'enfant s'intéresse beaucoup à la manipulation des objets usuels de son entourage);

- des petits objets de la vie quotidienne (petites autos, camions, personnages);

- de grosses craies pour gribouiller et de grandes feuilles de papier;

- des sacs d'odeurs variées.

• Aménager un vestiaire où les vêtements de l'enfant sont rangés à sa portée.

11.4.2. *L'utilisation des routines*

En général, les routines représentent une autre occasion privilégiée où l'on peut consolider la relation avec l'enfant et favoriser ce qu'on appelle la mutualité. En effet, cette période aide l'éducatrice ou l'éducateur à percevoir les particularités de chacun et à lui accorder une attention personnalisée par le biais des soins corporels. Par conséquent, l'on doit s'organiser pour avoir le temps de prendre l'enfant, de le toucher, de le déplacer, de le bercer, de jouer avec lui, etc. (figure 11.4.).

Les heures d'arrivée et de départ constituent aussi un moment très important pour l'enfant. L'impact de la séparation d'avec le ou les parents peut influencer grandement le comportement du tout-petit dans les heures subséquentes. Afin de permettre à l'enfant de vivre dans une certaine continuité — nécessaire à son bien-être — et d'atténuer ainsi les effets du changement, une indispensable concertation avec les parents doit exister. Mentionnons aussi qu'un temps de rencontre entre le ou les parents, l'enfant et l'éducatrice ou l'éducateur, au moment des départs et des arrivées, permet à l'enfant d'associer des images familières et aussi de conserver des points de repère qui le sécuriseront au moment de la séparation comme telle.

Les périodes d'attente avant le repas, inévitables à certains moments, peuvent s'enrichir d'une musique ou d'une chanson. On peut aussi offrir à l'enfant son jouet préféré, ou créer des conditions propices à l'exercice des déplacements. Ces différentes mises en situation permettront à l'enfant de bouger et de manipuler des objets à son aise. Il pourra ainsi démontrer plus de tolérance vis-à-vis du délai. Soulignons ici l'importance de ne pas étirer inutilement la période de temps consacrée au repas.

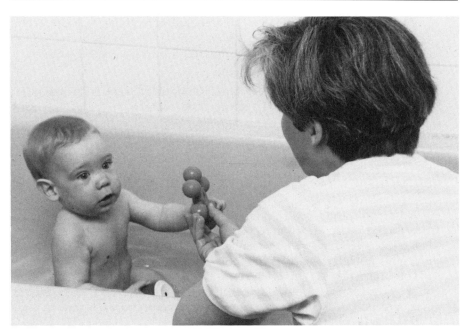

FIGURE 11.4.
Les routines sont importantes pour jouer et communiquer avec l'enfant (enfant de 8 mois).

Idées pratiques

À PARTIR DE LA NAISSANCE

- Pendant le changement de couche, laisser l'enfant bouger les jambes librement, lui parler, commencer avec lui certains exercices sans le contraindre, comme faire ballotter chaque jambe et chaque bras, exécuter des petits mouvements de bicyclette (flexion-extension), croiser et décroiser ses bras sur sa poitrine, frapper ses mains ensemble en chantant une courte chanson, chatouiller ses pieds pour tonifier les muscles des chevilles.

- Pendant le bain, permettre à l'enfant de jouer avec l'eau, avec la débarbouillette.

- Pendant le boire, lui caresser le visage, lui parler doucement.

- Pendant l'habillage, toucher, bouger et nommer chacune des parties du corps, de même que les différentes pièces de vêtements; s'assurer que les vêtements sont suffisamment amples pour qu'il puisse s'y mouvoir tout à son aise.

- Avant la sieste, masser[4] doucement l'enfant. (Au cours du massage, surveiller ses réactions. La forme et le niveau de sensibilité sont propres à chacun: ce qui est agréable pour un enfant et le détend peut devenir irritant et stressant pour un autre.)

VERS 6 MOIS

- Au repas, permettre à l'enfant de manger et de boire seul et à son rythme; le laisser découvrir la texture des aliments avec ses mains. Ne pas s'étonner s'il commence à jeter sa nourriture par terre, vers 9 mois, car il exerce alors une nouvelle possibilité: le fait de relâcher volontairement sa prise. Après le repas, le laisser se laver le visage et les mains avec une débarbouillette. On peut lui en offrir une en même temps qu'on le lave, pour lui faire comprendre qu'on veut qu'il fasse de même.

- Aux périodes de rangement, dès que l'enfant peut se déplacer, l'inviter à y participer et le faire avec lui. Par exemple, au début, lui faire transporter un objet pour qu'il puisse associer l'objet à l'endroit de rangement. Le stimuler à aller chercher lui-même les objets qu'il demande.

VERS 12 MOIS

- Permettre à l'enfant de collaborer activement à son habillage, nommer les vêtements, les parties du corps et les actions accomplies.

- Prévoir le temps nécessaire pour ranger les choses avec l'enfant afin qu'il associe les objets ou ses vêtements à leur lieu de rangement. Cette activité favorisera l'organisation perceptive, la préhension, la motricité globale et l'organisation spatiale.

- Présenter les aliments séparés pour que l'enfant puisse percevoir les différents goûts, odeurs et textures; les lui faire remarquer et les nommer.

---

4. Il est à noter que le massage procure généralement des bienfaits à l'enfant. Il stimule la circulation sanguine, les systèmes respiratoire et gastro-intestinal; il développe la sensibilité de la peau et soulage les gaz et les coliques.

11.4.3. *Les activités*

Rappelons qu'il est question ici de stimulations de la part de l'adulte pour déclencher l'activité de l'enfant. À cette période, il s'agit de permettre à l'enfant d'exploiter ses ressources qui arrivent à maturité, d'explorer l'objet et l'espace avec plaisir. Tout ce qui a pour effet d'influencer le comportement de l'enfant : les paroles, les gestes et les attitudes de l'éducateur ou de l'éducatrice, les mises en situation avec ou sans objet, entre dans cette catégorie d'intervention. Ces activités sont généralement très courtes, variées et, la plupart du temps, spontanées. L'éducateur ou l'éducatrice peut amorcer un jeu, par exemple «la poursuite», mais la priorité doit être accordée à l'activité spontanée de l'enfant. Le rôle de l'adulte consiste donc à enrichir, au besoin, l'activité ou l'expérience de l'enfant et, occasionnellement, à l'accompagner en faisant des activités avec lui ou à ses côtés. Cette participation de l'adulte devient un signe d'intérêt pour l'enfant, et assure l'encadrement nécessaire à son éveil et à ses besoins de stimulation.

Toutefois, n'oublions pas qu'à cet âge l'enfant a beaucoup à faire, et il a besoin de se mouvoir en toute liberté. C'est pourquoi, on doit éviter de déranger l'enfant lors des interventions. En fait, avant d'intervenir, on devrait se demander si ce que l'on a à offrir est assez important pour distraire l'enfant de son activité (figure 11.5.).

Idées pratiques

AU COURS DES PREMIERS MOIS

- Prendre l'enfant, le promener, le caresser, le bercer, le placer à différents endroits dans les espaces utilisés.

- Lui faire entendre régulièrement des sons et des voix.

- Déplacer des objets ou se déplacer devant l'enfant avec des objets, pour qu'il les suive du regard, de haut en bas et de gauche à droite.

- Asseoir l'enfant sur soi pour qu'il nous regarde, nous touche, explore notre visage, regarde autour de lui, prenne des objets.

- Déplacer l'enfant lentement dans la pièce, en s'arrêtant régulièrement pour lui permettre d'observer et de toucher des photos, des objets, etc.

- Coucher l'enfant sur le ventre pour l'inciter à lever la tête et le stimuler dans ce sens en lui montrant des objets.

FIGURE 11.5. Vers 13 mois, l'enfant a beaucoup à faire...

- Coucher ou asseoir l'enfant devant un miroir.

- Coucher ou asseoir l'enfant devant un autre enfant.

- Faire bouger les membres de l'enfant et les lui nommer.

- Offrir à l'enfant de prendre et de manipuler des objets nombreux et variés quant à la couleur, à la forme, aux sons, à la texture et à la grosseur, afin de permettre différents ajustements de la préhension ; après un premier objet, lui en présenter un deuxième pour qu'en essayant de le prendre, il s'exerce à relâcher le premier.

- Jouer à cache-cache («la cachette»), selon les variantes propres à chaque âge: le «coucou» du bébé, l'objet sous la couverture quand l'enfant commence à «prendre», et la personne qui se cache quand l'enfant se déplace.

VERS 6 MOIS

- Regarder avec l'enfant un catalogue ou un livre, pointer et nommer les objets, l'interroger: «Qu'est-ce que c'est?» (Ici, il ne faut pas s'attendre à ce que l'enfant réponde. Certains préfèrent d'ailleurs écouter pendant de longs mois avant de verbaliser à haute voix.)

- Placer l'enfant à plat ventre devant ses jouets préférés puis, peu à peu, éloigner les objets un à un, afin qu'il tente de s'en approcher.

- Chanter, danser avec lui en suivant le rythme d'une chanson.

- Faire retrouver à l'enfant un objet qu'on a caché pendant qu'il regardait.

- Faire des jeux de poursuite en disant:«Je vais t'attraper».

- Faire rouler un ballon vers l'enfant pour qu'il cherche à l'attraper.

- Chanter et mimer avec des gestes et des mouvements, à l'aide de chansons qui mentionnent les parties du corps; utiliser une marionnette et la manipuler de façon à ce qu'elle embrasse les parties de son corps.

- Encourager l'enfant à se redresser et à marcher. Lorsqu'il est assis, tendre vers lui un objet attirant, l'aider à se lever un peu pour qu'il se redresse et, pendant qu'il est debout en appui, lui donner quelque chose pour qu'il lâche prise et garde quand même son équilibre.

VERS 1 AN

À cet âge, l'enfant aime beaucoup imiter l'adulte; on peut donc utiliser cet intérêt pour déclencher l'activité:

- Gribouiller avec l'enfant, en utilisant de grosses craies.

- Jouer à construire des formes avec des blocs.

- Faire des promenades sur l'herbe, dans la neige, dans le sable, sur des collines, et jouer à varier la forme, la vitesse et la direction des déplacements.

- Jouer dans l'eau avec l'enfant, l'inciter à souffler, à mettre son visage dans l'eau, à bouger ses pieds, etc.

- Jouer dans le sable avec l'enfant (remplir, transvider).

- Lui donner des objets à frapper, à faire tinter.

- Faire des jeux simples d'imitation de sons ou de positions d'animaux.

- Jouer à cache-cache.

- Jouer à passer dans des espaces étroits ou surélevés, par-dessus ou en dessous d'obstacles.

- Inciter l'enfant à se déguiser.

- L'amener à montrer les parties de son corps au rythme de comptines appropriées.

- Lui demander d'aller chercher certains objets pour qu'il s'exerce à se pencher et à s'étirer.

11.4.4. *Les événements spéciaux*

Même pour les tout-petits, on peut exploiter les événements spéciaux. Il est en effet intéressant de profiter des stimulations diverses offertes par tous ces événements pendant une année. En plus d'offrir maintes possibilités d'intervention d'ordre sensorimoteur, ils agissent également comme stimulants pour les adultes en brisant la monotonie du quotidien.

Entre autres choses, les tout jeunes enfants apprécient beaucoup l'atmosphère des fêtes en général, lesquelles enrichissent leur vécu. Ainsi, à l'occasion d'un anniversaire de naissance, on peut décorer une pièce avec des ballons, des banderoles ou des serpentins; on peut inviter la pesonne fêtée à souffler des chandelles, à développer un petit cadeau. Les enfants peuvent lancer une pluie de confettis, ou encore attraper des ballons et des banderoles en se mettant sur la pointe des pieds. Ils peuvent également gribouiller sur des chapeaux, faire des séances de maquillage et se regarder dans le miroir. Remarquons qu'à cet âge, les tout-petits peuvent avoir peur des masques ou des visages maquillés; par conséquent, on aura soin de doser ses actions, par exemple en se maquillant devant eux pour leur éviter une surprise trop forte.

Résumé

L'éducation psychomotrice, de la naissance à 18 mois, porte sur l'éducation globale de l'enfant. En outre, au cours de cette période, la qualité des échanges entre l'enfant et ses parents, de même qu'entre l'enfant et ses éducatrices ou ses éducateurs constitue la source principale de satisfaction de ses besoins de développement et d'épanouissement. L'enfant, en effet, exerce de lui-même les facultés qui arrivent à maturité, dans un environnement stimulant et chaleureux.

De ce point de vue, dans un service de garde en pouponnière, la qualité de vie repose d'abord sur la stabilité, sur l'équilibre émotif et sur une grande disponibilité de corps et d'esprit de la part des éducatrices et des éducateurs. De même, une concertation réelle avec les parents assure la continuité nécessaire au bien-être de l'enfant.

Ainsi, dans des conditions appropriées, quand l'enfant aura pu donner libre cours à ses gestes ou à ses mouvements naturels, il intégrera les rudiments de la confiance en soi et en son entourage, et manifestera le désir de conquérir son autonomie. Ces signes annoncent l'étape suivante, où il développera ses capacités de contrôle en découvrant petit à petit les règles de son milieu de vie.

CHAPITRE 12

L'éducation psychomotrice des enfants de 18 mois à 3 ans

Bébé a grandi : il cherche à conquérir sa propre autonomie en expérimentant toutes sortes de façons de faire.

La période de 18 mois à 3 ans est celle où l'enfant apprend à vivre au sein de sa famille et de son groupe en perfectionnant la maîtrise de son corps, à travers l'apprentissage de multiples habiletés psychomotrices. Il apprend mais il ne maîtrise pas encore. Ses comportements traduisent une personnalité en formation, comparable aux formes qui surgissent des mains du sculpteur pendant la période de création. On assiste à l'éclosion d'un tempérament qui s'affirme, au fur et à mesure que progresse la maturation du système nerveux, grâce à ses multiples confrontations avec la réalité du milieu de vie, des êtres et des choses.

Dans le présent chapitre, nous expliquerons comment l'évolution du contrôle musculaire, à travers les différentes activités corporelles, influence le développement de la personnalité de l'enfant. Nous montrerons jusqu'à quel point l'affection des personnes significatives pour l'enfant et l'intérêt qu'elles portent à ses activités corporelles, y compris l'entraînement à la toilette, importent dans la résolution des conflits infantiles et constituent des facteurs déterminants dans son développement et son épanouissement.

Nous verrons aussi pourquoi les comportements de l'enfant, marqués par de nombreuses contradictions, requièrent tout à coup énormément de douceur, de souplesse et de fermeté de la part des adultes.

Nous décrirons ensuite les conditions essentielles à la découverte, par l'enfant, des rudiments d'une liberté fondée sur un juste équilibre entre la soumission et la domination.

Finalement, nous mentionnerons des moyens pratiques et adaptés, permettant à l'éducatrice ou à l'éducateur d'aider l'enfant dans la conquête de son autonomie et la maîtrise de son corps, en explorant des pistes d'intervention qui répondent à ses besoins psychomoteurs.

12.1. Le développement de l'enfant de 18 mois à 3 ans

Le développement de l'enfant de 18 mois à 3 ans constitue une étape précise avec ses caractéristiques propres en ce qui concerne le développement cognitif, socio-affectif et psychomoteur. Nous traiterons des aspects cognitif et socio-affectif en décrivant la personnalité. Le développement psychomoteur sera abordé par la suite en démontrant les liens avec la personnalité.

12.1.1. *La personnalité*

Le développement de la personnalité de l'enfant reste influencée, à cette période comme à la précédente, par la maturation du système nerveux et l'évolution de la maîtrise corporelle. Voilà pourquoi, pour comprendre les comportements de l'enfant, on doit d'abord saisir ce qui se passe au point de vue physiologique.

Entre 18 mois et 3 ans, l'enfant acquiert un plus grand contrôle musculaire, en particulier de ses sphincters. À partir de ce moment-là, il découvre dans son corps qu'il peut décider de «se retenir» ou de «se laisser aller». Ces deux pouvoirs, qu'il ne maîtrisera que très progressivement, vont se refléter dans ses attitudes et ses comportements. À certains moments, on le verra s'opposer aux autres, refuser ce qu'on lui offre, vouloir tout faire seul et à sa façon, garder ou entasser des objets ; il s'agit là de comportements et de gestes qui traduisent sa tendance à se retenir. Ou encore on le verra devenir conciliant et disperser ou rejeter des objets, lorsqu'il décide de se laisser aller. Ces attitudes sont d'abord inconscientes et participent de l'apprentissage du contrôle. L'enfant exagère beaucoup l'affirmation de ses désirs, et seules la maturation et la compréhension de l'entourage l'aideront à atteindre un certain équilibre entre ces deux tendances — se retenir et se laisser aller — vers l'âge de 3 ans.

En ce qui concerne la perception, on assiste également à des changements majeurs qui vont marquer les comportements de l'enfant. Jusqu'à cette période, l'enfant abordait le monde avec ses sens et ses actions, tandis qu'à partir de 18 mois, il s'enrichit de la capacité d'intérioriser ses expériences, sous forme d'images mentales. On assiste alors à la phase de la pensée préopératoire, comme l'explique Jean Piaget. La pensée de l'enfant est limitée à la mémorisation et à l'association d'expériences, sans qu'il y ait vraiment de raisonnement ou de pensée logique. Autrement dit, l'enfant conserve dans sa mémoire le portrait (l'image mentale) des personnes, des objets ou de ses expériences, mais sans comprendre les liens logiques de cause à effet entre eux. Très floues et éparses au début, ces images vont progressivement s'organiser et devenir signifiantes grâce au soutien du langage qui, en se développant, favorise la construction d'un système de référence pour comprendre le monde environnant et communiquer. Mais ce n'est pas parce que l'enfant est incapable d'un vrai raisonnement que sa vie mentale est inexistante, ou même pauvre. Au contraire, il possède une imagination fertile, voire débordante.

En même temps que se développe la pensée représentative, laquelle évolue jusqu'aux environs de 6 ans, apparaissent la capacité d'imitation et une activité très intense de l'imagination. Ces acquisitions se manifestent à travers les jeux et les activités de l'enfant. Graduellement, on le verra reproduire des actions connues, imiter certains gestes de l'adulte, jouer à «faire semblant» et aussi prêter vie[1] à tout ce qu'il touche. Cette dernière activité peut surprendre certains parents au début; ils craignent le pire s'ils voient leur enfant se parler à lui-même, ou encore faire parler deux bâtonnets comme s'il s'agissait de poupées. Ils ne doivent surtout pas s'imaginer qu'il s'agit de signes de «désordre mental» mais, au contraire, y voir une preuve que leur enfant a atteint le degré de maturité exigé pour l'imitation de situations, grâce à son imagination et au langage.

Ces activités, où il prête vie aux objets en leur attribuant des intentions ou en les faisant parler, où il imite des actions et invente des situations farfelues, relèvent de l'exercice de la fonction symbolique qui assure l'évolution du langage, de l'exercice de l'imagination et de la pratique de l'imitation, caractéristiques du développement à cet âge. On les regroupe sous l'appellation jeux symboliques. L'enfant joue à «faire semblant» et, ainsi, explore la réalité perçue en reproduisant à son niveau et à sa façon des scènes de la vie, pour mieux les comprendre et les assimiler. Notons également que l'imagination débordante de l'enfant fait surgir dans sa vie toutes sortes de monstres, qui s'infiltrent même dans son sommeil, la nuit. Vers 2 ans, il n'est pas rare de voir les enfants se réveiller en hurlant sans raison apparente, ou en invoquant l'apparition d'un quelconque personnage qu'ils ont vu «là près de la fenêtre». Le réconfort et le temps facilitent le retour au calme et au sommeil. Il ne faut surtout pas oublier que la logique de l'adulte ne trouve pas d'écho, dans l'univers imaginaire de l'enfant, avant l'âge de 6 ou 7 ans.

À cet âge, la simple présence d'un indice peut déclencher l'activité symbolique. Une poupée, par exemple, se transforme en l'enfant lui-même ou en bébé, et un bloc en automobile. Autrement dit, le jeu d'exercice, caractéristique de la période précédente où l'enfant prenait plaisir à exercer ses nouvelles habiletés psychomotrices, se poursuit et évolue tout en s'enrichissant de la fonction symbolique. C'est cette fonction qui rend possible l'avènement de l'imagination, du langage et de l'imitation.

Comment l'évolution du contrôle musculaire et de la perception va-t-elle influencer et modeler la personnalité de l'enfant?

À 18 mois, l'enfant veut conquérir son autonomie. Cette conquête, nous l'avons dit, prend d'abord sa source dans le corps grâce à l'évolution du contrôle musculaire. En effet, à partir du moment où l'enfant s'aperçoit qu'il

---

1. L'enfant de cet âge prête vie aux objets et aux êtres inanimés. On le verra, par exemple, prêter des intentions à sa poupée ou encore en vouloir au coin de table sur lequel il s'est frappé; il s'agit là d'une forme de pensée appelée *animisme* et correspondant à la période du stade préopératoire.

peut décider de «prendre» ou de «lâcher», et de «retenir» ou de «laisser aller» ses gestes et ses mouvements, particulièrement les muscles des sphincters de la vessie et des intestins, tous ses comportements en sont empreints.

Cette période coïncide aussi comme nous le verrons plus loin, avec un progrès marqué des habiletés psychomotrices fondamentales. Ces acquisitions permettent à l'enfant de s'ouvrir à son entourage. Cette ouverture reste cependant très égocentrique, au départ, et se traduit surtout par une grande curiosité qui le pousse à explorer et à manipuler l'espace et les choses, à faire de multiples tentatives pour s'affirmer et prendre sa place au sein de la famille ou du groupe. Les autres le préoccupent non pas en tant que personnes pleines d'intérêts ou de besoins, mais en tant que personnes aptes à s'occuper de lui, à s'intéresser à lui, ou à satisfaire ses propres désirs. C'est ce qui explique que l'enfant de cet âge, par exemple, accepte difficilement de partager ses jouets ou l'adulte qui l'accompagne. Soulignons tout de suite qu'il s'agit là d'une étape normale dans le développement. Les comportements de l'enfant évolueront à l'étape suivante, où il s'ouvrira davantage aux autres, grâce à la maturation et à l'intégration d'expériences par lesquelles il apprendra à retenir ses impulsions et à discuter de ses désirs. Il acceptera donc, de la part des personnes aimées, certaines frustrations imposées avec souplesse, dans un climat chaleureux.

Entre 18 mois et 3 ans, le développement de la personnalité est donc marqué par l'affirmation de soi; l'enfant attire l'attention sur lui par toutes sortes de moyens. Tantôt il se donne en spectacle en observant les réactions de l'entourage; par exemple, il peut répéter plusieurs fois une action devant un auditoire, à un moment donné, et reprendre le même scénario quelque temps plus tard, en espérant les mêmes effets. Tantôt il attire l'attention par l'imposition de ses désirs et son opposition aux demandes de l'adulte. Au début, l'enfant s'affirme dans des crises déclenchées par de simples bagatelles où la logique de l'adulte est confondue. Par ces colères et cette opposition apparente, l'enfant apprend et intériorise les règles de vie de sa famille ou de son groupe, lorsque celles-ci sont simples, constantes et appliquées avec douceur, souplesse et fermeté. Retenons que l'enfant de cet âge a besoin de se prouver qu'il est capable de faire différentes choses et de sentir que les personnes qu'il aime s'intéressent à ce qu'il fait. Il l'exprime parfois clairement, en disant: «Viens voir ce que j'ai fait» ou encore: «Laisse-moi faire, je suis capable tout seul». On remarquera également que l'enfant aime jouer seul, tout en ayant besoin d'être près de l'adulte ou sentir sa présence. Il manifestera d'autant plus d'intérêt pour ce qu'il fait, que l'adulte en aura pour lui. Cet intérêt pour les réalisations de l'enfant est la meilleure façon de lui faire comprendre qu'on l'aime.

À travers l'apprentissage et l'exercice de façons de faire, tant sur le plan des habiletés psychomotrices que sur le plan des comportements, l'enfant fera l'apprentissage de sentiments comme l'estime de soi et la fierté, ou leur contraire, et ce, en fonction de la réaction des personnes significatives[2] envers ses comportements.

12.1.2. *Le développement psychomoteur*

Généralement, entre 18 mois et 3 ans, l'enfant possède assez de maturité pour exercer un certain contrôle sur son corps, et il peut notamment retenir certains gestes. L'évolution de la motricité et de la perception rendra possible, à la fin de cette période, les habiletés motrices de base qui font de l'enfant un être relativement autonome dans ses activités quotidiennes routinières. De même, il acquerra une conscience de soi suffisante pour se reconnaître comme une personne différente et situer sa place par rapport aux autres et aux objets, dans la constellation familiale. Cette connaissance demeure liée à la perception propre de l'enfant; elle est constituée de tableaux intériorisés sous forme d'images et de sensations reliées à son vécu.

Au cours de cette période, la motricité globale de l'enfant se perfectionne grâce à une meilleure régulation du tonus et à l'accroissement des possibilités de dissociation et de coordination des différentes parties du corps (figure 12.1.). L'enfant contrôle davantage ses gestes, et ses mouvements locomoteurs deviennent plus variés. Par exemple, l'enfant marche à reculons ou sur la pointe des pieds, transporte des objets, court, grimpe et utilise des objets roulants pour se déplacer. L'acquisition de mouvements non locomoteurs, comme lancer une balle, donner un coup de pied sur un ballon ou l'attraper, plier les genoux pour ramasser un objet, sauter, etc., s'ajoutent également à l'éventail de ses nombreux autres mouvements et déplacements dans l'espace. Soulignons que l'enfant éprouve un grand besoin de bouger et de se déplacer; quand ce besoin se manifeste, il lui est très difficile d'accepter de se contraindre à la volonté de l'adulte. On voit malheureusement trop souvent, dans les restaurants, dans les magasins ou dans une automobile, des parents perdre patience devant les comportements agités de leur enfant, qui ne fait pourtant qu'exprimer un besoin naturel de mouvement.

---

2. Pour l'enfant de cet âge, les personnes significatives sont celles qui s'occupent de lui et qui s'intéressent à ce qu'il fait. Soulignons qu'il demeure très exclusif dans ses relations, établit des contacts un à un avec les personnes aimées, et n'accepte pas d'intrus dans la dyade; il a encore besoin de sentir que l'adulte est là pour lui tout seul.

FIGURE 12.1.
Vers 2-3 ans, l'enfant contrôle davantage les mouvements de ses bras et de ses jambes.

La manipulation des objets se raffine, grâce au progrès de la dissociation et de la coordination, et favorise l'exploration de l'espace. L'enfant démontre une vive curiosité en tentant de toucher, de prendre et de manipuler tout ce qui attire son attention. Par exemple, il commence à gribouiller, à tourner les pages d'un livre et à tourner tous les boutons qu'il voit, y compris ceux de la chaîne stéréophonique et du téléviseur. Il peut également vider une bouteille et mettre des objets dedans, construire une tour, etc. L'exercice de ces habiletés psychomotrices ne se fait pas sans difficulté car, au début, l'enfant exerce ses habiletés sans faire de discernement. Ainsi, il ne fait pas de distinction entre le fait de gribouiller sur une table ou sur une feuille de papier puisque, pour lui, c'est le plaisir procuré par le geste comme tel qui l'intéresse, et non le résultat et ses conséquences (figure 12.2.). À cet âge, le geste est caractérisé par des mouvements complets des bras. Aussi, comme l'enfant aime remplir et vider des contenants, on le verra s'exercer également avec de la nourriture et du lait ou des jus. Rappelons que l'enfant est à l'âge où il apprend les gestes et les façons de faire acceptables, mais il ne les maîtrise pas encore; de plus, comme nous le mentionnions plus haut, poser un geste

FIGURE 12.2.
Vers 2 ans, l'enfant s'exerce à remplir et à vider des contenants.

inacceptable devient à cette période une façon de s'affirmer et de vérifier la réaction de l'entourage.

Le schéma corporel prend la forme d'un tout, distinct de l'entourage. L'enfant se reconnaît dans le miroir, en arrive à s'appeler par son prénom et commence à montrer et à nommer les différentes parties de son corps. Il prend également plaisir à imiter des positions diverses. Les deux côtés du corps restent encore indifférenciés, et plusieurs enfants utilisent indifféremment les deux mains, lors des manipulations.

L'enfant, par ses explorations et ses manipulations, organise de plus en plus le monde environnant. Il exploite les objets de multiples façons, au gré de l'exercice de ses habiletés motrices, puis ils les compare, les associe, les jumelle, les emboîte ou les superpose. C'est la période où il commence à apprécier les jeux d'encastrement simples car ils permettent, entre autres exercices, celui de l'attention et de la discrimination visuelle. L'image des objets connus et les formes géométriques captent aussi son attention et témoignent de l'existence de la mémoire. Les personnes et les objets de l'environnement familier sont situés à leur place dans l'organisation de l'espace. L'enfant prend plaisir à cacher des objets et à les retrouver, à se déplacer en se rapprochant et en s'éloignant, en passant par-dessus et par-dessous les obstacles. Il s'agit vraiment d'une étape de conquête de l'espace par tâtonnement, où l'exercice des habiletés psychomotrices, alimentées par l'imagination, servent de guides à l'enfant. De même, la notion de temps se construit par la place et la succession des activités de l'enfant au cours d'une journée. Le sens de la durée reste directement lié à l'expérience affective et corporelle; c'est vers 3 ans que l'enfant commence à distinguer la notion de l'«avant» et du «maintenant».

12.2. L'intervention éducative à privilégier

L'autonomie corporelle, nous l'avons déjà indiqué, constitue le but principal de l'éducation psychomotrice à cette période, et elle requiert beaucoup d'attention et d'adresse de la part des éducatrices et des éducateurs. En effet, l'enfant se situe à mi-chemin entre la dépendance de l'étape précédente et la maîtrise corporelle ou l'adaptabilité dont il sera capable à la suivante. L'ambivalence entre ses comportements «bébés» et ses comportements «de grand» préoccupe quotidiennement les adultes qui en ont la charge.

Entre 18 mois et 3 ans, «l'enfant apprend mais il ne maîtrise pas: il explore». Cette exploration se fait sous l'œil attentif de l'adulte qui guide ses comportements par des réactions verbales et non verbales, sous forme de mimiques, de gestes et de paroles. L'enfant est très sensible à l'approbation ou à la désapprobation de l'adulte, car il en a besoin comme prolongement de son moi, pour être actif et se développer.

Rappelons-le, l'exploration est multiple et porte 1) sur son corps, par l'exercice du contrôle de ses muscles et l'apprentissage d'habiletés psychomotrices; 2) sur l'espace dans lequel il circule allègrement et de façon téméraire; 3) sur toutes les personnes et sur tous les objets situés sur son parcours, sans distinction préalable de la pertinence de ses gestes; 4) finalement sur les sons, une place déterminante étant accordée au langage. Aussi, l'enfant expérimente des façons de faire qu'il imite ou qui relèvent de son cru, selon l'inspiration du moment et sans préoccupation de l'effet prévisible, comme se verser lui-même un verre de lait ou grimper sur une chaise pour atteindre un objet. Il s'initie également à la vie sociale en essayant différents moyens d'entrer en contact avec les autres, par exemple en accaparant un objet et en observant les réactions; il cherche à imposer ses désirs. Le contrôle de l'enfant s'exerce également par rapport au temps, quand il refuse de faire les choses au moment où on lui demande; par exemple, il peut chercher à retarder l'heure de s'habiller, celle du repas ou du coucher.

Retenons qu'en explorant ainsi, l'enfant découvre ses goûts et fait de nombreux apprentissages, à condition que le milieu de vie le lui permette. Malgré l'apparence d'une forte tendance à rejeter les demandes de l'adulte et à imposer ses désirs, l'enfant a besoin de ce même adulte pour développer une véritable autonomie qui lui permette d'exercer la capacité de faire des choix librement, en toute sécurité, et selon les règles admises dans son milieu de vie. Autant pour la qualité de ses rythmes de base, lui assurant l'équilibre et le renouvellement de ses énergies, que pour l'apprentissage d'habiletés psychomotrices, l'enfant a besoin de l'adulte pour apprendre à contrôler ses pulsions et à consolider l'ensemble de ses acquisitions. La formation de l'identité, à cet âge, requiert la présence d'un adulte apte à soutenir l'enfant dans l'apprentissage d'une conduite adaptée. La douceur, la souplesse et la fermeté facilitent l'acceptation des restrictions imposées par la vie en groupe, pourvu que tout cela se fasse dans un climat chaleureux.

Rappelons qu'un climat trop permissif empêchera l'enfant d'exercer le contrôle de ses pulsions — quoiqu'il soit capable de le faire à cet âge — et ne lui rendra que plus difficile la tolérance à la frustration, inhérente à la vie sociale. De même, une liberté d'action trop absolue retardera l'apprentissage d'habiletés psychomotrices prêtes à être exercées, par exemple celles reliées à l'alimentation, comme s'asseoir pour manger, se servir d'une cuillère et boire seul au verre, ou encore celles reliées au contrôle de son corps, comme le fait de retenir un geste brusque de violence et de le remplacer par l'expression verbale de sa frustration. Pour que l'enfant soit capable de s'astreindre à certaines contraintes, il faut tout d'abord que ses besoins de base (sommeil, alimentation et envie de bouger) soient satisfaits.

En contrepartie, trop d'interdits ou une attitude rigide de la part de l'adulte, en vue de soumettre l'enfant à des règles, ont souvent pour effet d'écraser la personnalité de l'enfant ou de le rendre dépendant, et provoquent parfois l'apparition d'attitudes négatives qui augmenteront les tensions. La véritable autonomie de l'enfant, à cet âge, s'acquiert dans un climat chaleureux où un juste équilibre s'établit entre l'expression de ses désirs et le respect de ceux des autres.

Pour la période de 18 mois à 3 ans, l'éducation psychomotrice devra donc, d'une part, permettre à l'enfant d'explorer l'environnement et d'expérimenter une foule de situations en toute sécurité physique et affective, et, d'autre part, l'encourager et le guider dans l'acquisition des habiletés psychomotrices nécessaires aux activités de la vie quotidienne. Il s'agit là de conditions essentielles à l'acquisition d'une véritable autonomie.

Les situations pleines d'action, les gestes qui permettent à l'enfant d'exercer librement la maîtrise et l'ajustement de son corps, l'organisation perceptive, spatiale et temporelle ainsi que le sens rythmique favorisent généralement le plein épanouissement de son potentiel psychomoteur. Il s'agit, plus précisément, des activités corporelles de motricité globale et fine où l'enfant est sollicité pour exercer ses capacités d'attention, de discrimination, de mémoire, d'orientation, d'ajustement et d'adaptation.

La maîtrise corporelle, on le sait, s'acquiert à travers l'exercice et le contrôle des mouvements et des gestes quotidiens. Mais comment offrir à l'enfant l'encadrement humain et physique favorable au développement de cette maîtrise? Le défi est grand et exige l'art, la science, la sensibilité, l'enthousiasme et toute la compétence des éducatrices. Certaines conditions, notamment la concertation entre les différents intervenants, s'avèrent essentielles au développement harmonieux de l'enfant. Il faut en effet, comme pour l'enfant plus jeune, assurer la continuité entre le régime de vie familial et celui du service de garde.

Mentionnons aussi que les attitudes positives des adultes auront des conséquences déterminantes sur le développement et l'épanouissement de l'enfant, à cet âge. Nous les décrirons en nous fondant sur les quatre principaux objectifs pédagogiques suivants :

- montrer à l'enfant qu'on s'intéresse à ses progrès dans l'exercice et l'acquisition d'habiletés psychomotrices;
- établir clairement les limites et les règles du milieu de vie, et les expliquer soigneusement à l'enfant;
- faire preuve de douceur, de souplesse et de fermeté dans l'application des consignes;
- créer un environnement stimulant et adapté au niveau de développement de l'enfant.

12.2.1. Montrer à l'enfant de l'intérêt pour ses progrès dans l'exercice et l'acquisition d'habiletés psychomotrices

Au cours de cette période, l'enfant se développe considérablement au point de vue psychomoteur, grâce à l'exploration et à l'expérimentation vécues au travers des activités de routine et des jeux libres, dans un environnement attrayant, riche et adapté. L'intérêt manifesté par l'adulte pour ses explorations et ses expérimentations encouragera l'enfant à découvrir et à développer ses capacités sensorimotrices. Rappelons que l'intérêt personnel de l'enfant, pour lui-même et pour ce qu'il fait, se nourrit de l'intérêt manifesté par les personnes de son entourage pour ses gestes et ses prouesses.

À cet âge, l'enfant entre dans une phase de grande productivité au point de vue corporel; il veut accomplir seul les actions qu'il a pu observer jusqu'à ce jour, et aussi exécuter différentes tâches. Il en éprouvera de la fierté si l'entourage réagit positivement, en lui accordant temps, soutien et intérêt, et en faisant preuve de tolérance vis-à-vis de ses maladresses attribuables à son immaturité et à son manque d'expérience. Mais l'enfant se sentira frustré et humilié si l'entourage brime ses initiatives et le ridiculise.

Retenons donc, pour cette période, qu'à travers l'acquisition d'habiletés psychomotrices, l'enfant développe la fierté et l'estime de soi, deux aspects fondamentaux du développement de son identité. Plus l'enfant aura confiance en ses capacités, plus il se sentira apprécié dans ce qu'il fait et plus il aura le sentiment d'exister ou d'avoir une place auprès de l'adulte; plus s'estompera alors sa tendance, trop fréquente, à se faire valoir en exigeant de tout contrôler.

12.2.2. *Établir clairement les limites et les règles du milieu de vie, et les expliquer soigneusement à l'enfant*

L'apprentissage du contrôle de soi, à travers l'inhibition des pulsions, se fait par la retenue de gestes et l'ajustement de mouvements, et arrive à maturité à cette période, en même temps que la compréhension cognitive du «non». Il est très important que l'enfant soit confronté à des limites, afin d'arriver à exercer le contrôle musculaire ou l'ajustement corporel en général, et à développer la tolérance à la frustration. Mentionnons qu'à cet âge, le désir de plaire et d'être aimé par les personnes significatives de l'entourage constitue l'élément de motivation majeur pour l'acceptation des contraintes. C'est pourquoi il est essentiel que tous les intervenants établissent une relation très chaleureuse avec l'enfant, avant de lui demander de respecter des règles. Autrement dit, quand l'enfant se sentira en confiance dans son milieu, grâce à la mutualité que l'adulte aura su créer en répondant à ses besoins, il lui sera beaucoup plus facile d'accepter de se soumettre à des règles et à certaines consignes.

Dans des conditions affectives propices, il devient alors pertinent qu'on fasse connaître à l'enfant les limites et les interdits, de même que les façons de faire acceptables, et qu'on l'engage à les respecter. Les règles de vie ou les modalités sociales du milieu de garde devront cependant être simples, constantes, ajustées à celles du milieu familial, et clairement expliquées à l'enfant, sinon, la précarité de ses capacités de contrôle et d'ajustement l'incitera à s'opposer constamment aux règles et à vérifier les réactions de l'adulte après les avoir outrepassées. Mentionnons aussi que l'imitation de l'adulte et des autres, de même que l'intériorisation progressive des réactions de l'adulte à ses comportements, amèneront l'enfant à différencier plus facilement les comportements acceptables et ceux qui ne le sont pas.

12.2.3. *Faire preuve de douceur, de souplesse et de fermeté dans l'application des consignes*

«L'enfant apprend des façons de faire, mais il ne les maîtrise pas encore.» En effet, bien qu'il soit prêt à respecter certaines règles et à exercer un certain contrôle sur ses gestes, ses mouvements et ses pulsions en général, il ne le fait pas toujours. On ne doit surtout pas s'attendre à ce que l'enfant obéisse à toutes les exigences des adultes, surtout lorsqu'il s'agit de le faire tenir tranquille alors qu'il a besoin de bouger. Soulignons ici que les besoins des enfants et ceux des adultes sont souvent très différents. L'apprentissage du contrôle de soi ne se fait pas sans heurts. Durant cette période, que l'on peut comparer à celle de la première adolescence, les conflits surgissent quotidiennement. À la moindre frustration, ou lorsque des besoins fondamentaux comme bouger, s'alimenter, dormir, éliminer se font sentir, l'enfant, consciemment ou non, a recours à toutes sortes de moyens (cris, pleurs, coups, rejet des objets et des personnes, refus de collaborer lors de l'entraînement à la propreté, etc.) pour tenter de s'affirmer ou d'imposer sa volonté.

On doit donc user de douceur et de beaucoup de souplesse dans l'application des consignes, à certains moments, pour éviter d'aggraver des situations de crise. Un bon degré de tolérance et des marques d'affection de la part de l'adulte aideront l'enfant à résoudre la crise.

Si un climat chaleureux, des règles de conduite stables et des façons de faire cohérentes président aux activités quotidiennes, l'acquisition de l'expérience et de la maturité en sera facilitée, et l'enfant s'orientera plus aisément vers des comportements dits socialisés.

Mentionnons aussi qu'au cours de cette période où l'enfant n'a pas atteint la maturité cognitive nécessaire pour comprendre des raisonnements, il est inutile de vouloir lui expliquer par des sermons les motifs de telle ou telle exigence, ou de l'envoyer réfléchir à son comportement hors de la pièce. De plus, on ne doit pas s'étonner que ce qui paraît clair et compris par l'enfant ne soit pas mis en application dans ses comportements ultérieurs. Il ne généralise pas encore et fonctionne presque totalement dans le présent. Il ne suffit donc pas d'imposer une règle une fois pour qu'elle soit respectée par l'enfant; on doit s'attendre au contraire à devoir la lui répéter maintes fois avant qu'il ne l'ait assimilée complètement. C'est de cette façon que l'enfant apprend.

À travers son opposition, l'enfant ne fait souvent qu'affirmer sa volonté de faire des choix. Il peut ainsi changer plusieurs fois d'idée, par exemple demander tour à tour du jus, du lait ou un biscuit. Ce comportement est fréquent et témoigne de sa difficulté à effectuer un seul choix. La patience est de rigueur, alors, afin de permettre à l'enfant d'exercer sa capacité. Dans certains cas, on peut l'aider à choisir en diminuant le nombre de possibilités, ou encore en lui faisant une proposition ferme.

Les éducatrices et les éducateurs devront toujours faire preuve de cohérence et de fermeté dans leurs directives. En effet, l'enfant a besoin d'affronter certaines contraintes pour se développer normalement, en tenant compte de la réalité. Comme il n'a pas toujours le contrôle de ses pulsions, c'est à l'éducatrice ou à l'éducateur de faire preuve de douceur et de souplesse dans leurs interventions et de faire sentir à l'enfant qu'il a son mot à dire. Ils doivent en effet amener l'enfant à respecter certaines règles, tout en lui évitant de se sentir perdant. Avec les enfants de cet âge, la clef du succès repose sur un bon équilibre entre la fermeté et la souplesse. Il va sans dire que l'ingéniosité et la tolérance de la part de l'adulte deviennent alors des qualités essentielles à l'exercice de sa tâche. Il doit être en mesure d'identifier l'essentiel des exigences, de minimiser les interdits et d'organiser l'environnement de façon que l'enfant trouve réponse à son immense besoin de bouger et d'explorer l'espace, sans se faire dire «non» continuellement.

Par exemple, dans une situation où, par temps froid, l'enfant refuse de s'habiller pour aller jouer dehors, comme on sait qu'il veut s'affirmer et exercer des choix, on peut, lorsque cela est possible, lui offrir de choisir la veste ou le manteau, ou encore, lui permettre de décider s'il s'habille tout de suite ou seulement dans quelques instants. Si l'enfant réagit bien à l'humour, on peut faire semblant de revêtir ses vêtements, ou de se tromper en enfilant un bras dans la jambe ou une jambe dans la manche.

En tout temps on évitera de provoquer une «lutte de pouvoir», car, le but de l'intervention doit être de créer une atmosphère de détente où l'enfant a vraiment la possibilité de faire des choix. Pour atteindre ce but, une bonne organisation et beaucoup de souplesse dans l'horaire demeurent essentielles.

L'intervention sera d'autant plus appropriée qu'elle permettra à l'enfant de s'exercer à respecter les règles de base de son milieu de vie. Cet apprentissage, redisons-le, sera facilité si on lui offre la possibilité d'effectuer certains choix par rapport au temps, à la façon de faire ou à l'espace, tout en suivant les règles essentielles à sa sécurité physique ou affective, de même qu'à celle des autres. Retenons aussi que même si les pleurs et les crises ne s'arrêtent pas toujours au moment où on le voudrait, ces comportements sont naturels et normaux. Dans certains cas, on laissera l'enfant exprimer sa colère, sans autre intervention que celle d'assurer sa sécurité et celle des autres. Mais la frustration, évidemment, n'est pas toujours agréable à accepter. Aussi, faut-il se rappeler que, dans beaucoup de situations, la meilleure façon d'interrompre une crise consiste souvent en un changement du centre d'intérêt de l'enfant; on l'aide ainsi à se tirer d'une situation conflictuelle.

12.2.4. Créer un environnement stimulant et adapté

Explorer et expérimenter pour apprendre, voilà des mots clés à retenir pour cette période. Or, pour arriver à satisfaire ces besoins fondamentaux, l'enfant doit trouver autour de lui des personnes à imiter et des mises en situation stimulantes.

Sur le plan des comportements et des habiletés psychomotrices comme telles, l'exemple de l'adulte et son aide technique, au bon moment, constituent des soutiens essentiels au développement d'une véritable autonomie. S'il est laissé à lui-même, l'enfant ne pourra faire l'acquisition des habiletés nécessaires à son autonomie fonctionnelle. Cette autonomie repose sur la maîtrise de certaines façons de faire ainsi que sur la capacité de l'enfant à exercer librement des choix qui nécessitent le renoncement à certains de ses désirs.

L'adulte sert de modèle à l'enfant, c'est pourquoi sa présence est primordiale. Il agit en sa compagnie, lui montre à se débrouiller, lui explique le sens de ses gestes ou de ses actions, etc. Sa seule présence physique suffit souvent à encourager l'enfant et à favoriser ses apprentissages. Précisons toutefois que même si l'adulte sert de modèle à l'enfant, celui-ci ne l'imitera pas nécessairement pour tout. L'enfant demeure un être distinct avec ses caractéristiques propres.

12.3. Des idées pratiques en milieu de garde

À cette période comme à la précédente, les activités de routine et les jeux libres, dans un environnement stimulant, permettent à l'enfant d'exercer spontanément des habiletés psychomotrices, au fur et à mesure qu'elles arrivent à maturité. De plus, les jeux proposés à l'enfant, à partir de ses intérêts, enrichissent son expérience et assurent son développement optimal.

Les activités courantes, nous l'avons dit, offrent de nombreux défis à l'enfant, car elles l'amènent à exercer et à acquérir de nombreuses habiletés psychomotrices qui accroissent son autonomie corporelle. Des gestes comme manger avec une cuillère, boire à la tasse, enfiler un pantalon, boutonner une veste ou ouvrir une porte en sont de bons exemples et, comme tous les autres, méritent qu'on leur accorde de l'importance; il faut donc prévoir suffisamment de temps pour leur exercice. Nous verrons aussi qu'une des principales sources de stimulation, à cet âge, reste encore l'organisation du milieu et les propriétés des objets. Elles constituent des centres d'intérêt en soi et, de plus, entraînent un contact avec les autres personnes qui prépare la socialisation et les activités de groupe de l'étape suivante.

12.3.1. *L'organisation du milieu*

La sécurité est l'une des conditions fondamentales de l'organisation d'un bon milieu de vie, pour les enfants de 18 mois à 3 ans car, nous l'avons dit, l'enfant de cet âge explore sans discernement et ne fait que commencer à retenir les consignes. La stabilité des espaces physiques, du personnel et de l'horaire demeure également essentielle pour assurer la sécurité de l'enfant et lui permettre d'exercer son organisation perceptive, spatiale et temporelle. En plus de ces qualités, le milieu devra stimuler la curiosité de l'enfant. Si ces conditions sont remplies, la vigueur naturelle de l'enfant et son immense besoin d'exploration le conduiront à exercer ses habiletés et à s'ajuster aux contraintes inhérentes à l'espace et aux objets (figure 12.3.).

Mentionnons aussi que les enfants de cet âge aiment se regrouper dans des espaces restreints. On verra donc à diviser l'espace en «petits coins» pour qu'ils puissent s'y retrouver et y jouer en inventant leurs jeux, au gré de leur imagination. Les petits espaces pourraient être dotés d'un aménagement et d'un ameublement différents, par exemple le coin des blocs, le coin de la maison, le coin des livres, le coin du bricolage, etc., sans oublier un espace et du matériel suffisants pour les jeux moteurs globaux et les déplacements sur engins.

L'organisation de l'espace devra donc favoriser:

- les déplacements dans l'espace horizontal et vertical;
- l'observation;
- la manipulation d'objets variés et stimulants;
- l'imitation de gestes et de situations de la vie courante;
- le contact avec d'autres enfants;
- l'isolement selon les besoins;
- le transport des objets.

FIGURE 12.3.
Une organisation adéquate du milieu favorise la liberté de mouvement.

Le matériel devrait permettre à l'enfant de:

- marcher et sauter sur différentes surfaces comme des coussins, des matelas, des plans inclinés, des planches ou des poutres basses;
- avoir accès à du gazon, à des tas de feuilles ou à de la neige, à l'extérieur;
- grimper, sauter, glisser, se balancer;
- se promener sur des objets roulants, comme les animaux sur roues, les voiturettes et les tricycles (vers 3 ans);
- assembler, démonter, superposer, renverser des contenants de plastique de différentes grandeurs et leur couvercle, de même que des blocs de divers types;
- transvaser, remplir, vider des contenants de différentes grosseurs, avec des pelles ou des cuillères, en jouant régulièrement avec de l'eau, du sable ou d'autres petits objets et matériaux comme le riz, l'avoine, etc.;
- transporter des choses d'une place à l'autre, dans des boîtes;
- associer, regrouper, classer, aligner des objets selon leur forme ou leur couleur;

- exercer certaines praxies comme lacer, attacher, ouvrir, fermer, visser, dévisser, pousser;
- imiter des gestes et des situations de la vie courante, avec des poupées et leurs accessoires, des animaux en peluche, des vêtements pour se costumer, du matériel pour le jeu du docteur, de la ferme, etc.;
- entrer dans des objets, en sortir, se cacher dedans (cylindres et boîtes de carton);
- dessiner avec ses mains, avec de grosses craies ou avec des pinceaux;
- déchirer et coller du papier de toutes sortes;
- manipuler de la pâte à modeler de différentes consistances;
- placer et reconstituer des formes simples, soit par encastrement, soit par assemblage;
- visualiser l'image et la photo de personnes et d'objets familiers;
- produire différents timbres sonores et s'exercer à les identifier;
- etc.

Les enfants doivent pouvoir accéder facilement au matériel. Toutefois, des objets en trop grande abondance, ou en désordre, peuvent faire en sorte que l'enfant s'en désintéresse rapidement. Aussi, il est bon de ranger hors de la vue des enfants un matériel exploité pendant un certain temps, quitte à le sortir de nouveau plus tard, pour le leur faire redécouvrir.

12.3.2. *Les routines*

Les routines constituent encore, à cet âge, un moyen privilégié d'établir un contact personnalisé avec l'enfant. L'heure de l'arrivée et du départ, la période du repas, l'entraînement à la toilette et les siestes fournissent autant d'occasions aux adultes de s'intéresser particulièrement à l'enfant, en lui portant attention et en lui procurant les soins corporels dont il a besoin. Ces moments, en effet, sont tout désignés pour favoriser le développement de l'autonomie corporelle, car ils permettent aux responsables de l'enfant d'assurer le renouvellement des énergies. De plus, c'est souvent pendant ces activités que surviennent les conflits, car l'enfant tente de s'affirmer en s'opposant aux demandes de l'adulte. Il exigera, par exemple, de se placer à tel endroit plutôt qu'à tel autre à la table; il refusera de s'habiller ou encore de porter tel vêtement; il changera plusieurs fois d'idée sur la sorte de jus qu'il veut boire et, surtout, il s'opposera à la sieste.

L'éducatrice ou l'éducateur devront alors faire preuve de beaucoup de patience et de compréhension, pour aider l'enfant à surmonter les difficultés qu'il éprouve à faire des choix et à se soumettre à des règles. Souvenons-nous qu'il s'agit d'une étape à passer. La règle d'or, dans ces circonstances, consiste à identifier et à cerner clairement l'essentiel des exigences attendues de l'enfant, quand on lui donne la possibilité d'exercer des choix. L'enfant peut refuser globalement une situation. Mais s'il sent qu'il a une place, qu'il peut décider d'une modalité, il accepte plus facilement de se soumettre aux règles établies. La régularité et le respect des rituels établis assurent généralement la quiétude de l'enfant et facilitent son adaptation.

L'arrivée, le départ, l'habillage

Voici quelques conseils pour améliorer le climat et favoriser un bon comportement chez l'enfant :

- aménager le vestiaire de façon à ce que l'enfant puisse avoir sa place à lui et ranger ou prendre ses vêtements seul ;
- prévoir une période d'habillage suffisamment longue pour que l'enfant puisse s'exercer à s'habiller avec le plus d'autonomie possible ;
- laisser à l'enfant le temps de monter et de descendre les escaliers à son rythme ;
- accompagner étroitement l'enfant et lui accorder assez de soutien pour qu'il évite le découragement ;
- le féliciter aussi pour ce qu'il est capable de faire (les enfants de cet âge aiment se faire féliciter) ;
- nommer les vêtements et les parties du corps ;
- offrir à l'enfant un choix à faire lorsque, par exemple, il refuse de s'habiller pour partir (on peut lui demander s'il veut mettre son chandail avant ses bottes, ou encore s'il apporte ou non son dessin à la maison) ;
- parler à l'enfant de ce qu'il va faire en arrivant chez lui, ou lui rappeler d'apporter son dessin ou son bricolage à la maison, pour l'aider à faire la transition ;
- rappeler à l'enfant un événement de sa journée, et lui demander de le raconter à un parent à la maison.

Le repas

La période du repas peut facilement devenir une source de conflits à cet âge, parce que la réalité pratique et la santé de l'enfant imposent certaines contraintes. L'enfant profite souvent de cette occasion pour exercer son opposition. De plus, comme les goûts de l'enfant se modifient rapidement, il peut refuser de manger un aliment qu'il dévorait quelques semaines auparavant. L'expérience nous enseigne qu'il ne faut pas s'inquiéter outre mesure de semblables réactions car, en général, un enfant ne se laisse pas mourir de faim.

Il n'en reste pas moins que l'heure du repas ou de la collation offre une belle occasion de favoriser le développement psychomoteur. Par la richesse de leurs couleurs, par leur forme, leur odeur et leur texture, les aliments nourrissent la curiosité sensorielle et exercent l'organisation perceptive de l'enfant. L'éducatrice ou l'éducateur peuvent tirer profit de cette situation, en conversant avec l'enfant pour enrichir ses connaissances. Lors d'une collation où sont servies des bananes, par exemple, pourquoi ne pas exercer la dextérité manuelle des enfants, en les invitant à peler les fruits ? Et pourquoi ne pas en profiter pour parler de leur provenance, de leur couleur et de leur forme ?

Parmi les autres suggestions pour le repas, on pourra :

- préparer les enfants par une activité qui les disposerait plus facilement à s'asseoir à table ;
- choisir des menus qu'ils apprécient ;
- présenter les assiettes de façon attrayante, par une bonne disposition des formes et des couleurs ;
- faire participer les enfants au déroulement du repas en fonction de leur capacité, par exemple en les invitant à mettre la table, à distribuer la nourriture et les débarbouillettes, à desservir et à laver la table ;
- manger avec les enfants et, pour les intéresser, leur faire nommer les aliments et leur fonction, et leur demander leur goût ;
- quand cela est possible, de changer de pièce pour prendre le repas ou faire une sorte de pique-nique ;
- inviter les enfants à se laver le visage et à se brosser les dents, après le repas.

La sieste

Les périodes de repos sont encore essentielles à cet âge. En général, les enfants ne font qu'une sieste, mais la durée peut varier considérablement d'un enfant à l'autre. Ici encore la préparation au sommeil constitue un moment privilégié de contact intime avec l'enfant ; il faut donc l'employer à consolider la relation existante. Occasionnellement, une musique douce peut créer une ambiance de détente.

Pour favoriser le développement de l'autonomie et l'exercice des habiletés psychomotrices on pourra, notamment :

- assigner une place à l'enfant et l'inviter à s'y rendre pour y disposer son matelas et sa couverture;
- inviter l'enfant à se préparer en se déshabillant seul et en découvrant la position dans laquelle il se trouve le plus à l'aise;
- prendre le temps de parler doucement à chaque enfant et de le masser, tout en restant à l'écoute de ses réactions, car la sensibilité est différente d'une personne à l'autre;
- respecter, dans la mesure du possible, la durée de sieste nécessaire à chacun; à ce sujet, il est important de discuter avec les parents pour connaître les habitudes de l'enfant; même lorsque les enfants ne dorment pas, il peuvent profiter de ces moments pour rester seuls et se détendre sans être sollicités;
- au réveil, laisser l'enfant retrouver seul ses vêtements et ses chaussures.

L'entraînement à la propreté

Rappelons d'abord que le moment opportun pour l'entraînement à la propreté est dicté par la maturation du système nerveux. C'est avec elle, en effet, qu'apparaît la capacité de contrôler les sphincters, c'est-à-dire de retenir ou de laisser aller le contenu de la vessie ou des intestins. L'âge moyen où cette fonction arrive à maturité se situe entre 2 ans et 2 ans $\frac{1}{2}$ (figure 12.4.).

Quand l'enfant est prêt physiologiquement, l'observation et l'imitation des autres jouent un rôle notable dans son entraînement à la propreté. Le désir de plaire et d'attirer l'attention, ainsi que le sentiment de puissance éprouvé dans le fait de pouvoir décider de retenir ou de relâcher ses sphincters procurent à l'enfant une fierté qui alimente sa motivation à apprendre comment faire. Il faut voir dans cet apprentissage un pas de plus vers l'autonomie corporelle: l'enfant acquiert un plus grand contrôle de son corps et devient en mesure de prendre des décisions. Il peut choisir de «retenir» ou de «laisser aller», et la décision lui revient à lui seul.

La compréhension de l'adulte, son intérêt pour les réussites de l'enfant, la souplesse générale dont il fait preuve pour lui apprendre à respecter les règles du milieu de vie sont autant de facteurs qui influencent la collaboration de l'enfant dans l'entraînement à la propreté. Pour l'aider concrètement et favoriser cet apprentissage, on pourra:

- inviter l'enfant à se rendre aux toilettes à des moments que l'on juge pertinents;
- favoriser l'imitation en mettant à la disposition de l'enfant un petit

**FIGURE 12.4.
L'entraînement à
la propreté est
l'occasion
d'exercer d'autres
habiletés.**

pot, pour qu'il fasse comme les autres à partir du moment où ça
l'intéresse, même s'il est très jeune;
- verbaliser pour l'enfant ce qui se passe, lorsqu'il «laisse aller» dans
le pot, et le féliciter;
- s'abstenir en tout temps de comparer le comportement de l'enfant
avec celui de «meilleurs que lui», ou de l'humilier s'il lui arrive de
s'échapper.

12.3.3. Les activités

À cet âge, le jeu constitue le moyen par excellence pour l'adulte d'entrer
en communication avec l'enfant et de favoriser ses apprentissages. Durant
cette période, il en est encore à exercer librement ce qui arrive à maturité;
c'est donc l'activité de l'enfant, d'abord, qui alimentera les stimulations.

L'enfant de cet âge s'intéresse aussi aux activités qu'on lui propose, car il aime la nouveauté et les surprises, même si ce sont les jeux parallèles ou les monologues collectifs qui retiennent davantage son attention. Le simple fait que l'adulte participe à une activité de bricolage, sans faire de modèle, stimule les enfants. Ils raffolent des histoires, comme amorce aux jeux d'imitation, et la musique les entraîne comme par magie à la danse. Ces activités leur fournissent l'occasion de s'extérioriser et de s'exprimer. D'une façon générale, donc, les stimulations de l'adulte incitent l'enfant à exercer des habiletés psychomotrices comme l'ajustement postural et le contrôle du geste, et favorisent l'acquisition d'habiletés psychomotrices reliées aux activités de la vie courante. Elles l'aident aussi à intégrer et à organiser ses découvertes. Pour ce faire, l'imitation et le langage représentent des moyens privilégiés. Ainsi, on pourra profiter de toutes les occasions pour:

- parler avec l'enfant et l'amener, par des questions bien choisies, à verbaliser ses actions, à nommer les membres de sa famille, à identifier les objets;

- amorcer des jeux chantés ou des comptines où l'on bouge, où l'on nomme les parties du corps ou des objets, où l'on fait des rondes en invitant les enfants à se donner la main, où on se promène en farandole pour occuper tout l'espace;

- inviter l'enfant à participer à des jeux qui favorisent l'ajustement postural, l'équilibre et la variation des déplacements sur différentes surfaces (herbe, feuilles, neige);

- l'encourager à imiter des personnages connus et leurs actions, des animaux et leurs cris, les héros d'un conte, etc. (par exemple, sauter comme un kangourou, se secouer comme un chien mouillé, etc.);

- jouer au ballon avec l'enfant et lui apprendre à l'attraper avec les mains ou les pieds, à le lancer dans des cerceaux ou des boîtes, ou sur des objets qui peuvent tomber, à le lancer vers le haut, etc.;

- favoriser l'exercice du contrôle du corps au moyen de jeux où l'enfant doit arrêter son mouvement, sa course et effectuer des changements de direction (cesser de bouger à l'arrêt d'une musique ou à la vue d'un signe), se déplacer en suivant des traces au sol, etc.;

- favoriser l'ajustement postural et l'adaptation spatiale en organisant des parcours où l'enfant devra passer à travers, en dessous, par-dessus, à côté des obstacles;

- assister l'enfant dans l'exécution de tâches reliées aux activités de la vie courante (boutonner sa veste, mettre ses chaussures, attacher ses bottes, ranger ses jouets, etc.);

- raconter des histoires courtes et laisser le temps à l'enfant de nommer ce qu'il voit;

- favoriser l'observation d'images ou de photos représentant des objets familiers ;
- attirer l'attention de l'enfant sur les relations entre les objets et sur leurs couleurs, leur forme, leur grandeur, leurs mouvements, etc. ;
- participer aux activités manuelles (gribouiller, jouer avec de la pâte à modeler, etc.) ;
- montrer à l'enfant les techniques reliées à certaines activités : déchirer du papier, coller, peindre à la gouache (déjà, à cet âge, l'enfant peut comprendre des indications comme celles d'utiliser un pinceau par couleur, d'essuyer le pinceau sur le bord du pot, de peindre sur la feuille) ;
- favoriser la détente par des jeux de relaxation (se mettre dur ou mou) ;
- faire prendre conscience à l'enfant de son corps, en affichant le dessin de son corps, ou en le faisant passer à travers la forme de son corps découpée.

Remarque. Il faut éviter les bricolages compliqués qui doivent être terminés par l'adulte, ou les modèles à suivre. D'une part, on doit se rappeler que ce n'est pas le produit fini qui compte, mais l'exercice des habiletés de l'enfant ; d'autre part, comme l'enfant commence à aimer réaliser quelque chose, les propositions doivent être très simples et constituer une activité dirigée (par exemple bouchonner du papier et aller le coller sur les branches d'un arbre).

12.3.4. *Les événements spéciaux*

À cette période, l'enfant commence à participer plus activement à certaines activités annuelles comme les anniversaires, la fête de Noël et l'Halloween, ou saisonnières comme la cueillette des pommes et le ramassage des feuilles. Ces situations, bien exploitées, favorisent le développement psychomoteur car elles constituent un centre d'intérêt pour tous ; elles facilitent de plus l'exercice de la motricité, à cause des nombreuses habiletés qu'elles exigent des tâches qui y sont associées. Les événements annuels contribuent aussi à l'organisation de la pensée, car ils exigent l'association de faits et l'orientation dans le temps et dans l'espace, étant donné les rituels qui y sont rattachés (figure 12.5.). Le fait de célébrer les événements spéciaux, de revoir et de refaire des choses, augmente de beaucoup le sentiment de sécurité chez l'enfant. De plus, l'ambiance créée amène l'enfant à intégrer progressivement le sens donné par son entourage à ces événements et contribue à son adaptation psychosociale.

FIGURE 12.5.
L'anniversaire
d'un enfant est
l'occasion de
développer
l'appartenance
au groupe.

L'enfant profitera davantage des situations engendrées par ces activités s'il est amené à :

- préparer l'anniversaire ou la fête par une collaboration à la décoration, à la cuisine, à l'organisation de l'espace, à la fabrication de chapeaux, etc. ;
- inviter ses parents à venir dîner ;
- apprendre des chansons et des comptines ;
- participer à des rondes et à des jeux psychomoteurs ;
- cueillir des pommes et les manger, les décrire, les classer, les cuisiner, etc. ;
- ramasser des feuilles, sauter dedans, les lancer, s'y cacher, les observer, les décrire, les classer, les coller, etc. ;
- marcher dans un parc et regarder les petits animaux et les oiseaux, les nommer, les décrire, suivre leurs déplacements, écouter leurs chants et les reproduire, retrouver ces animaux dans un livre, se déplacer comme eux, les imiter ;
- marcher et se rouler dans la neige, la toucher, observer les cristaux, y glisser, la ramasser avec les mains ou avec des pelles, l'entasser, faire des boules, des trous, des maisons, des forts, etc. ;

- écouter et regarder la pluie qui tombe, observer la neige qui fond, les feuilles qui changent de couleur ou le vent qui souffle;
- imiter le vent dans les arbres, les feuilles, la pluie ou la neige qui tombent, les dessiner, etc.

Résumé

La croissance rapide de la musculature provoque chez l'enfant un grand désir de bouger, d'explorer et de manipuler les objets, à cette période. Sur tous les plans de son développement, l'enfant a tendance à imposer ses désirs, issus de pulsions et de sensations éprouvées dans son corps. Ne sachant pas encore comment les gérer et les exprimer, il a tendance à s'imposer aux autres, et à exercer un contrôle et des façons de faire dans le milieu. L'enfant de cet âge n'utilise pas toujours les bons moyens pour s'affirmer et respecter les autres en même temps. On assiste alors à la conquête de l'autonomie et à la naissance de l'identité. Ces deux sentiments se développeront mieux si les parents, les éducatrices et les éducateurs incitent l'enfant à faire des choix et à accepter certains renoncements. Cet apprentissage se fait principalement à travers l'activité corporelle où l'enfant exerce le contrôle de ses sphincters, de ses gestes et de ses mouvements.

Éduquer l'enfant consiste donc à lui apporter le soutien nécessaire, dans un climat de douceur, de souplesse et de fermeté, pour l'amener à développer des habiletés psychomotrices et lui apprendre à faire sa place, tout en acceptant les règles du milieu de vie. D'une part, l'affection et l'imitation des personnes significatives à ses yeux jouent un rôle capital dans ses apprentissages; d'autre part, un environnement stimulant privilégiant l'expérimentation libre et les activités dirigées sous forme de jeux, l'incitent à développer les habiletés inhérentes aux activités de la vie courante. Par ces divers apprentissages, l'enfant en vient à se sentir fier de lui et à franchir un pas de plus vers l'autonomie.

CHAPITRE 13

L'éducation psychomotrice des enfants de 3 à 6 ans

L'enfant de 3 à 6 ans est à l'âge du jeu symbolique, de la parole et de la socialisation. La naissance du surmoi[1], aussi appelée la conscience, marque cette période.

La motricité devient de plus en plus harmonieuse, l'enfant acquiert une perception plus nette et plus détaillée de son corps, des objets, de l'espace et du temps.

Sur le plan social, on remarque également une nette évolution. L'enfant, accepte plus facilement les contraintes imposées par les jeux avec d'autres enfants de son âge qui deviennent des compagnes et des compagnons. Il préfère d'ailleurs jouer avec ses amis plutôt qu'avec l'éducatrice ou l'éducateur. Il est créatif, il aime l'action. Il s'intéresse aux activités de motricité globale et fine, aux activités d'expression, aux jeux de manipulation et d'observation qui exigent de l'attention et de la concentration. Mentionnons aussi qu'il cherche de plus en plus à réaliser un produit fini et en accepte les étapes à respecter, comme lorsqu'il fait du bricolage.

La période précédente était surtout marquée par l'apprentissage du contrôle et de la maîtrise du corps, de même que par l'apprentissage des façons de faire dans le milieu de vie. La période actuelle sera caractérisée par l'harmonie du mouvement, l'évolution de l'organisation des perceptions ainsi que par la prise d'initiative et la poursuite des buts.

Dans le présent chapitre nous verrons, dans un premier temps, comment la maîtrise du corps, alliée à la conscience accrue de soi et de l'environnement, entraîne des changements de comportement. Ces modifications seront caractérisées, notamment, par une plus grande ouverture aux autres et par une plus grande capacité de prendre des initiatives et de poursuivre des buts. Dans un deuxième temps, nous décrirons les besoins psychomoteurs de l'enfant et les conditions favorables au développement optimal de son potentiel.

---

1. La notion de surmoi, élaborée par FREUD, se rapporte aux règles et aux lois intériorisées par l'enfant. À cet âge, en effet, l'enfant conserve en mémoire ce que son éducation lui a fait comprendre comme étant permis ou interdit, de sorte que lorsqu'une situation se présente, une petite voix intérieure lui dicte ce qui est acceptable ou pas. Avec ce début de «conscience» s'élabore également le sentiment de culpabilité lorsque l'enfant se sent fautif.

13.1. Le développement de l'enfant de 3 à 6 ans

Le développement de l'enfant de 3 à 6 ans constitue la dernière étape de la petite enfance. Des comportements particuliers surgissent, marqués par l'évolution de l'intelligence, de l'afffectivité et de l'aspect psychomoteur. Nous traiterons de l'affectivité et de l'intelligence en décrivant la personnalité. Le développement psychomoteur, dont les aspects se différencient plus nettement à cette période, sera présenté à la suite où seront précisés les objectifs de développement à poursuivre.

13.1.1. La personnalité

À 3 ans, l'enfant qui a grandi dans des conditions favorables a acquis la perception de soi comme un tout distinct, et il a appris la confiance en soi et en son entourage. Il a développé un sentiment de fierté pour ses réalisations, grâce à l'intérêt démontré par les personnes significatives. Il connaît suffisamment son milieu et les règles qui le régissent pour agir et communiquer avec son entourage. L'autonomie acquise et la connaissance qu'il a de son milieu lui permettent d'agrandir son espace. C'est ainsi qu'il peut commencer à explorer son entourage en se rendant seul chez un voisin ou au coin de la rue.

Le comportement de l'enfant de 3 à 6 ans est particulièrement influencé par l'organisation des perceptions. D'une part, la pensée représentative continue d'évoluer et fait en sorte que l'imagination débordante de l'enfant, ses associations d'idées et son langage, en s'améliorant, enrichissent ses jeux moteurs. On peut le constater à travers ses jeux où la réalité, grâce à la fonction symbolique, est reproduite et arrangée selon ses désirs. D'autre part, la différenciation de soi par rapport à l'entourage s'améliore, et l'enfant fait la découverte de son appartenance sexuelle. Autrement dit, l'enfant acquiert son identité psychosexuelle : il se percevra désormais comme une fille ou comme un garçon et cherchera davantage à s'identifier, par imitation, aux adultes du même sexe. On peut également le constater à travers ses jeux symboliques et ses façons de faire en général.

Vers 4 ans, l'enfant acquiert la capacité d'anticiper le résultat de son action, il cesse de procéder uniquement par tâtonnement. L'accumulation des expériences sensorimotrices depuis la naissance, combinée à une activité mentale de plus en plus vive permettent à l'enfant d'organiser ses perceptions et d'agir en posant des gestes de mieux en mieux adaptés aux situations. Par exemple, il peut prendre la main d'un adulte avant de traverser la rue, au lieu de se précipiter témérairement sans prendre garde ; ou encore il retiendra son envie de gribouiller sur les murs. Il n'en est cependant pas encore à l'étape du raisonnement dont il sera capable à partir de 7 ans. D'un certain point de vue, jusqu'à 6 ans, l'enfant demeure illogique et peut encore déconcerter l'adulte en posant des gestes aux conséquences très fâcheuses. Il demeure aussi très égocentrique, car il est incapable de délaisser son propre point de vue. Lorsqu'il raisonne, il fait des erreurs parce qu'il ne peut considérer plus d'un élément de la réalité à la fois. S'il classe des objets comme des triangles jaunes et verts et des carrés jaunes, par exemple, il aura tendance d'abord à choisir ou la forme ou la couleur comme critère de sélection puis, en cours de route, à passer de l'un à l'autre. Il demeure fixé sur sa perception immédiate, sans recul pour vérifier la logique de la situation, et il ne manifeste pas de malaise devant ces contradictions.

Il s'agit donc d'une pensée où la réalité perçue est embellie par les fantaisies d'une imagination débordante, caractéristique de cet âge. On peut le constater dans les jeux d'imitation, les dessins ou les histoires que l'enfant prend plaisir à raconter. Soulignons que la parole occupe une large place dans les activités de l'enfant, mais qu'elle alimente davantage un discours où il se raconte et organise sa pensée : ce n'est donc pas encore un moyen d'échange réel avec les autres enfants ou avec les adultes. Parfois, même, il parle à ses poupées ou à ses toutous, ou encore il se crée un compagnon imaginaire qu'il peut conserver plusieurs mois. Comme sa curiosité est grande et qu'il se montre avide de tout savoir, le fait de poser beaucoup de questions devient pour lui un jeu. Cette forme d'exercice de la parole l'aide également à organiser sa pensée.

Retenons qu'à cet âge les consignes et les règles de vie restent associées à différentes situations et à certaines personnes, au lieu d'être réellement comprises et intégrées. L'enfant s'y soumet comme à un rituel, sans vraiment en comprendre le sens, et il les oublie souvent lorsqu'il prend certaines initiatives. Voilà qui explique pourquoi l'enfant de cet âge peut avoir des comportements déconcertants, et même dangereux pour sa sécurité à certains moments, car il ne peut pas encore évaluer et juger une situation en tenant compte de toutes les conséquences. Dans un magasin, par exemple, si on lui dit : « Attends-moi près de l'escalier, je reviens dans quelques instants», il peut tout aussi bien décider soudainement de se rendre à l'escalier mobile, qui attire son attention, et se retrouver à l'étage supérieur, ne sachant pas comment revenir s'il ne l'a pas déjà expérimenté. Son raisonnement ne porte que sur les éléments connus, il est incapable de réversibilité ; c'est pourquoi il ne peut refaire le trajet en sens inverse.

Pour mieux comprendre encore l'enfant de 3 à 6 ans, examinons de plus près le jeu symbolique et le développement de l'identité psychosexuelle.

Le jeu symbolique

Au moment où le jeu symbolique évolue et se socialise, on voit les enfants chercher la compagnie d'autres enfants de leur âge et se distribuer des rôles. Cependant, l'enfant demeure égocentrique et il crée son propre scénario de jeu, au gré de sa fantaisie. Ainsi, la période de jeu peut s'arrêter brusquement lorsque les partenaires, absorbés totalement par leur propre scénario, perdent le contact entre eux, comme dans un jeu d'improvisation où il y a un manque d'écoute. Le contact est plus établi par l'intérêt des enfants pour le jeu symbolique, en compagnie des autres, que par leur affinité et leurs échanges mutuels.

Soulignons que les jeux symboliques représentent un excellent moyen d'apaiser les craintes et les frustrations de l'enfant, et qu'ils l'aident à comprendre la réalité de son milieu de vie. Lorsqu'il reproduit des situations vécues ou qu'il anticipe des événements, il peut le faire à sa façon, en modifiant ou en omettant certains passages pour les rendre plus acceptables, ou encore pour liquider certains conflits. Mentionnons également que les jeux symboliques sont les précurseurs des activités d'expression corporelle et dramatique. En effet, à travers ces jeux, l'enfant imite ou crée des personnages qu'il représente avec tout son corps, y compris la voix ; il s'agit donc par le fait même d'un exercice d'ajustement postural.

Notons que le jeu symbolique de l'enfant doit être respecté et encouragé, car il joue un rôle capital dans son développement harmonieux ; on doit donc prévoir à cet effet le matériel nécessaire. Ce type de jeu sert notamment d'exutoire aux frustrations et aux tensions en permettant à l'enfant de les extérioriser ; il favorise l'exercice du langage et la socialisation. L'adulte n'a pas de place réelle dans ce genre de jeu, mais l'observation qu'il en fait lui fournit des informations intéressantes sur la vie affective et imaginaire de l'enfant.

L'identité psychosexuelle

De 3 à 6 ans, l'enfant fait la découverte de son identité psychosexuelle, il se reconnaît comme un garçon ou une fille, ce qui a pour effet de parfaire son identité en lui donnant un sexe. Cette curiosité nouvelle est doublée d'un intérêt marqué pour les différents rôles joués par les adultes significatifs. Les jeux où l'enfant reproduit des scènes comme s'il était chez sa grand-mère, chez le docteur, chez l'épicier, etc., témoignent de son intérêt et de ses efforts pour comprendre le monde environnant et les situations vécues.

Cette étape où, selon Freud, se manifeste le complexe d'Œdipe[2], est celle où l'enfant découvre ses parties génitales, surtout à cause d'une sensibilité croissante, à cet âge. Cette découverte l'incite à comparer son corps avec celui des autres, notamment avec celui de ses parents. De plus, petit à petit et inconsciemment, il cherche à plaire au parent du sexe opposé et tente de le séduire. Tout en essayant de faire sa conquête, l'enfant est tourmenté à l'idée de considérer l'autre parent, pour qui il éprouve également un grand amour, comme un adversaire ; inconsciemment, toute cette situation ambiguë provoque une certaine culpabilité chez lui. À la même période, la différence entre le garçon et la fille, par rapport à l'anatomie des organes génitaux et à leur fonction, peut se traduire par une différenciation dans les modes de comportement.

Les différences entre le garçon et la fille peuvent s'observer, notamment, dans le choix des jeux. On remarque souvent que les garçons ont tendance à choisir des jeux moteurs bruyants et à s'exprimer en apparence plus violemment, en frappant ou en criant, surtout dans des situations de frustration. Les filles, par contre, peuvent être plus discrètes dans ces situations et réagir en pleurant ; aussi choisissent-elles en général des jeux plus calmes. Notons cependant que les enfants ne vivent pas tous cette période avec la même intensité, et il n'est pas rare de constater les deux tendances chez certains enfants, mais avec une dominante.

---

2. La théorie psychanalytique de FREUD décrit les comportements différents que peuvent adopter les filles et les garçons, à cette période, de la façon suivante :
Chez la fille
La fille aura tendance à rechercher l'attention de son père et à lui plaire, en adoptant des comportements qui, selon elle, peuvent le séduire. En fait, elle cherchera des façons de conquérir son père, de l'avoir à elle toute seule, tout en recherchant l'approbation de sa mère. Cette conquête ne se fait pas sans difficulté, car l'obstacle majeur c'est sa mère, celle qui représente le premier objet de son amour. Aussi, dans une situation qui présente des contraintes et des frustrations, la fille peut avoir tendance à pleurnicher pour exprimer son désarroi. Ce conflit trouve une solution grâce à l'identification à la mère quand, finalement, la fille décide inconsciemment de ressembler à sa mère pour obtenir l'attention de son père. Il est à noter que ce mode de comportement de la fille est nommé inclusif par Freud.
Chez le garçon
Pour le garçon, on parlera du mode intrusif. En effet, on remarquera chez lui l'apparition de comportements manifestant une forte tendance à occuper l'espace avec tout son corps, avec sa voix et ses cris. Le complexe d'Œdipe se vit différemment chez le garçon. C'est vers sa mère, premier objet de son amour, que le portent ses pulsions : il cherche à obtenir toute son attention et «une promesse de mariage». La tâche n'est pas plus facile car, sur son chemin, le garçon rencontre son père, celui-là même pour qui il a aussi beaucoup d'amour et d'admiration. Devant la force et la grandeur de son «rival», il décide inconsciemment de devenir comme son père pour plaire à sa mère. Les comportements adoptés par le garçon, pour manifester son amour, sont empreints de tendances intrusives. On le verra, par exemple, courir vers sa mère, se jeter dans ses bras, la serrer très fort et lui crier: «Je t'aime».

L'attitude positive des parents, des éducateurs et des éducatrices, devant certains débordements de comportement, aidera l'enfant à adopter lui-même un comportement positif et à atteindre ses buts. Rappelons, encore une fois, qu'il s'agit pour l'enfant d'une étape à franchir et que certaines attitudes, difficiles à accepter par les adultes, font partie de son développement normal. Nous verrons, particulièrement au cours de ce chapitre, comment l'encouragement à prendre des initiatives et à poursuivre des buts, dans les activités corporelles, aident l'enfant à raffiner et à socialiser ses moyens d'expression ; la camaraderie qui se développe entre l'enfant et le parent du même sexe, dans le partage des jeux, constitue un excellent moyen d'aider l'enfant à vivre cette période dans la sérénité.

13.1.2. Le développement psychomoteur

Entre 3 et 6 ans, la motricité devient vraiment intentionnelle. L'enfant contrôle suffisamment son corps et maîtrise assez de praxies pour se déplacer harmonieusement ; de plus, il agit spontanément avec une certaine grâce dans les activités de la vie courante. Les émotions, toutefois, sont traduites inconsciemment par des attitudes et des mimiques corporelles. L'expressivité du corps est alors très grande et met en relief la transparence et le naturel de l'enfant. Son expression non verbale permet aux adultes de mieux saisir son vécu émotionnel. En général, on peut dire que les différents ajustements posturaux de l'enfant sont réalisés spontanément, sans être pensés, mais qu'ils sont tout de même dirigés par une intentionnalité, véritable conscience du but à atteindre. Sur le plan perceptif, Le Boulch[3] parle du stade de la structuration perceptive. L'enfant passe en effet d'un univers magique, où l'imagination déforme la réalité, à un univers organisé selon une structure et régi par des lois.

La motricité globale spontanée de l'enfant tend vers l'harmonie et la rythmicité du geste. Elle se perfectionne ainsi grâce aux possibilités accrues de dissociation et de coordination des membres, notamment la coordination des bras et des jambes, et à l'équilibre assuré dans les déplacements. Les mouvements non locomoteurs, comme se plier ou s'accroupir, sont effectués globalement avec plus d'aisance, et la position stable devient possible car la régulation du tonus de base et du tonus de maintien arrive à maturité. Ainsi, l'enfant arrive, avec de l'exercice, à maîtriser des activités comme la natation, le ski, le patin à glace ou à roulettes, le cyclisme et les jeux où il s'agit de grimper, de se balancer, de lancer et d'attraper un ballon. Notons que les ajustements corporels demeurent globaux (figure 13.1.). L'enfant,

---

3. Jean Le Boulch, *Le développement psychomoteur de la naissance à 6 ans*, Paris, Éditions ESF, 1981, p. 79.

**FIGURE 13.1.
Entre 3 et 6 ans,
l'ajustement du
corps reste
global.**

en effet, ne peut pas encore contrôler volontairement le tonus musculaire de ses membres, et la conscience de son corps n'est pas suffisamment développée pour qu'il effectue des gestes et des mouvements de grande précision. On tiendra compte de cette donnée dans le choix des tâches motrices proposées à l'enfant, sans quoi il se fatiguera rapidement et développera des syncinésies et des maladresses.

Le jeu symbolique et le langage servent de support à l'intériorisation du corps et de l'action, de même qu'à l'organisation spatiale et temporelle. La verbalisation, par exemple, amène l'enfant à discipliner ses gestes pulsionnels et à dire son émotion plutôt qu'à la traduire corporellement. La structuration de la pensée prépare aussi l'étape suivante, celle du stade de la pensée opératoire, où l'enfant pourra délaisser son propre point de vue et accéder à une connaissance plus objective du monde environnant.

La maîtrise corporelle ainsi que la connaissance plus objective de la réalité des autres et des tâches à accomplir lui permettront alors de décider plus consciemment des gestes à poser, en fonction des situations vécues.

Au regard de la motricité fine comme telle, les progrès portent surtout sur le raffinement des gestes. La coordination oculo-manuelle se précise et la dextérité s'améliore grandement, grâce à un meilleur contrôle des articulations du bras et à la dissociation du poignet et des doigts. Apparaît alors la capacité d'arrêter le mouvement et de le maîtriser, par exemple, avec le dessin sur des surfaces limitées. L'enfant devient capable de découper avec des ciseaux, de manier des crayons et des pinceaux, et d'enfiler des perles sur de la laine ou des cordes. Mentionnons également que l'enfant maîtrise de mieux en mieux les praxies permettant d'exécuter les activités de la vie courante comme s'habiller, se déshabiller, se laver, se peigner, se brosser les dents, manger et boire, boutonner une veste, attacher ses chaussures, monter ou descendre une fermeture éclair, etc.

Le schéma corporel, à 3 ans, est composé d'une image très globale de l'ensemble du corps. Entre 3 et 6 ans, l'image du corps et de ses parties, selon leur position les unes par rapport aux autres, va s'intérioriser. À 6 ans, l'enfant a intégré le portrait de son corps et sa place dans l'espace. On comprendra donc pourquoi la dissociation devient plus raffinée et les ajustements posturaux plus précis. L'enfant peut spontanément, grâce au sens kinesthésique, adopter telle ou telle position, à partir de l'imitation d'un modèle présent ou évoqué mentalement.

Cette nouvelle conscience du corps est également marquée par le raffermissement de la latéralité. À 4 ans, généralement, l'enfant utilise son côté dominant dans l'exécution des tâches motrices et, vers 6 ans, il peut nommer son côté droit et son côté gauche. Retenons que l'absence de réversibilité de sa pensée l'empêche de transposer cette connaissance sur les autres; ainsi, il dira que la main droite de la personne en face de lui est celle qui est placée vis-à-vis de la sienne.

La perception, nous l'avons dit, marque des progrès considérables à cet âge. Ainsi, la perception des objets, de l'espace et du temps va déclencher une intense activité motrice d'exploration et de manipulation. L'organisation perceptive s'exerce à travers les jeux où l'enfant joue à classer les objets, à les ordonner, à les aligner, à les associer, à les opposer, etc., en fonction de caractéristiques comme la forme, les couleurs, la taille, le poids et les éléments significatifs de toutes sortes. Il associe ce qui va ensemble, compare ce qui se ressemble et prend plaisir à reproduire avec du matériel d'arts plastiques les objets et les éléments de son environnement.

L'orientation dans l'espace s'améliore parce que l'enfant peut mémoriser des trajets et des points de repère. Il en est de même pour l'organisation temporelle et le sens rythmique. Avec la régularité des moments de vie, l'enfant en arrive à très bien se situer dans une journée ; il peut, par exemple, prévoir les activités à venir à partir de celle qui est en cours. Il acquiert en outre une certaine régularité en marchant, et il perfectionne sa capacité de répéter un rythme ou d'adapter son geste à une cadence. Rappelons cependant que la capacité d'adaptation au rythme n'arrive pas à maturité avant 7 ans.

Toutes ces acquisitions préparent des apprentissages tels ceux de la lecture, de l'écriture et des mathématiques, qui exigent une bonne organisation perceptive, spatiale et temporelle, un schéma corporel plus structuré, de même qu'une rythmicité et un plus grand raffinement du mouvement. Illustrons le tout en examinant les compétences préalables à l'écriture.

L'écriture exige d'abord que l'enfant perçoive correctement la forme des lettres, en discriminant les lignes et les boucles ouvertes ou fermées, grandes et petites, et leur position dans l'espace (il faut bien distinguer le «b» du «d», du «p» et du «q»). Ensuite, il doit pouvoir respecter les distances entre les lettres d'un mot et entre les mots (ce qui fait appel à la rythmicité) ; puis, il doit comprendre que l'écriture se fait de la gauche vers la droite, et du haut de la page vers le bas ; finalement, il doit pouvoir reproduire lisiblement les lettres, ce qui touche la motricité fine.

13.2. L'intervention éducative à privilégier

L'éducation psychomotrice, de 3 à 6 ans, a pour but d'encourager les initiatives personnelles de l'enfant, dans un climat d'affection et de sécurité où sont clairement indiquées les limites qu'il doit imposer à ses pulsions spontanées. Elle vise également à fournir à l'enfant l'environnement physique et humain qui lui permettra d'exercer l'ajustement de ses habiletés psychomotrices. Il y parviendra en se confrontant aux exigences d'une grande variété de tâches motrices globales, à accomplir individuellement ou en présence des autres.

Rappelons qu'à partir de 3 ans, la maîtrise du corps et la conscience de soi sont suffisamment développées pour que l'enfant puisse porter son attention vers les stimuli extérieurs et ajuster son action en tenant compte des données perçues, et ce, dans le but d'atteindre un résultat précis. En d'autres termes, l'activité de l'enfant ne consiste plus seulement dans le libre exercice du corps pour l'acquisition d'habiletés psychomotrices fondamentales. L'enfant cherche à tenir compte des caractéristiques des objets et des personnes, grâce à l'évolution de ses capacités d'organisation perceptive, spatiale et temporelle. Le fait pour deux enfants de jouer à se suivre en tricycle, ou de monter l'un à la suite de l'autre l'escalier d'une glissoire, en sont des exemples.

Dans les différentes activités corporelles auxquelles il s'adonne, l'enfant travaille cependant en fonction d'un ajustement global du corps : il se concentre sur le but à atteindre ou sur le mouvement à exécuter, et non sur le déroulement des gestes exécutés par différentes parties du corps. Ainsi, c'est à travers l'ajustement global de son corps, dans les activités de la vie courante et dans les activités ludiques, que l'enfant va intérioriser, sans y penser, les actions des différentes parties de son corps. À l'étape suivante, il pourra leur porter attention, afin d'effectuer volontairement des ajustements plus précis.

Le respect de la spontanéité du geste, tant dans les activités corporelles de la vie courante que dans les activités corporelles de jeux moteurs et d'expression, est capital pour un développement psychomoteur harmonieux et équilibré. L'enfant a besoin de multiples expériences sensorimotrices afin d'apprendre progressivement, par lui-même, à penser avant d'agir, et d'en arriver à poser des gestes de mieux en mieux adaptés aux différentes situations. L'imposition de consignes trop strictes, concernant les gestes à exécuter, prive l'enfant du tâtonnement dont il a besoin dans l'exercice de la maîtrise de son corps.

Dans l'intervention éducative, on fournira donc à l'enfant de nombreuses occasions d'exercer l'ajustement de son corps, sans toutefois lui dicter des mouvements trop précis à accomplir, et sans brimer ses initiatives dans l'exécution des mouvements. Par exemple, dans une activité comme le patin à glace, on guidera l'enfant pour lui apprendre certains principes de base, de façon à ce qu'il puisse se déplacer ; mais on le laissera expérimenter librement la maîtrise de son corps et apprendre par imitation les gestes qui l'intéressent, sans lui demander d'en accomplir quelques-uns en particulier.

L'objectif général de l'éducation psychomotrice, de 3 à 6 ans, se résume ainsi : permettre à l'enfant d'exercer l'ajustement global de son corps, à travers l'apprentissage d'habiletés psychomotrices reliées à différentes activités corporelles, comme les activités de la vie courante, les activités ludiques ou sportives et les activités d'expression.

De 3 à 6 ans, donc, l'intervention devra être suffisamment souple pour assurer la spontanéité de l'action, mais assez stimulante également pour que l'évolution de l'activité perceptive amène l'enfant à appliquer les ajustements corporels dont il est capable.

Notons que la présente étape se distingue des précédentes à cause d'une certaine différenciation dans les aspects du développement de l'enfant, ce qui permet à l'éducatrice ou à l'éducateur de préciser des objectifs psychomoteurs plus particuliers. Soulignons de plus que l'autonomie corporelle, finalité première de l'éducation psychomotrice, s'acquiert à travers l'ensemble du développement corporel de l'enfant et qu'elle ne peut être atteinte que si l'approche éducative tient compte de l'enfant dans sa globalité.

Pour cette étape du développement, retenons quatre objectifs pédagogiques particulièrement appropriés :

- assurer le bien-être corporel de l'enfant, grâce à la qualité des rythmes de base et à l'alternance des activités ;
- permettre à l'enfant de découvrir son identité psychosexuelle, en assurant la présence régulière d'adultes, hommes et femmes, auprès de lui ;
- favoriser la socialisation de l'enfant, en ayant recours à du matériel qui l'incite à partager avec les autres ou à participer à des jeux en petits groupes ;
- encourager l'enfant à prendre des initiatives et à poursuivre des buts, à travers ses différentes activités corporelles.

Nous préciserons maintenant chacun de ces objectifs en décrivant en quoi ils consistent, dans le quotidien, auprès des enfants.

13.2.1. Assurer le bien-être corporel de l'enfant

La qualité des soins corporels reliés à l'alimentation, au sommeil ou à l'hygiène, et le respect du rythme naturel de l'enfant en ce qui concerne l'élimination constituent, à cette période, comme à toutes les étapes de la vie, un aspect fondamental du bien-être corporel pour le renouvellement et l'équilibre des énergies. Il en est de même pour l'alternance[4] entre les activités de décharge motrice, de concentration, de récupération et de détente.

Entre 3 et 6 ans, l'enfant a besoin de l'adulte pour obtenir un régime de vie adapté à ses besoins. En effet, bien que certains enfants puissent alterner eux-mêmes leurs activités à certains moments, il n'en reste pas moins qu'en général ils ne perçoivent ni ne décodent leurs propres signes de fatigue et de tension. Ils ne peuvent donc, seuls, prendre les décisions qui leur feraient équilibrer leurs énergies.

L'attention particulière portée par l'adulte à chaque enfant représente le moyen le plus approprié pour ajuster l'horaire et guider l'enfant dans l'équilibre et le renouvellement de ses énergies. Rappelons à cet égard que l'enfant peut refuser, dans un premier temps, de mettre fin à une activité de mouvement et manifester extérieurement un grand besoin de bouger,

---

4. L'alternance ainsi que les différentes activités concernées ont déjà été décrites au chapitre 10.

tout simplement parce qu'il ne parvient plus à se contrôler. Il aurait alors besoin de s'adonner à une activité plus douce, peut-être même seul, pour diminuer les stimuli et ainsi retrouver son calme et parvenir à la détente.

13.2.2. Permettre à l'enfant de découvrir son identité psychosexuelle

Le développement de la personnalité, à cet âge, nous fait comprendre que l'enfant de 3 à 6 ans poursuit sa propre identification en découvrant son identité psychosexuelle. Or, pour ce faire, l'enfant doit pouvoir côtoyer régulièrement des hommes et des femmes qui, en devenant significatifs à ses yeux, lui fournissent un modèle à imiter. Il est important que l'adulte manifeste sa présence en participant aux jeux de l'enfant ou en effectuant avec lui des tâches de la vie courante, quelles qu'elles soient. Ce n'est pas l'activité en soi qui porte un sexe. Ainsi, le fait de faire un gâteau ou de jouer au ballon, tantôt avec un éducateur tantôt avec une éducatrice, fera vivre à l'enfant des expériences différentes et importantes, qui s'ajouteront aux perceptions visuelles, l'amenant à différencier le garçon et la fille. Inconsciemment, à travers la quotidienneté partagée avec des adultes, l'enfant choisira un modèle d'identification et se reconnaîtra comme garçon ou fille. C'est ainsi qu'il résoudra ce que Freud identifie comme le complexe d'Œdipe.

Ajoutons que le jeu symbolique, libre et spontané, joue également un rôle considérable dans l'intégration de l'identité psychosexuelle. En incarnant différents personnages et en imitant leurs façons de faire dans différents rôles sociaux (jouer au papa, à la maman, au docteur, à l'épicier, etc.), l'enfant apprend à se découvrir lui-même et à intégrer son identité personnelle.

13.2.3. Favoriser la socialisation de l'enfant

La période de 3 à 6 ans est celle du jeu par excellence. Comme l'enfant s'ouvre aussi sur l'extérieur, il est maintenant prêt à faire une place aux autres. L'intervention devra donc favoriser la socialisation en amenant l'enfant à comparer sa réalité avec celle des autres. L'enfant qui a vécu les étapes précédentes dans des conditions appropriées, qui a expérimenté la mutualité avec une personne significative, et qui a suffisamment développé la confiance en soi, dans sa famille ou dans un petit groupe à la garderie, n'aura pas de difficulté à faire une place aux autres. C'est ainsi qu'il acceptera de modifier son comportement et qu'il se soumettra à certaines contraintes pour jouer avec les autres. Par exemple, il pourra mettre de côté son désir d'obtenir un jouet si c'est la condition pour jouer avec un autre enfant de son âge.

Cet intérêt nouveau de l'enfant pour un autre, considéré comme compagnon de jeu, lui donne l'occasion de s'exercer à l'adaptabilité. Pour s'adapter à tout, l'enfant doit apprendre à faire des compromis et à intégrer les autres (avec leurs idées) à son jeu. L'adaptabilité reste toujours précaire et élémentaire car, la plupart du temps, l'enfant choisira ses compagnons de jeu en fonction de leurs choix pour les mêmes jeux que lui. Mais les conflits n'en existent pas moins pour autant. Les enfants ont plus que jamais besoin de l'adulte pour les initier à certaines négociations et même, parfois, pour trancher les questions.

Pour aider l'enfant à résoudre ses conflits, on l'invitera à verbaliser ses émotions et ses frustrations, et à essayer de trouver des solutions acceptables. Ce processus l'amènera à être plus sociable et à supprimer progressivement ses gestes d'agressivité.

Mentionnons aussi qu'à partir de cet âge, l'animation de courtes activités corporelles dirigées, en petits groupes, convient tout à fait. Les enfants aiment y participer car elles stimulent leur imagination et favorisent leur socialisation.

13.2.4. Encourager l'enfant à prendre des initiatives et à poursuivre des buts

Prendre des initiatives et expérimenter des activités corporelles procurent beaucoup de plaisir à cet âge. Dans le cas d'activités visant à réaliser une production, l'intervention devrait fournir à l'enfant le soutien nécessaire à la réalisation de ses objectifs. Le perfectionnement de la maîtrise du corps, dans différentes situations, constituent un facteur déterminant pour procurer à l'enfant la confiance en soi et l'aisance indispensables aux initiatives. Plus précisément donc, sur le plan psychomoteur, l'intervention devrait permettre à l'enfant de :

- perfectionner sa motricité globale en se mettant en contact avec les objets, les personnes et l'environnement, et en expérimentant différentes activités corporelles ;

- parfaire la conscience de son corps comme point de repère ou comme moyen d'action et de communication, afin de lui permettre d'identifier les différentes parties de son corps les unes par rapport aux autres (tête, cou, épaules), de même que leur position dans l'espace (en haut, devant, derrière, à côté) ;

- affermir sa latéralité grâce à l'activité motrice globale spontanée, avant d'apprendre à nommer son côté droit et son côté gauche ;

- développer la motricité fine de la main et des doigts, au moyen d'activités sollicitant la coordination oculo-manuelle (lancer, attraper), d'activités sollicitant la fonction symbolique (jeux de construction) et d'activités d'expression plastique, incluant le dessin libre ;

- exercer l'organisation perceptive et spatiale (discrimination, mémoire, orientation), par l'activité motrice spontanée et par les jeux exigeant la reconnaissance et l'identification des formes, des dimensions et de la position des objets dans l'espace ;

- exercer l'organisation temporelle par une structure facilitant l'orientation dans le déroulement d'une journée ;

- exercer le sens rythmique au moyen d'activités corporelles de rythmique, où l'enfant est invité à ajuster son tempo personnel à des rythmes extérieurs comme celui d'un chant ou celui du mouvement des autres. À ce propos, les rondes accompagnées de chants sont particulièrement indiquées.

L'enfant perfectionne ainsi la maîtrise de son corps en exerçant un contrôle personnel sur son action, guidé en cela par le désir naturel de réussir des tâches, de plaire à l'adulte et de jouer avec les autres.

Toutefois, l'enfant ne distingue pas toujours le but à atteindre des moyens à prendre pour y arriver. L'indispensable présence de l'adulte, sa vigilance et son soutien qu'il fournit contribuent au plein épanouissement de l'enfant. Par exemple, un enfant pourrait décider de retourner seul à la maison, sans en parler aux éducateurs ; malgré sa bonne intention, voilà une décision qui pourrait avoir de graves conséquences comme l'emprunt d'un mauvais trajet ou une mauvaise rencontre…

De même, l'enfant ne choisit pas toujours les bons moyens de régler ses conflits avec les autres. Par exemple, pour faire comprendre à un compagnon de jeu que celui-ci abuse de son pouvoir en s'appropriant tout le matériel, l'enfant peut aller pleurer dans un coin pour manifester sa frustration ; ou encore il peut se mettre à frapper l'autre très fort ; ou bien il peut courir se plaindre à l'éducatrice ou à l'éducateur. Ces comportements expriment différents moyens utilisés par les enfants pour manifester leurs frustrations et tenter de résoudre leurs problèmes.

De par les buts à poursuivre, l'éducation de l'enfant exige beaucoup d'attention et de patience de la part des intervenants. L'enfant n'identifie pas toujours correctement la séquence d'actions à poser pour atteindre son but, de même qu'il ne possède pas nécessairement les habiletés psycho-motrices nécessaires pour entreprendre toutes les tâches qui l'intéressent. Le fait de vouloir manipuler seul un couteau tranchant ou de circuler en tricycle dans une rue passante illustrent bien ce besoin de supervision étroite de l'enfant.

Pour favoriser les initiatives, on encouragera l'enfant dès le début d'une activité corporelle de motricité globale ou de motricité fine et, s'il le faut, on l'aidera à clarifier ce qu'il veut faire, en lui offrant le soutien technique dont il a besoin pour atteindre son objectif. Dans ses relations avec autrui, on ne doit surtout pas laisser l'enfant régler seul ses conflits en tout temps, au nom d'une soi-disante autonomie. On aidera par exemple les enfants à se parler, à se dire ce qui ne va pas. Il faut prendre l'enfant où il en est et tenter de le faire cheminer vers une réelle autonomie, en lui montrant comment faire et en lui faisant relever des défis à sa taille, étape par étape. Ainsi l'enfant qui se rue sur l'adulte, en pleurant à la moindre frustration, sera d'abord invité à dire sans pleurer ce qui lui arrive ; puis, on pourra à un autre moment l'amener à verbaliser ses émotions et l'objet de sa frustration. Progressivement, il réussira de la sorte à négocier plus souvent seul ses ententes. N'oublions pas qu'il peut commettre des gestes maladroits, en vue d'atteindre ses buts, gestes inconscients et représentant l'expression d'une hostilité attribuable à des expériences négatives antérieures. En pareil cas, on évitera de perdre patience et, comme intervenant, on l'encouragera en le félicitant pour ses progrès, si petits soient-ils. On doit par-dessus tout être convaincu, encore une fois, que «si ce n'était pas fait, ça manquerait[5]».

Retenons finalement que si l'autonomie de l'enfant s'acquiert en exerçant la capacité de faire des choix et des renoncements, de même la capacité de prendre des initiatives se développe par l'exercice, grâce au soutien judicieux de l'adulte. Soulignons que cette période est particulièrement propice à un tel apprentissage.

13.3. Des idées pratiques

Les stimulations provenant de l'adulte ont une plus grande importance au cours de cette période que durant les précédentes. L'enfant a davantage besoin d'être interpellé, par exemple, par des questions ou des invitations à participer à des activités de groupe, pour arriver à développer son potentiel.

La régularité et la stabilité des personnes de son entourage, de l'espace et de l'horaire demeurent, à cet âge, un facteur déterminant dans le développement et l'épanouissement de l'enfant, dont l'intérêt s'éveille également pour les nouveaux espaces offrant des stimulations différentes.

---

5. Simonne MONET-CHARTRAND. Paroles prononcées lors de la conférence d'ouverture du «Colloque sur la qualité de vie dans les services de garde», en septembre 1985 au Palais des Congrès à Montréal.

Ainsi, les principes présidant à la sécurité physique et affective de l'enfant, à la période précédente, s'appliquent encore. Mais, en plus, le milieu de vie doit offrir de nouveaux espaces, et les activités dirigées, en petits groupes, doivent être plus présentes et plus diversifiées.

13.3.1. *L'organisation du milieu*

Les espaces physiques devront être assez grands et offrir des défis qui permettent à l'enfant d'exercer sa motricité globale et les ajustements posturaux dont il est capable. Comme les jeux se différencient un peu plus à cet âge, les lieux devraient aussi être pourvus d'une pièce suffisamment insonorisée pour que les jeux moteurs bruyants ne perturbent pas les jeux de concentration et les jeux plus calmes.

On devra donc disposer, en plus des aires fonctionnelles comme le vestiaire et la cuisine, d'espaces pour la motricité globale, pour les jeux de construction, pour l'expression plastique, pour les jeux de rôle, pour les jeux sur table ou pour les activités sensorielles supposant des manipulations diverses, et d'un espace tranquille pour l'examen des livres, pour l'écoute de la musique ou simplement pour le repos.

L'aménagement d'une cour extérieure est presque indispensable pour répondre au besoin de décharge motrice et ainsi d'offrir une plus grande liberté aux enfants. À l'extérieur, l'enfant peut davantage donner libre cours à l'exubérance de ses mouvements et de son expression verbale, il peut même parler fort ou crier à sa guise ; les règles y sont plus souples. Les aires extérieures devraient aussi permettre à l'enfant d'exercer certaines activités comme le tricycle, la bicyclette, les jeux de ballon ou de balle, avec ou sans instrument (comme un bâton de base-ball). Les structures pour grimper, glisser, sauter, se suspendre, se cacher, se balancer, sont également fort appropriées pour l'exercice de la motricité globale et de l'ajustement postural (figure 13.2.). Enfin, des coins plus tranquilles permettront à l'enfant de se reposer et de s'oxygéner.

L'enfant de cet âge doit disposer de matériel petit, pour les manipulations fines (bricolage, construction), mais aussi de gros matériel et de grands espaces pour les exercices physiques ; l'idéal serait d'avoir, en plus de la pièce adaptée, une aire avec des structures et assez d'espace pour l'exercice de la motricité globale. Le matériel permettant de faire des manipulations variées, de se costumer et de représenter différents personnages enrichit énormément les jeux de rôle.

FIGURE 13.2.
Un milieu bien organisé contribue grandement au développement psychomoteur.

13.3.2. *Les routines*

Les périodes de routine, à cet âge, prennent également un autre sens pour l'enfant. L'intériorisation de l'horaire de la journée l'amène à différencier ces moments de vie de ceux reliés au jeu. Par exemple, il voudra se dépêcher de s'habiller afin de jouer dehors plus rapidement, ou encore il mangera en vitesse dans le but de retourner jouer avec un ami.

Les routines, notamment les repas, la sieste et la période de repos, demeurent des moments privilégiés pour l'entrée en relation avec chaque enfant ; on doit alors lui montrer qu'on se soucie de son bien-être corporel et profiter de sa disponibilité d'esprit pour lui parler doucement. En lui parlant de ses besoins fondamentaux, comme la faim, on peut aussi l'aider à en prendre conscience.

Comme nous l'avons déjà mentionné, l'enfant de 3 à 6 ans s'exerce à la parole. Or, pour les échanges verbaux, la période des repas est particulièrement favorable et elle offre à l'enfant l'occasion d'acquérir de nouvelles connaissances. Par exemple, on pourra attirer son attention sur le goût, l'odeur, les formes, les couleurs et la texture des aliments, sur leur nom, leur provenance et leurs qualités nutritives. Un aliment peut déclencher une causerie sur le lieu de sa provenance (arbre, céréale ou animal), sur les saisons et les coutumes des différents pays, etc. Comme les enfants de cet âge aiment se servir seuls, on peut jouer avec eux à la cafétéria ou au restaurant (figure 13.3.).

La période de la sieste, elle, prendra une forme différente, car certains enfants ne dorment plus l'après-midi à partir de 4 ans. Cependant, ils ont quand même besoin d'une période de repos. Soulignons ici l'importance de bien les préparer à la sieste car, à cet âge, le seul fait de s'étendre ne procure pas nécessairement une détente. En effet, l'enfant ne maîtrise pas suffisamment le contrôle segmentaire du tonus musculaire et ne se représente pas assez nettement son corps pour relâcher volontairement l'ensemble de ses muscles. Pour parvenir à l'état de détente nécessaire au repos, l'enfant devra d'abord profiter d'activités de décharge motrice ou de récupération, puis de détente proprement dite; il éliminera ainsi les tensions ou les

FIGURE 13.3.
Quand le jeu devient réalité...

distractions qui stimulent son activité motrice ou troublent sa quiétude d'esprit.

Certains exercices d'imagination (comme le fait de dire qu'ils sont sur un nuage) ou encore des exercices moteurs (comme le fait de rouler une balle sur le corps de l'autre ou de se faire des massages dans le dos) peuvent aider l'enfant à se détendre. Les exercices où on lui demande de se mettre «tout raide», puis «tout mou» conviennent particulièrement pour lui faire comprendre la différence entre le fait d'être tendu ou d'être détendu.

On profite de ces moments pour exercer l'enfant à l'autonomie, à certaines habiletés et à l'organisation spatiale. Par exemple, on lui demande de prendre et de placer son matelas, et on l'encourage à se déshabiller seul.

13.3.3. *Les activités*

Jusqu'à 3 ans, l'exercice spontané des habiletés arrivant à maturité, dans un milieu riche et sécurisant, suffisait pour actualiser le potentiel psychomoteur de l'enfant. À partir de 3 ans, les stimulations de l'adulte prendront une plus grande importance; l'enfant en a besoin pour relever des défis portant sur la motricité, la perception et la vie sociale. Il en sera de même dans l'exercice du langage et dans la réalisation des apprentissages propres aux activités de la vie courante.

Les stimulations se feront sous forme d'animations spontanées, pendant tous les moments de vie, notamment au cours des jeux libres de l'enfant. Mais elles pourront également provenir d'activités structurées, sous forme de jeux moteurs ou d'expression, ou de jeux de discrimination et d'association sensorielle. Lorsqu'il s'agit d'activités dirigées, rappelons-le, les consignes doivent être attrayantes et claires. De telles activités n'ont pas pour but de vérifier les capacités de l'enfant mais d'enrichir son expérience. Soulignons aussi que l'attrait symbolique est particulièrement adapté à cet âge pour alimenter l'imagination de l'enfant et maintenir son attention (figures 13.4. et 13.5.).

Plus concrètement, voici un ensemble de suggestions pratiques reliées aux objectifs énoncés plus haut et pouvant servir à la préparation d'activités pour chacun des aspects du développement psychomoteur. Rappelons toutefois que ces aspects sont interreliés et qu'une activité de motricité globale peut, par exemple, toucher également le schéma corporel ou l'organisation de l'espace. Les regroupements n'ont d'autre but que celui d'attirer l'attention sur chacun des caractères fondamentaux du développement psychomoteur.

FIGURE 13.4.
Le support de l'adulte dans les jeux d'expression est très important.

- Les activités devraient favoriser le développement de la motricité globale et fine, chez l'enfant, et l'amener à exercer:

  - l'inhibition des mouvements, par exemple dans des jeux qui commandent des arrêts et des départs, ou de la défense contre des objets qui se dirigent vers lui;

  - le maintien, pendant quelques secondes, de positions stables;

  - les mouvements fondamentaux locomoteurs, comme ramper, marcher, courir, sauter, grimper et faire des culbutes, en variant la forme, la hauteur, la vitesse et la direction du déplacement;

  - les mouvements non locomoteurs, comme balancer et faire tourner différentes parties du corps, s'accroupir, se plier, se suspendre, s'étirer;

  - l'équilibre, par des jeux d'équilibre, en position stable ou en mouvement, comme l'apprentissage de la marche sur une ligne ou sur une poutre basse;

  - la dissociation entre les membres inférieurs et supérieurs, et entre les deux bras;

**FIGURE 13.5.
Les activités
avec attrait
symbolique
stimulent l'enfant
et favorisent
l'exercice des
gestes et des
mouvements.**

– les praxies ou habiletés psychomotrices reliées aux activités corporelles :

- de la vie courante, comme s'habiller, manger avec une fourchette, monter l'escalier ;
- ludiques et sportives, comme se balancer, lancer et attraper un ballon, frapper un objet avec les bras ou les pieds, lancer un objet vers une cible, dribbler, se promener en tricycle, patiner, glisser, skier ;
- de bricolage, de construction et d'assemblage, avec du papier, de la pâte à modeler, des craies et des crayons, des ciseaux, des blocs divers («Lego» et autres); ces exercices exercent la dissociation et la coordination des mouvements du bras, de l'avant-bras, du poignet et des doigts.

Les activités devraient aider l'enfant à améliorer sa perception de son corps, de l'espace et du temps. Il est à noter que les notions théoriques s'acquièrent à travers les expériences concrètes de l'enfant. Autrement dit, les mises en situation devront être intégrées dans une activité réelle de jeu ou de routine, qui permettra à l'enfant de les vivre avec tout son corps. Ce n'est qu'à ces conditions que le vocabulaire utilisé prendra tout son sens. Dans le cas des notions spatiales, par exemple, on profitera d'une activité chantée pour faire une ronde, ou d'un déplacement pour se placer en ligne, s'éloigner, se rapprocher ou se suivre. Ou encore on courra entre les arbres ou on marchera à côté d'un mur, dans un jeu de déplacement. Il en est de même pour les notions reliées aux propriétés des objets ou du temps. L'enfant sera invité, dans le cas de la structuration du schéma corporel à :

- identifier les différentes parties de son corps et leur position les unes par rapport aux autres, de même que leur position dans l'espace (en haut, en bas, devant, derrière, d'un côté, de l'autre, à gauche, à droite), en les utilisant pour faire des exercices comme les toucher dans une comptine, les identifier sur des images, dessiner des personnages ;

- s'étendre sur la neige pour y laisser son empreinte, ou sur un grand carton pour qu'un autre y dessine son contour ;

- imiter des positions et des déplacements, afin d'exercer l'ajustement postural et, ainsi, l'intériorisation de l'image corporelle ;

- bouger les différentes parties du corps en les orientant en haut, en bas, devant, derrière, d'un côté, de l'autre, à gauche ou à droite de soi ;

- faire des gestes avec un côté du corps puis avec l'autre, afin de percevoir l'axe de symétrie et de découvrir son côté dominant ; c'est ce qui lui permettra éventuellement, vers 6 ans, d'identifier réellement le côté gauche et le côté droit.

Mentionnons que les activités d'expression sont tout à fait désignées pour l'élaboration du schéma corporel et pour le développement de la motricité globale. Les enfants aiment beaucoup les jeux de rôle sous forme de théâtre de marionnettes ou de jeux dramatiques. Ces activités exercent l'ajustement postural et raffinent la perception du corps. Elles peuvent être déclenchées par des mises en situation faisant appel à la mémoire sensorielle, à l'imitation (à partir d'un conte) ou à la créativité de l'enfant, en fonction de consignes spécifiques. Il peut s'agir de représenter seul, ou avec d'autres, des personnages, des animaux, des moyens de transport, des objets familiers (comme la pendule ou les appareils électriques), des sentiments, des émotions (comme «j'ai peur», «je suis heureux», «je suis content», etc.) ou des sensations éprouvées dans des situations vécues (comme «je marche sur du sable chaud», «je prends une douche», «je marche sur la neige pendant une tempête», etc.).

De même, des activités comme le yoga, la respiration contrôlée et la relaxation[6] enrichissent la perception du corps tout en favorisant la détente. La plupart des enfants adorent aussi la gymnastique sur fond de musique ou l'interprétation de comptines et de chansons[7].

Dans le cas de l'organisation perceptive, on invitera l'enfant à :

- examiner, comparer, différencier et nommer diverses propriétés des objets selon leur forme[8], leur couleur, leur dimension, leur poids, leur texture ou leur température ;

- apprendre comment reconnaître un objet à partir de ses caractéristiques énoncées verbalement ;

- assembler, superposer et aligner des objets ;

- associer, classer et ordonner des objets d'après une caractéristique apparente ou leur fonction (par exemple classer tous les objets ronds ensemble, associer le boyau d'arrosage au costume de pompier, ou classer des objets lors d'un rangement) ;

- identifier et discriminer les formes dans les objets ou sur des images, comme le triangle dans l'image de la tente indienne ;

- différencier les sons forts, faibles, graves, aigus, etc.

Dans le cas de l'organisation spatiale :

- se déplacer en fonction d'un espace déterminé (par exemple entre des cerceaux posés au sol ou à travers un parcours, en adaptant ses mouvements aux obstacles) ;

- identifier la position des objets par rapport à soi (par exemple en lui demandant : «L'objet est-il devant ou derrière toi ?») ;

- s'orienter dans les espaces familiers (par exemple retrouver sa place dans un jeu) ;

- se placer en ligne ou en cercle, se suivre, s'éloigner, se rapprocher, etc.

---

6. Les exercices proposés dans le livre *La Douce* (Claude CABROL et Paul RAYMOND, Boucherville, Graficor, 1987) sont particulièrement intéressants pour l'exercice de l'ajustement postural et la prise de conscience du corps, et pour procurer la détente.

7. Il est à noter que les données présentées au chapitre 14, concernant l'activité d'expression corporelle et les activités de détente, peuvent également servir à inspirer la préparation d'activités pour ce groupe d'âge.

Dans le cas de l'organisation temporelle :

- apprendre à utiliser correctement les termes maintenant, avant, après, plus tard, dans la conversation ;

- s'exercer à verbaliser l'ordre de ses actions et des activités vécues quotidiennement, ou l'ordre des séquences d'une histoire ;

- s'exercer à attendre son tour quelques instants ;

- prendre conscience du temps (par exemple en regardant quotidiennement un grand calendrier et en y dessinant le temps qu'il fait).

Dans le cas du sens rythmique :

- régulariser le rythme de ses mouvements par les déplacements libres et spontanés ;

- apprendre comment frapper des mains au rythme de ses déplacements ;

- se déplacer en ligne ou en ronde, en écoutant une musique rythmée et en tapant des mains ;

- apprendre comment synchroniser son rythme à celui d'une autre personne ou à celui d'un objet sonore, en marchant ou en frappant des mains par exemple ;

- reproduire des rythmes simples[8], à deux temps (par exemple en frappant des mains ou avec un bâtonnet).

13.3.4. *Les événements spéciaux*

Les fêtes de l'année se prêtent bien à l'organisation d'événements spéciaux. À l'occasion de la fête de Noël, par exemple, on peut organiser une soirée, une nuit et un déjeuner avec les enfants, à la garderie même. Ils apprécient généralement beaucoup ces événements, et l'intensité des contacts établis alors renforce encore plus la qualité des relations entre les enfants et leurs éducateurs et éducatrices.

---

8. Rappelons ici que l'enfant perçoit et comprend mieux les notions en les appréhendant par contraste. Ainsi, on verra par couples les notions comme chaud et froid, lourd et léger, lisse et rugueux… Précisons encore une fois que ces notions sont réellement comprises par l'enfant lorsqu'elles sont vécues dans ses activités de tous les jours. Par conséquent, on essaiera de profiter au maximum, pendant la journée, de toutes les occasions offertes pour aider l'enfant à intégrer ces notions : les activités spontanées, en effet, ont autant d'importance, sinon plus, que les activités structurées. À cet âge, les danses rythmées intéressent les enfants. On trouvera des idées pratiques à ce sujet au chapitre 14.

Dans le cadre d'une de ces activités nocturnes, on peut organiser des jeux : une promenade aux flambeaux, des dessins sur la neige, des descentes sur une glissoire, etc. La stimulation qui en résulte ne se limite pas au jour de la fête. En effet, l'anticipation et la préparation de cette journée fournissent un support appréciable à différentes activités de motricité et de perception. Par exemple, on peut demander aux enfants de trouver la date sur un calendrier et de marquer le jour par un symbole ; on peut aussi bricoler, cuisiner et dessiner pour la fête, apprendre des chansons et des jeux, entendre et inventer des histoires.

Différents sujets peuvent être exploités au cours de l'année : l'arrivée d'une saison, l'anniversaire d'un enfant, la première neige, la cueillette des pommes ou la visite dans une cabane à sucre. On peut également visiter une autre garderie ou pique-niquer dans un parc.

Mentionnons que les sorties[9] et les événements spéciaux offrent une bonne occasion d'inviter les parents et d'établir ainsi des contacts plus étroits avec eux (figure 13.6.).

FIGURE 13.6. L'épluchette de blé d'Inde est l'occasion d'exercer des habiletés psychomotrices.

---

9. On trouve dans le livre *Petits prétextes pour mettre le nez dehors,* de Hélène Tardif (Hurtubise HMH, Montréal, 1986, 275 p.) d'excellentes suggestions pour tirer profit des sorties avec les enfants.

Résumé

Rappelons que le développement psychomoteur, chez l'enfant de 3 à 6 ans, se fait par le jeu individuel ou collectif, au contact des éléments de l'environnement. Les activités de la vie courante, les activités libres et aussi les activités organisées par les adultes y contribuent toutes, tour à tour ou simultanément.

L'enfant de cet âge s'adonne régulièrement à des jeux symboliques dans lesquels il reproduit la réalité à sa façon. Sa grande capacité d'imagination, en effet, n'est pas entravée par la censure puisqu'il n'a pas encore atteint le stade de la logique. Ces jeux lui permettent de se libérer de ses tensions et de ses conflits, et l'aident à clarifier les situations vécues.

La maîtrise corporelle acquise, à la fin de cette période, dépend en grande partie de la chaleur, de la souplesse et de la cohérence dont auront su faire preuve les intervenants, de même que de la richesse du milieu de vie. Rappelons qu'à cet âge, l'enfant est encore porté par une motivation naturelle à exercer les habiletés qui arrivent à maturité ; la maturation suit donc un cours normal.

Le défi de l'éducation psychomotrice consiste finalement à créer des conditions susceptibles de faire jaillir l'activité psychomotrice, afin que s'achève la régulation du tonus, que se perfectionne la coordination des mouvements et qu'évolue favorablement l'organisation des perceptions. En évoluant ensemble, la motricité et la perception feront en sorte que l'enfant développera une structure de pensée et un sens de l'organisation (pour ses activités corporelles) de mieux en mieux ajustés aux exigences de la réalité quotidienne.

Ces acquisitions préparent l'étape suivante où, grâce à une maturation accrue, l'enfant pourra parfaire la maîtrise de son corps (qui devient moyen d'action, point de repère et moyen de communication), en apprenant les techniques reliées à différentes activités utilitaires, scolaires, sportives et d'expression.

CHAPITRE 14

L'éducation psychomotrice des enfants de 6 à 12 ans dans les services de garde en milieu scolaire

Maman, les enfants, faut que ça bouge!

(Marie-Hélène, 8 ans, 1988)

L'éducation psychomotrice dans les services de garde en milieu scolaire concerne les enfants âgés de 5 à 12 ans. Le service de garde en milieu scolaire se distingue des autres services de garde en ce qu'il est organisé dans un milieu de vie déjà constitué, soit l'école. Pour déterminer les buts de l'éducation psychomotrice dans un tel service de garde, on doit tenir compte à la fois des besoins de développement des enfants et du régime pédagogique déjà en place dans l'école. Il faut en effet offrir aux enfants un ensemble d'activités complémentaires, leur permettant de se développer et de s'épanouir totalement.

Dans ce dernier chapitre, nous décrirons d'abord les caractéristiques générales du service de garde en milieu scolaire, afin de bien situer le contexte et de dégager les grandes orientations que devrait prendre l'intervention. Ensuite, nous décrirons l'évolution de la personnalité de l'enfant au cours de cette période, de même que les caractéristiques de son développement psychomoteur. À partir de ces données, nous dégagerons les objectifs d'éducation psychomotrice à poursuivre. L'éducation psychomotrice des enfants de 5 ans ayant déjà été traitée au chapitre précédent, nous ne reviendrons pas sur le sujet, même si certains enfants de cet âge fréquentent une garderie scolaire. Il suffira aux intéressés de combiner les connaissances acquises pour ce groupe d'âge avec les particularités du contexte de garde en milieu scolaire. Finalement, nous décrirons l'approche pédagogique jugée la mieux adaptée pour ce groupe d'âge, en présentant notre conception des activités corporelles ludiques et sportives, de plein-air, d'expression et de détente.

14.1. Le service de garde en milieu scolaire

Les enfants fréquentent le service de garde à différents moments de la journée, soit le matin avant les classes, le midi ou après les classes de l'après-midi; les périodes de garde sont plus ou moins longues, selon les besoins des parents. Ainsi les groupes ne sont pas stables, d'une période à l'autre ou d'une journée à l'autre. Les enfants de la maternelle, âgés de 5 et 6 ans, peuvent fréquenter le service de garde pendant une plus longue période puisqu'ils sont en classe une demi-journée. Mentionnons également que lors des journées pédagogiques des professeurs et pour certains jours de congé, comme la semaine de relâche à l'automne ou à l'hiver, le service de garde est la plupart du temps ouvert toute la journée à l'ensemble des élèves qui y sont inscrits.

Le service de garde en milieu scolaire constitue donc un milieu d'éducation dans un autre. En ce sens, il doit se définir par rapport à l'école, afin d'assurer une certaine continuité quant aux valeurs véhiculées et aux règles à suivre. De plus, son statut parascolaire l'oblige à définir des orientations complémentaires à celles de l'école. L'enfant devrait trouver dans le service de garde les stimulations dont il a besoin pour découvrir des activités nouvelles et pour relever de nouveaux défis (figure 14.1.).

Soulignons que le service de garde en milieu scolaire constitue avant tout un milieu de vie riche et stimulant; le cadre doit être organisé avant tout en fonction des loisirs. L'enfant devrait pouvoir s'y épanouir, s'y récréer et s'y détendre en partageant des moments de vie avec des amis de même qu'avec des éducateurs et des éducatrices. De ce point de vue, l'éducation psychomotrice, dans un service de garde en milieu scolaire, devra se poursuivre à travers une variété d'activités corporelles, comme les activités de plein-air, les jeux coopératifs, les activités sportives, aquatiques,

FIGURE 14.1.
Le garde en milieu scolaire permet à l'enfant de jouer avec ses amis à l'école.

d'expression et de détente. Les éducatrices et les éducateurs pourront profiter des moments de vie partagés avec l'enfant pour l'amener à prendre en charge progressivement son équilibre et le renouvellement de ses énergies.

14.2. L'évolution de l'enfant de 6 à 12 ans

Entre 6 et 12 ans, l'enfant vit une période particulièrement propice à l'apprentissage de techniques reliées à différentes activités. Ayant acquis une certaine maîtrise corporelle, découvert son identité propre et développé un sentiment d'appartenance à un groupe, il peut maintenant communiquer de façon autonome, dans son milieu de vie, avec les adultes et les autres enfants. En d'autres mots, l'enfant élargit encore le cercle des influences qui pourront orienter son cheminement. Il manifeste le désir de participer à maintes activités pour apprendre des nouvelles choses.

Soulignons que les besoins de l'enfant se modifient au cours de cette période. On y distingue deux niveaux de développement : de 6 à 8 ans et de 9 à 12 ans. Nous décrirons les caractéristiques de chacun de ces niveaux, car elles serviront à orienter les interventions éducatives à privilégier avec les enfants, selon leur âge.

14.2.1. *La personnalité*

De 6 à 12 ans, la personnalité de l'enfant subit des changements notables. Vers 7 ans, en effet, il accède au stade de la pensée opératoire concrète. Ainsi, l'enfant ne se contente plus d'associer, de comparer et de discriminer les objets et les éléments de son environnement, intériorisés et mémorisés sous forme d'images mentales : il peut désormais effectuer des opérations mentales, comme les additions, les soustractions et les sériations. Il commence à raisonner et à évaluer différentes situations. Par exemple, il peut déduire le chemin inverse d'un trajet connu. De plus, il tient compte désormais de plus d'un élément à la fois, lorsqu'il pense, par exemple, s'il doit se rendre au parc rejoindre un groupe d'enfants, et qu'en chemin il est distrait par un enfant qui a besoin d'aide, il ne perd pas de vue qu'il est attendu ailleurs. La pensée opératoire concrète l'amène aussi à se dégager de son propre point de vue ; par exemple, il comprendra davantage les sentiments d'un autre, même si ceux-ci sont différents des siens. Il faut voir là les débuts de l'empathie.

Entre 6 et 8 ans, l'enfant commence plus précisément à distinguer le geste accidentel du geste intentionnel, et la bonne intention de la mauvaise ; c'est cette évolution du jugement qui lui permet de mieux comprendre les autres. Cette faculté évolue encore entre 9 et 12 ans, et l'enfant en arrive à accepter les divergences d'opinion. Il peut aussi se faire une idée des sentiments des autres et de leurs qualités, non seulement pour leurs attributs extérieurs, comme ce qu'ils possèdent ou ce qu'ils font, mais également pour leurs attitudes, leurs intérêts et leurs habiletés.

Au cours de cette période, le respect des règles et le sens de la justice prennent également beaucoup d'importance aux yeux des enfants, qui sont très sensibles au jugement des adultes. Si, par mégarde, l'adulte fait un passe-droit à un enfant, les autres considéreront la situation comme injuste et revendiqueront plus d'équité. Notons que l'injustice peut inciter certains enfants de cet âge à la révolte. On note toutefois que, vers 10 ans, l'enfant commence à voir dans les règles le résultat d'un consensus et accepte alors plus facilement des changements après discussion.

La pensée opératoire concrète amène généralement l'enfant à discuter plus logiquement avec son entourage. L'adulte peut alors lui expliquer des consignes et le pourquoi des choses, car l'enfant développe progressivement la capacité de mieux comprendre. Il est désormais en mesure d'élucider beaucoup de phénomènes que sa pensée magique acceptait auparavant d'emblée, sans se préoccuper de vérifier la logique et la véracité des faits. L'exemple de la croyance en des personnages légendaires, comme les fées et le père Noël, illustre bien cette situation. Percevant mieux les relations de cause à effet, l'enfant comprend mieux la réalité concrète des choses (il n'a pas encore intégré les données abstraites). Il développe en outre une conscience accrue de ce qu'il est et de sa place au sein du groupe.

Entre 6 et 12 ans, l'enfant vit une «période de latence» pendant laquelle les tensions internes, caractéristiques des périodes précédentes, ont cessé d'orienter ses comportements[1]. Son intérêt se porte dès lors sur le monde extérieur, en ce sens qu'il désire comprendre les phénomènes divers et qu'il veut apprendre à maîtriser des techniques dans les activités. Cette période peut être particulièrement propice à des apprentissages très importants, dans la mesure où ils permettent à l'enfant de développer l'estime de soi et le sentiment de compétence nécessaires pour exécuter une tâche.

Mentionnons aussi que l'enfant, au cours de la période scolaire, élargit son champ relationnel : à partir de 6 ans, les amis prennent de plus en plus d'importance. On remarque également que les enfants ont tendance à se regrouper par sexe ; les filles ensemble et les garçons ensemble. Les adultes peuvent aussi avoir une influence déterminante sur l'enfant. En effet,

---

1. Jusqu'à 1 an, au stade oral, l'enfant avait tendance à tout porter à la bouche ; entre 1 et 3 ans, au stade du contrôle sphinctérien, l'enfant avait tendance à tout contrôler à tort et à travers ; entre 3 et 6 ans, au stade génital, l'enfant a développé des comportements à caractère intrusif ou inclusif, selon son appartenance sexuelle.

l'opinion des autres devient capitale aux yeux de l'enfant, et particulièrement le point de vue des éducateurs, surtout lorsque ses apprentissages et son comportement doivent être évalués. Retenons donc que l'enfant mesure sa valeur à partir de l'image que lui renvoient les amis et les éducateurs. Les adultes sont souvent perçus par l'enfant comme des personnes significatives parce qu'ils ont une compétence particulière dans une activité donnée, ou parce qu'ils détiennent l'autorité. Ainsi le jugement des adultes, qu'ils soient animateurs ou professeurs d'activités responsables de groupes comme dans les scouts ou une équipe sportive, influence fortement la pensée de l'enfant par rapport à lui-même et au monde qu'il habite. Il considère souvent l'opinion de ces adultes comme une vérité absolue.

À compter de 9 ans, des besoins nouveaux apparaissent. Les enfants ont tendance à former des groupes assez stables auxquels ils s'identifient, et ils veulent aussi se distinguer des plus jeunes. Il s'agit là de la première manifestation de ce besoin de regroupement éprouvé par la plupart des enfants et qui aboutit souvent, plus tard, à la formation de «gangs». On constate en effet que les besoins des enfants changent à cet âge; ils veulent être considérés comme des grands. Leur façon de raisonner ou de juger les situations évolue, et leur intérêt pour les jeux symboliques diminue beaucoup. Ils sont capables de prendre des responsabilités et désirent plus de liberté dans l'organisation de leur espace ou de leur temps, et dans le choix de leurs activités. La présence de l'adulte, comme personne-ressource ou comme point de repère, demeure un facteur important pour leur développement socio-affectif (figure 14.2.). On constate également que les enfants trouvent parmi leurs pairs des confidents et des modèles à imiter. L'opinion de leurs amis prend de plus en plus d'importance et peut influencer grandement leurs décisions. Par exemple, un enfant peut refuser de porter un vêtement si celui-ci ne correspond pas aux normes du groupe.

En éducation, on doit rester conscient de la vulnérabilité de l'enfant au regard du jugement des autres. En ce sens, on l'amènera à développer son jugement personnel, en l'aidant à identifier ses propres points de repère qui lui serviront de points d'appui dans les décisions à prendre. Rappelons que le développement de l'autonomie corporelle contribue à renforcer l'identité de l'enfant, laquelle assurera la maîtrise de ses habiletés de base de même qu'une bonne forme physique et morale, essentielles à une plus grande disponibilité du corps et de l'esprit. Entre 6 et 12 ans, l'enfant franchit un pas de plus vers l'autonomie corporelle, car il peut progressivement prendre conscience de ses intérêts, de ses apprentissages, de ses possibilités et de ses limites; cette meilleure connaissance de soi consolidera son identité. Mentionnons finalement que, grâce au sentiment de compétence qu'il développe par l'apprentissage et la maîtrise d'habiletés, l'enfant accroît son désir de participer à des tâches et de partager des responsabilités.

FIGURE 14.2.
Les enfants jouent ensemble, mais la présence de l'adulte demeure nécessaire.

Retenons donc que, d'une part, l'éducation psychomotrice vise à développer chez l'enfant de ce groupe d'âge l'estime de soi, grâce à l'acquisition de compétences dans diverses activités corporelles ; d'autre part, elle devrait permettre à chacun de se réaliser en fonction de ses intérêts.

14.2.2. Le développement psychomoteur

Vers 6 ans, le développement psychomoteur a atteint un niveau suffisant pour assurer à l'enfant une autonomie corporelle dans toutes les activités quotidiennes comme manger, s'habiller ou circuler dans les espaces familiers, en tenant compte des règles et des consignes de base.

L'enfant est maintenant en mesure de communiquer avec son entourage et d'exprimer ses besoins. Il déborde d'énergie et désire s'exprimer avec tout son corps, notamment en sautant, en courant, en grimpant et en dansant.

L'activité physique occupe donc une grande partie de son temps. La manipulation et les activités de motricité fine prennent aussi beaucoup d'importance, surtout dans les activités qui l'intéressent, comme les arts plastiques ou la pratique d'un instrument de musique.

À cet âge, l'enfant raffine la maîtrise de son corps et augmente son degré d'organisation spatio-temporelle, et ce, grâce à l'apprentissage de différentes techniques reliées aux activités corporelles. Il est maintenant capable de développer des capacités physiques comme l'endurance, la force, la souplesse et l'agilité s'expliquent en fonction de la qualité du mouvement ou de l'habileté psychomotrice. Ainsi, on dira qu'un enfant acquiert les habiletés psychomotrices et les capacités physiques requises pour se promener à bicyclette ou pour patiner. En effet, c'est à l'âge scolaire que les enfants manifestent un intérêt réel pour le développement de leurs capacités physiques à travers les activités ludiques, particulièrement à partir de l'âge de 9 ans, où ils ont besoin de relever de nouveaux défis avec leur corps ; ils aiment se rendre compte qu'ils sont compétents dans une activité et qu'ils sont meilleurs qu'auparavant.

Entre 6 et 12 ans, donc, l'enfant a besoin tout à la fois de périodes de mouvements libres et de périodes d'activités régies par des règles. Dans les deux cas, ces moments lui donneront l'occasion de relever des défis, soit par l'exercice de nouvelles habiletés psychomotrices, soit par l'amélioration de ses capacités physiques.

Examinons maintenant les deux niveaux de développement, soit celui de 6 à 8 ans et celui de 9 à 12 ans.

• Entre 6 et 8 ans

L'enfant entre 6 et 8 ans manifeste encore un grand besoin de bouger librement. Retenons que le développement psychomoteur se caractérise alors par :

- l'achèvement de la régulation du tonus ;
- l'affermissement de l'équilibre ;
- l'acquisition de l'image intériorisée du corps et de la position de ses parties les unes par rapport aux autres, de même que de la place qu'il occupe dans l'espace ;
- la conscience et l'identification des deux côtés du corps, de même que l'utilisation du côté dominant pour le développement des praxies ;
- le raffinement de l'ajustement postural dans les activités corporelles globales ;

– la capacité de se représenter les choses et de les classer mentalement selon leurs propriétés (par exemple, l'enfant comprendra qu'une pomme fait partie de la famille des fruits);

– la capacité de représenter symboliquement et graphiquement les choses appréhendées par les sens;

– la capacité de s'orienter dans l'espace familier à partir de son point de vue, en se basant sur des points de repère concrets;

– la capacité de s'orienter dans le temps, particulièrement au cours d'une journée, en décrivant ce qui s'est passé avant le moment présent et en anticipant ce qui arrivera après;

– la capacité de synchroniser son mouvement à un rythme extérieur simple, comme celui de la marche d'une autre personne ou la cadence provenant d'un tambourin ou d'une ronde enfantine (on pourrait parler ici d'adaptation spatio-temporelle).

Retenons qu'il y a un accroissement marqué des capacités de dissociation et de coordination du corps et de ses parties, dans l'exercice de la motricité globale et fine au cours de cette période. C'est ce qui entraîne la disparition des syncinésies et donne ainsi plus de raffinement et de grâce au mouvement.

Toutefois, l'enfant n'est pas encore capable, à ce stade, de contracter ou de relâcher volontairement un groupe musculaire consciemment et systématiquement. La régulation du tonus, en effet, se fait par un ajustement global du corps dans une tâche motrice donnée. L'attention de l'enfant portera sur l'activité à réaliser ou sur le mouvement à effectuer, et non sur la partie du corps à contrôler. À cet âge, l'enfant éprouve encore de la difficulté à apprendre des techniques qui demandent une amélioration des mouvements.

Disons en résumé que l'enfant devient capable d'ajuster la forme, la direction et la vitesse de son mouvement en fonction de la réalité d'une situation, de même qu'il peut contrôler les départs et les arrêts. Cette capacité entraîne des progrès considérables dans les jeux avec ballons et dans la pratique de sports comme le patin, le ski, la bicyclette. Tout en restant global, l'ajustement permet l'apprentissage de nombreuses techniques reliées aux activités corporelles sportives et d'expression. Mentionnons également que les progrès dans la maîtrise du corps s'observent notamment dans la capacité qu'ont les enfants, à partir de 7 ans, de maintenir plus longtemps une position. Par exemple, à cet âge, il leur devient plus facile de rester assis à la table sans trop bouger, à l'heure du repas.

• Entre 9 et 12 ans

À partir de neuf ans l'enfant a besoin d'éprouver la limite de ses capacités d'action et il affiche un intérêt grandissant pour la compétition et les jeux d'équipe[2].

Le développement psychomoteur, à cette période, se manifeste par les acquisitions suivantes :

- la représentation du corps[3], au repos et en mouvement (par exemple, il peut imaginer un mouvement avant de le faire);
- l'identification des deux côtés du corps d'une autre personne;
- le contrôle volontaire du tonus musculaire, c'est-à-dire la capacité de relâcher et de contracter volontairement ses muscles;
- la capacité d'apprentissage des positions et des mouvements particuliers, et d'exercer la précision du geste;
- la capacité d'adaptation spatio-temporelle, dans les sports et les jeux en groupe;
- la capacité d'orientation dans l'espace, par déduction mentale, à partir d'indices sensoriels ou de représentations graphiques comme des cartes;
- la capacité de structuration de l'espace, compte tenu de certaines règles;
- la capacité d'organisation de son temps, compte tenu des tâches à réaliser.

La représentation du corps au repos et en mouvement, de même que la capacité de contracter et de relâcher volontairement les muscles distinguent particulièrement cette étape de la précédente. Ces acquisitions permettent l'apprentissage et le raffinement de gestes précis. Ainsi, l'enfant devient vraiment apte à apprendre et à exercer les mouvements exigés par les différentes activités sportives de plein-air et d'expression, comme la gymnastique, la danse, le mini-basket, le mini foot-ball, etc.

---

2. Pauline DESROSIERS et Marielle TOUSIGNANT, *L'éducation physique à l'élémentaire*, Les Presses de l'Université Laval, 1979, p. 22.

3. L'enfant accède au stade du corps représenté, décrit au chapitre 5.

14.3. L'intervention éducative à privilégier

L'éducation psychomotrice dans un service de garde, en milieu scolaire, se fait par l'organisation et l'animation d'activités corporelles, et par la participation de l'enfant à la prise en charge de l'équilibre et du renouvellement de ses énergies.

Nous affirmons que l'intervention éducative, à cette période comme aux précédentes, se définit par le niveau de développement de l'enfant puisque, par définition, elle vise l'actualisation de son potentiel. Les orientations et les objectifs pédagogiques, rappelons-le, doivent être complémentaires de ceux de l'école. Ainsi, quand l'enfant suit des cours d'éducation physique ou d'arts plastiques à l'école, les activités similaires du service de garde devraient être pensées en fonction des premières, afin de compléter et de diversifier la formation de l'enfant dans ces domaines. Les échanges d'informations des responsables avec le personnel de l'école deviennent donc nécessaires pour assurer la continuité et la complémentarité.

Examinons d'abord les objectifs de développement réalisés à travers les activités corporelles et les objectifs à poursuivre pour l'équilibre ou le renouvellement des énergies, après quoi nous aborderons les activités corporelles comme telles.

14.3.1. *Les objectifs poursuivis à travers les activités corporelles*

Rappelons d'abord que les enfants de 6 à 12 ans ont en général un grand besoin d'activités physiques, surtout après une journée de classe où ils ont été particulièrement sollicités au point de vue cognitif.

Les activités corporelles principalement accessibles, dans ce contexte, se regroupent dans les activités ludiques, sportives, aquatiques, de plein-air, d'expression et de détente. Ces activités comportent des règles et nécessitent la maîtrise de mouvements particuliers. En ce sens, elles constituent une excellente occasion pour l'enfant d'exercer les différents aspects de son développement psychomoteur, notamment la précision et le raffinement de l'ajustement postural, de même que l'adaptation spatio-temporelle. Les enfants manifestent en général beaucoup d'intérêt pour ces activités qui, de plus, représentent des moments privilégiés dans la poursuite d'objectifs d'éducation globale.

Dans la période de 6 à 12 ans, on favorisera les activités où l'enfant exercera progressivement les habiletés suivantes :

- relever des défis ;
- prendre des initiatives et faire des choix ;
- se fixer des buts, prévoir une séquence d'actions à exécuter en vue d'atteindre un résultat ;
- planifier l'organisation de son temps ;
- trouver plusieurs solutions à un problème ;
- utiliser ses habiletés techniques au profit de tâches collectives pour la réalisation de projets concrets et utiles.

Ainsi, on confiera des responsabilités à l'enfant dans des activités qui font appel à ses intérêts et à ses capacités. On l'invitera à participer à l'organisation du milieu de vie, par exemple en dirigeant des projets (organiser une sortie, préparer un spectacle...) et on l'incitera à prendre des décisions par rapport au temps, à l'espace, aux méthodes de travail, au choix des activités et des sorties. On l'aidera à atteindre ses objectifs. À cet âge, en effet, il est important que l'enfant voie le résultat de son action pour s'évaluer. Il doit pouvoir terminer le travail commencé, comparer le but poursuivi avec le résultat obtenu et décrire sa démarche. Ainsi, en percevant et en identifiant sa contribution au travail accompli, il développe la fierté et l'estime de soi. Et c'est à travers ses nombreux projets que l'enfant perfectionne la maîtrise de son corps comme point de repère, moyen d'action et de communication.

Retenons donc que l'activité corporelle devrait permettre à l'enfant,

Sur le plan psychomoteur :

- d'exercer la maîtrise de son corps comme moyen d'expression ;
- d'exercer la maîtrise de son corps, notamment l'adaptation spatio-temporelle, en s'ajustant à différentes situations et à différentes conditions de l'environnement ;
- de développer ses capacités physiques, telles la force, l'endurance, l'agilité et la souplesse ;
- d'apprendre de nouvelles techniques reliées aux activités.

Sur le plan cognitif :

- d'exercer sa pensée en participant à des jeux qui exigent la recherche de solutions ou l'élaboration de stratégies.

Sur le plan affectif :

- de développer l'estime de soi en relevant des défis, grâce à la satisfaction que procurent l'apprentissage et la maîtrise d'habiletés nouvelles ;

– de développer des intérêts pour les activités corporelles ;

– de se récréer et de se détendre.

Sur le plan social :

– d'établir des liens avec les autres, de rechercher la communication et de développer ses capacités d'empathie ;

– d'exercer son sens des responsabilités en s'engageant dans des activités de groupe où l'on doit respecter certaines règles et assumer différentes tâches ;

– d'apprendre la coopération et la saine compétition.

Entre 6 et 8 ans, les activités corporelles qui favorisent l'ajustement global du corps sont particulièrement indiquées. Rappelons ici que, de 6 à 8 ans, l'enfant a surtout besoin d'activités axées sur l'ajustement de l'ensemble du corps sans le raffinement d'un geste précis. On privilégiera donc des situations où l'enfant bougera librement son corps, soit pour représenter des personnages, exprimer des émotions ou des sentiments, exécuter les mouvements d'un jeu ou d'un sport dans différentes conditions. Ce type d'activité exerce la polyvalence motrice[4].

À partir de 9 ans, on peut envisager l'exercice et la maîtrise d'habiletés plus précisément reliées à certaines disciplines sportives ou artistiques. Ainsi, on invitera l'enfant à s'exprimer ou à exécuter des mouvements en observant certaines règles et consignes. Les sports d'équipes et les activités où l'enfant sera appelé à se dépasser, en fonction de ses capacités physiques, sont tout à fait désignés.

Illustrons ce qui distingue les deux groupes d'âge en prenant comme exemple l'exécution d'un pas de danse ou d'un mouvement de gymnastique. Ces activités peuvent très bien convenir aux enfants de tous les groupes, entre 6 et 12 ans ; elles les intéressent et leur offrent l'occasion d'exercer la maîtrise de leur corps. On devra cependant faire preuve de beaucoup de vigilance dans le dosage des exercices à exécuter, de même que dans la définition des attentes et des exigences. De 6 à 8 ans, on n'exigera ni affinement ni précision du geste. L'enfant exécutera donc les pas et les mouvements librement, sans les analyser, car on vise à ce moment un ajustement global de l'ensemble du corps. À partir de 9 ans, toutefois, on commencera à exercer l'ajustement des différentes parties du corps, afin que l'exécution du mouvement devienne de plus en plus précise et qu'elle sollicite davantage la force musculaire, l'endurance, la souplesse et l'agilité.

---

4. L'expression polyvalence motrice est utilisée par DESROSIERS et TOUSIGNANT dans *L'éducation physique à l'élémentaire*, PUL, 1979, pour désigner l'exécution d'un nombre varié d'actions dans différentes conditions de réalisation.

14.3.2. Les objectifs à poursuivre pour l'équilibre et le renouvellement des énergies

L'équilibre et le renouvellement des énergies, chez l'enfant de cet âge, demeurent en grande partie la responsabilité des adultes. La qualité des rythmes de base et l'alternance des activités relèvent généralement de l'ajustement de l'organisation du milieu de vie entre la maison et le service de garde.

Entre 6 et 12 ans, grâce à l'avènement de la pensée opératoire, l'enfant devient capable de réfléchir sur son action et de prendre certaines décisions, lorsque l'encadrement l'y incite. Rappelons que l'autonomie véritable s'apprend progressivement dans des situations de la vie courante. Il ne s'agit pas d'être laissé à soi-même pour devenir autonome. La véritable autonomie, dans un domaine donné, suppose la compétence nécessaire à la maîtrise de toute la situation.

Au cours des 6 premières années de sa vie, l'enfant a été sensibilisé à une saine alimentation, a fait l'expérience de la détente et découvert le bien-être grâce à la qualité de son milieu de vie. À l'âge scolaire, on peut commencer à le rendre conscient du rôle qu'il peut jouer dans l'équilibre et le renouvellement de ses énergies, et l'amener ainsi à comprendre le rôle qui lui revient dans la satisfaction de ses besoins et dans la prise de conscience de ses tensions, en vue de les éliminer; somme toute, à se sentir responsable de son bien-être. L'objectif pourrait se formuler ainsi: profiter de toutes les occasions pertinentes pour amener l'enfant à prendre une décision appropriée, lorsque des indices lui révèlent qu'il devrait équilibrer ou renouveler ses énergies.

Comme plusieurs adultes, l'enfant qui s'adonne à une activité a tendance à s'y engager totalement, sans tenir compte de l'ensemble de ses besoins. Il peut arriver, par exemple, qu'un enfant de 7 ans entre en courant pour aller aux toilettes et qu'il urine dans ses vêtements parce qu'il a trop attendu. De même, un enfant peut soudainement éprouver un grand découragement, en faisant ses devoirs, tout simplement parce qu'il a besoin de s'arrêter pour faire autre chose, comme bouger ou se reposer. Un enfant peut aussi devenir intolérant au jeu et bousculer ses camarades, parce qu'il a épuisé ses réserves d'énergie pour ce type d'activité.

L'organisation du milieu de vie, notamment de l'horaire, doit donc prévoir une certaine alternance entre les activités. L'action éducatrice consiste d'abord à rendre l'enfant conscient de ses besoins corporels, en l'habituant à reconnaître les signaux de son corps, comme l'essoufflement et la sueur. Mais elle doit aussi l'aider à réfléchir à certains de ses comportements, marqués par l'intolérance ou l'agressivité, et à les comparer avec d'autres plutôt empreints de bien-être et d'harmonie avec son entourage, pour l'amener à se comprendre mieux.

Nous invitons les éducateurs et les éducatrices à se servir des moyens décrits au chapitre 10 pour préparer des interventions favorisant l'équilibre et le renouvellement des énergies. Rappelons toutefois que la qualité de l'intervention dépend de la capacité des éducateurs à observer, à écouter l'enfant et à causer avec lui, afin de cerner ses besoins réels.

Prenons le cas d'un enfant qui a atteint son seuil de fatigue, dans un jeu de groupe, et qui le manifeste par un manque de tolérance envers les autres. Dans un premier temps, on doit se servir de faits d'observation antérieurs pour l'amener à prendre conscience que chaque fois qu'il s'adonne à cette activité, il manifeste tel signe physique ou tel comportement, après une certaine période. On l'invitera ensuite à reprendre son souffle, en s'adonnant à une activité physique plus calme et qui l'intéresse. Lorsqu'il sera reposé, on pourra causer avec lui et l'amener à comprendre le bienfait d'un changement d'activité, dans un tel cas. Ultérieurement, quand la situation se reproduira, on attirera l'attention de l'enfant sur ce qui se passe, en lui rappelant les expériences passées et en l'invitant à prendre lui-même une décision favorable à son mieux-être. Si un enfant s'adonne à une activité de concentration et manifeste des signes de fatigue, on l'aidera à opter pour une activité qui sollicite davantage l'activité de l'ensemble de son corps.

Au fil des expériences, au fur et à mesure que l'enfant constate qu'il peut agir sur son propre bien-être et sur son comportement, en choisissant telle ou telle activité corporelle, il intègre lui-même des moyens de ressourcement dans son quotidien. Il renforce ainsi son autonomie corporelle en accroissant sa disponibilité. Cette disponibilité, rappelons-le, se traduit par un plus grand dynamisme et une plus grande ouverture à l'entourage. Ces qualités rendent l'enfant capable de s'engager dans des projets en prenant des responsabilités à sa mesure et en acceptant les tâches qui y sont reliées.

14.4. Les activités corporelles

Les activités corporelles doivent être choisies en fonction des possibilités pour l'enfant de s'épanouir à travers elles et d'y exercer des habiletés psychomotrices. Elles devraient normalement lui permettre d'accroître la maîtrise de son corps et de l'utiliser comme point de repère, comme moyen d'action, comme moyen d'expression et de communication et comme source de dynamisme, de détente et de récupération. L'enfant de 6 à 12 ans doit pouvoir exécuter, dans des conditions variées, des tâches motrices sollicitant l'adaptation spatio-temporelle. En effet, pour achever l'exercice des fonctions qui arrivent à maturité, l'enfant doit avoir recours à une grande variété d'actions, dans différentes conditions, avec ou sans matériel, c'est-à-dire avec ou sans maniement d'instruments (figures 14.3. et 14.4.).

Comme guide pratique pour la préparation d'activités corporelles, nous aborderons successivement les activités ludiques et sportives, les activités de plein-air, d'expression et de détente ; nous décrirons leurs particularités et ferons connaître l'approche pédagogique à privilégier pour le développement psychomoteur et global de l'enfant.

14.4.1. *Les activités ludiques et sportives*

Les activités ludiques et sportives sont des activités corporelles individuelles ou de groupe, régies par des règles et pratiquées à l'intérieur ou en plein-air. Elles portent sur tous les types d'activités sportives et leurs variantes, qu'il s'agisse de jeux aquatiques, de jeux traditionnels transmis de génération en génération, ou des jeux inventés pour différentes occasions.

FIGURE 14.3.
Tout en s'amusant, les enfants exercent le contrôle de leur corps et l'adaptation spatio-temporelle.

FIGURE 14.4.
Les objets et les
appareils offrent
de nombreux
défis à l'enfant.

　　　Ces jeux amènent l'enfant à exécuter certaines habiletés psychomotrices, à des moments opportuns, en s'ajustant à des paramètres extérieurs qui relèvent de l'environnement et du déroulement de l'action par l'ensemble des joueurs. Considérées sous l'angle du développement psychomoteur, ces activités, on le voit, touchent particulièrement l'ajustement postural (motricité globale, motricité fine et schéma corporel), et l'organisation spatio-temporelle. Prenons comme exemple le jeu traditionnel de la corde à danser ; pour réussir ce jeu l'enfant doit maîtriser le saut (motricité) et ajuster son mouvement à celui de la corde (adaptation spatio-temporelle). Dans le cas d'un sport d'équipe comme le «hockey-cosom», où il s'agit de se passer un anneau pour l'amener dans la zone adverse, l'enfant doit, outre la recherche de stratégies, maîtriser les arrêts et les départs de ses mouvements ; il doit aussi adapter la vitesse de son déplacement à celle des autres joueurs, pour attraper ou intercepter l'anneau, et exécuter des lancers de précision. Comme il s'agit très souvent d'activités exercées en groupe et qui nécessitent l'accomplissement de tâches communes, elles offrent à l'enfant l'occasion d'exercer la coopération et la tolérance ; de plus, elles contribuent à développer le sentiment d'appartenance à un groupe. Ces activités exercent également l'intelligence de l'enfant, car elles nécessitent la recherche de stratégies pour atteindre un but ou déjouer l'adversaire. On peut distinguer les activités ludiques ou sportives à caractère coopératif des activités ludiques ou sportives à caractère compétitif, à cause des valeurs différentes qui y sont véhiculées.

Dans les activités ludiques ou sportives de compétition, l'enfant doit accomplir une performance seul ou en collaboration, afin de marquer des points et de remporter une victoire, contre un ou des adversaires ou une autre équipe. Dans ces activités, il y a un ou des gagnants et un ou des perdants car le jeu consiste à prouver sa supériorité.

Par contre, dans les activités ludiques ou sportives à caractère coopératif, tous les participants doivent s'entraider pour accomplir une tâche commune. Il ne s'agit pas de gagner ou de perdre par rapport à quelqu'un d'autre ; il n'y a pas de victoire personnelle, et les enfants ne sont pas mis en situation de voir qui est le meilleur ou le moins bon. Ces jeux dits coopératifs incitent donc les enfants à s'entraider et à collaborer, dans le but d'atteindre un même résultat ; ils visent le développement et l'épanouissement de chacun des membres du groupe, sans compétition. L'enfant y exerce ses habiletés et relève des défis, sans être menacé de perdre des points ou de faire perdre son équipe. De plus, ne se trouvant pas en situation de comparaison avec les autres, l'enfant n'est pas forcé de mesurer son talent d'après le leur. Ce type de jeu place donc chacun sur un pied d'égalité en privilégiant la participation plutôt que l'émulation.

Dans la section suivante, nous traiterons simultanément des activités à caractère coopératif ou compétitif, en mettant l'accent sur l'approche à adopter en vue d'en faire des activités vraiment éducatives et assurant le développement global des enfants.

L'approche pédagogique

Les activités corporelles ludiques et sportives, à caractère coopératif ou compétitif, devraient permettre aux enfants d'acquérir et d'exercer des habiletés psychomotrices, de développer l'esprit de coopération et de se construire une image positive d'eux-mêmes (figure 14.5.).

Aux environs de 7 ou 8 ans, l'enfant peut se familiariser progressivement avec la compétition, à travers différentes activités ludiques ou sportives, où l'accent est d'abord mis sur la coopération et le respect entre les joueurs. On encouragera l'enfant à s'améliorer et non à devenir nécessairement le meilleur. Retenons avant tout que les jeux doivent lui permettre de se développer et de s'épanouir au sein d'un groupe. Pour ce faire, il doit pouvoir communiquer ou jouer avec les autres et assumer des tâches, sans craindre d'être rejeté à cause de ses maladresses ou de ses erreurs. L'image que se fait l'enfant de lui-même, à cet âge, dépend beaucoup de celle que lui renvoient les autres et le groupe, car il mesure sa valeur à partir de ses réussites et de ses échecs. Les jeux devraient donc fournir à chacun

FIGURE 14.5.
Les activités sportives libèrent les tensions, favorisent le dépassement et procurent du plaisir.

l'occasion de se développer ou de se faire connaître aux autres globalement et non seulement par ses performances.

On doit tout de même reconnaître que l'esprit de compétition fait naturellement partie de la vie des enfants, et qu'il surgit à tout moment dans leurs discours et dans leurs jeux spontanés. Il ne faut donc pas s'étonner que les enfants s'intéressent aux jeux compétitifs. Jusqu'à 8 ans, toutefois, les enfants acceptent difficilement de perdre et changent ou interprètent les règles à leur façon pour ne pas être placés en situation d'échec. Comme la saine compétition demeure un élément de motivation valable en éducation, et comme elle existe de toute façon chez les enfants et dans la société en général, on a intérêt à aider les enfants à l'apprivoiser. On y parviendra en animant des activités où l'accent sera mis sur l'apprentissage du respect et du plaisir de jouer, plutôt que sur le seul désir de gagner. En ce sens, l'attitude des intervenants et leur façon de former les équipes ou d'organiser les séances de jeu peuvent être déterminantes pour créer le climat convenable. Retenons que les jeux où l'accent n'est pas mis sur la victoire correspondent davantage aux intérêts des enfants de 6 à 8 ans, tandis que les activités à caractère plus compétitif répondent aux intérêts des enfants de 9 ans et plus. Soulignons aussi que la compétition exige d'abord la maîtrise de techniques, un bon climat de confiance et un équilibre affectif suffisant, avant que l'enfant soit en mesure de faire face aux tensions qu'elle engendre.

Dans cet esprit, nous examinerons maintenant certains principes et attitudes[5] propres à favoriser l'animation des activités ludiques et sportives et à assurer leur qualité éducative.

Principes d'animation

- Choisir des activités qui intéressent les enfants.
- Préparer des activités dont les défis correspondent au degré d'habileté des enfants du groupe.
- Privilégier la participation et le plaisir, plutôt que la seule recherche de la performance et de la perfection du geste.
- Organiser les activités et ne pas hésiter à en modifier les règles, pour permettre aux enfants d'être très actifs le plus longtemps possible :
    - en réduisant la dimension du terrain, pour qu'il y ait le plus d'échanges possible entre les joueurs ;
    - en désignant plus d'un poursuivant, dans un jeu de poursuite ;
    - en augmentant le nombre d'objets, le nombre de buts ou le nombre de cibles ;
    - en prévoyant le retour au jeu rapide de ceux qui auront été éliminés ;
    - en faisant autant d'équipes que nécessaire pour intégrer tous les enfants intéressés, et en divisant le terrain, s'il y a lieu (sur une patinoire, par exemple, prévoir trois terrains en faisant jouer dans le sens de la largeur).
- Organiser les jeux de façon à fournir aux enfants l'occasion de vivre plusieurs réussites :
    - faire des matchs courts et nombreux pour que les enfants aient la chance de se reprendre ;
    - introduire des jeux nouveaux dans lesquels personne n'est expert ou trouver de nouvelles façons d'aborder les jeux connus pour placer les enfants sur un pied d'égalité ;
    - faire des regroupements au hasard, pour éviter que seuls les plus forts soient toujours choisis ;

---

5. Les données présentées ici sont en grande partie tirées de la brochure *Le jeu et l'enfant* de Paul FOREST, publiée en collaboration avec *La Presse* et le collège Marie-Victorin.

- organiser occasionnellement des jeux par niveaux d'habiletés, pour offrir aux enfants des défis à leur portée;
- instaurer des règles qui favorisent la coopération comme:
  - faire trois passes avant de lancer de l'autre côté,
  - s'assurer que tous les membres de l'équipe ont compté un but avant de la désigner gagnante,
  - prévoir des rotations de joueurs, afin de permettre à chacun d'exercer les différents rôles ou positions dans le jeu.

- Favoriser de temps à autre les équipes mixtes, ou formées d'enfants d'âges variés, pour les amener à vivre des expériences de coopération diverses.
- Modifier le matériel, si nécessaire, afin de faciliter la réussite (par exemple en donnant des balles plus grosses ou des bâtons plus légers, en baissant les paniers, etc.).

Les comportements des éducatrices et des éducateurs

- Établir une relation de confiance avec les enfants.
- S'habiller adéquatement et encourager les enfants à faire de même.
- Expliquer clairement les consignes, avec des démonstrations si nécessaire.
- Rassembler les enfants pour leur donner les consignes, et s'entendre avec eux sur un signal visuel ou sonore pour avoir leur attention au cours du jeu.
- Commencer les jeux avec quelques règles et en ajouter progressivement, au fur et à mesure que les enfants maîtrisent les premières.
- Prévoir des jeux simples, en analysant bien les habiletés requises pour tel ou tel sport, afin de permettre aux enfants d'acquérir les compétences nécessaires aux jeux plus complexes.
- Arrêter un jeu lorsque surgissent des conflits ou des difficultés majeures, et rechercher des solutions avec les enfants.
- Augmenter les défis lorsque le jeu devient trop facile.
- Éviter les comparaisons qui mettraient certains enfants en situation d'humiliation.
- Faire valoir ses valeurs en les répétant souvent (par exemple: «Les autres sont des partenaires plutôt que des adversaires», «Chacun doit chercher à s'améliorer pour que le jeu soit plus intéressant», «On essaie de s'améliorer, et non d'être absolument les meilleurs»).
- Encourager les enfants individuellement, souligner leurs progrès moteurs autant que sociaux, accompagner de plus près des enfants qui éprouvent des difficultés.

- Dédramatiser les situations conflictuelles par l'humour.
- Jouer le rôle d'arbitre en ne tolérant jamais d'acte de violence physique ou verbale, ou de non-respect du matériel.
- Encourager la communication, l'entraide et l'explication des règles entre les enfants.
- Encourager l'honnêteté dans l'application des règles.

14.4.2. *Le plein-air*

Le plein-air, dans sa définition la plus simple, consiste à aller dehors et à s'imprégner de l'environnement de la nature pour exercer des activités.

Les enfants ont besoin quotidiennement d'activités de plein-air. Libres ou organisées sous forme de jeu, elles constituent une source importante de récupération et de détente, essentielle à la santé de l'organisme.

Le plein-air offre bien des possibilités aux enfants, d'abord celles de bouger, de parler et même de crier à leur guise. Le fait de sortir permet «d'aérer» la dynamique du groupe et peut contribuer à la baisse du degré de tension. De plus, les éléments de la nature tels l'air, le soleil, le vent, les arbres, l'eau, le relief des terrains, les minéraux, les végétaux et les animaux représentent des centres d'intérêt fort stimulants pour les enfants. L'exploitation de ces éléments conduit à des activités très diversifiées et éducatives. Mentionnons, par exemple, les activités d'observation, de cueillette et d'idendification des éléments de la nature ; les jeux d'orientation, les activités sportives (randonnée pédestre, baignade, bicyclette, canot, patin, raquette, ski de fond) ; jeux de glissade ; jeux de construction dans la neige, le sable, etc. (figures 14.6. et 14.7.).

Il faut distinguer le plein-air que l'on peut exercer quotidiennement dans son environnement, soit le plein-air dans le milieu immédiat, du plein-air exigeant un déplacement vers des endroits particuliers, c'est-à-dire les sorties de plein-air.

Le plein-air pratiqué dans le milieu immédiat

L'environnement immédiat offre des possibilités de plein-air qui n'apparaissent pas toujours à première vue. Pour les découvrir, on doit partir à l'aventure, chausser des souliers confortables et circuler autour du service de garde en y observant les espaces et les éléments de la nature. Les enfants, avec leur grande capacité d'émerveillement, peuvent d'ailleurs s'adonner

FIGURE 14.6.
Quel plaisir d'exercer ainsi des habiletés psychomotrices!

spontanément à des activités qui pourront inspirer les responsables à en créer d'autres. Qu'il s'agisse de la ville ou de la campagne, l'environnement physique comporte toujours de nombreuses possibilités pour l'activité corporelle.

L'exiguïté de la cour du service de garde, si tel est le cas, ne devrait pas être un obstacle aux activités spontanées de plein-air. Avec un peu de créativité, on peut enrichir ce milieu. L'aménagement de structures pour exercer la motricité globale et l'adaptation spatio-temporelle, et l'accumulation de neige sous forme de collines en sont des exemples. La structuration d'espaces pour les activités sportives, les déplacements en planche à roulettes ou à bicyclette, la localisation d'un endroit pour lancer des balles de neige ou faire des sculptures avec la neige, sont autant de moyens de stimuler l'activité de l'enfant, même dans une cour d'école. Et pourquoi pas l'aménagement d'un coin plus mobile, pour l'activité symbolique et la construction, comme un espace[6] avec des matériaux variés, qui permettrait aux enfants d'exercer leur créativité? De plus, à proximité de la cour d'école

---

6. Le concept de terrain de jeu à l'aventure est présenté dans un document intitulé *Terrain de jeu à l'aventure*, publié par la SCHL du gouvernement canadien.

se trouvent généralement des parcs qui peuvent suppléer au manque d'espace ou compléter l'espace immédiat, et offrir de meilleures chances de tirer profit de la nature.

Les sorties de plein-air

Les sorties de plein-air correspondent aux activités qui nécessitent un déplacement à bicyclette, en autobus, ou par un autre moyen de transport. Elles sont le plus souvent occasionnelles et constituent un événement spécial pour les enfants et les éducatrices et les éducateurs. Très souvent, les parents sont invités à y participer pour aider le personnel dans l'encadrement des enfants et les mesures de sécurité.

En général, ces activités se tiennent à l'intérieur d'une période de 24 heures et se font lors de journées pédagogiques des professeurs, ou lors de semaines de congé des élèves, lorsque le service de garde est ouvert toute la journée. Mentionnons tout de même que certaines activités sont organisées sous forme de camp à la campagne, d'une durée de deux, trois et même cinq jours. Elles donnent l'occasion à certains enfants de séjourner à la campagne.

Lorsqu'il s'agit d'activités exigeant un déplacement à pied ou à bicyclette, certains attraits peuvent encourager les enfants qui se fatiguent plus rapidement. Par exemple, le fait de prévoir des arrêts et des collations à tel endroit du trajet ou à tel moment de la journée, ou encore l'annonce d'un élément à observer ou d'une action à effectuer auront pour effet de motiver ceux qui manquent d'endurance lors du parcours. Au cours d'un trajet en autobus, par exemple, on pourra chanter et s'arrêter au bout d'un certain temps pour laisser les enfants bouger à leur guise. Rappelons que les enfants doivent alterner leurs activités plus souvent que les adultes. Comme le fait de rester assis un long moment, sans bouger, est très exigeant pour certains enfants, il faut les encourager à bouger et à courir, lors des arrêts.

La planification d'activités de plein-air

Les activités de plein-air nécessitent la plupart du temps une préparation soignée. On doit déterminer tout l'équipement ou le matériel qui devrait être apporté, compte tenu de la sortie prévue, évaluer la durée de la sortie et les écarts de température possibles, afin de prévoir la nourriture et les vêtements en conséquence. De même, il faut savoir parer à tout en cas de blessures ou d'incidents divers, en apportant une trousse de premiers soins et des vêtements de rechange, et prévoir les moyens d'intervention à adopter selon les situations vécues. Ainsi, en arrivant sur les lieux de l'activité on devra identifier avec les enfants les ressources disponibles et s'entendre sur des points de repère où se retrouver, en cas de besoin (dans l'éventualité où on s'égarerait). Notons que pour arriver à prévoir tous les éléments nécessaires au bon déroulement de l'activité, un éducateur ou une éducatrice doit avoir vécu l'expérience auparavant.

La planification d'activités de plein-air doit s'inspirer de celle des activités corporelles en général avec, en plus, toute la richesse offerte par les éléments et les conditions du milieu. Il y a, d'une part, les activités ludiques et sportives d'intérieur, que l'on peut adapter pour l'extérieur en variant le matériel selon les saisons, de même que les activités extérieures, l'orientation, la bicyclette, le patin, le ski de fond, exercés lors des sorties. D'autre part, on peut organiser des journées spéciales comportant des activités comme des olympiades, des concours de planches à roulettes, des jeux d'eau, un pique-nique dans un parc ou dans la cour d'un élève, etc.

Toutes ces activités permettent le développement d'habiletés particulières que les intervenants peuvent présenter d'une façon structurée et animer sous forme de jeux offrant des défis à relever.

Quels objectifs pourrait-on viser à partir de ces différentes activités? Dans une activité comme le patin à glace, par exemple, on pourrait prévoir des mises en situation permettant aux enfants de s'exercer à s'élancer vers l'avant et vers l'arrière, de s'arrêter, de se déplacer en suivant des lignes et des courbes, d'adopter différentes positions et d'occuper tout l'espace. De même, une activité comme la bicyclette pourrait avoir pour objectifs d'exercer les arrêts et les départs de façon sécuritaire, de s'adapter à différentes surfaces, de regarder en arrière tout en conservant son équilibre et sa trajectoire, de développer plus d'endurance, d'apprendre les règles de sécurité et de communication.

Mentionnons enfin que l'analyse de chaque activité de plein-air permet aux intervenantes et intervenants d'identifier des objectifs pouvant servir à préparer des activités ludiques par lesquelles les enfants apprendront les règles de sécurité, amélioreront leur maîtrise des techniques de base et deviendront plus aptes à faire respecter leurs forces et leurs faiblesses. Par ailleurs, l'observation des jeux spontanés permet aux responsables d'identifier les capacités et les intérêts des enfants, afin de s'en servir pour préparer des activités adaptées et stimulantes.

FIGURE 14.7.
Composantes de l'hébertisme dans un sentier de la nature

Une liste d'activités de plein-air pour un service de garde en milieu scolaire

- Les jeux libres et les activités ludiques et sportives, dans la cour d'école et dans les parcs avoisinants.

- Les jeux d'orientation à la ville ou à la campagne.

- Les randonnées à bicyclette, le patin à roulettes, la planche à roulettes.

- Le tir à l'arc, l'équitation et l'escalade.

- Les pique-niques.

- L'observation, la cueillette de végétaux ou de minéraux et leur identification, leur utilisation pour des collections, le bricolage ou la décoration.

- La construction de cabanons avec des matériaux divers.

- Le ski de fond, la raquette, le patin, la glissade en luge ou en traîneau, la sculpture sur neige.

- Les activités aquatiques comme la baignade, le pédalo, le canot et la voile.

- Les randonnées pédestres dans des circuits comme les pistes d'hébertisme, ou dans des circuits organisés sous forme de jeu, comme un rallye.

Dans les parcs ou les sentiers de randonnée pédestre on retrouve aussi, la plupart du temps, une piste d'hébertisme pour certaines activités corporelles de plein-air. Compte tenu de la pertinence de ce type d'activité pour l'exercice de la maîtrise globale du corps, nous en décrirons ici l'origine et les caractéristiques.

L'HÉBERTISME

L'hébertisme, en quelque sorte, est un parcours d'obstacles à franchir dans la nature. L'enfant est amené à exécuter une série de mouvements qui nécessitent l'ajustement postural et l'adaptation spatio-temporelle en plein-air, en franchissant des obstacles construits à partir des éléments de la nature. On parle souvent de piste d'hébertisme, car les obstacles se trouvent généralement le long d'un trajet de randonnée pédestre. Notons par ailleurs que le concept est aussi exploité dans les parcs par la mise en place de grosses structures offrant aux enfants différentes possibilités d'action.

L'hébertisme nous vient du lieutenant Georges Hébert qui, en 1913, présenta au Congrès international de l'éducation physique une méthode globale d'entraînement physique, expérimentée auprès de mousses et de fusiliers marins. Au lieu des méthodes traditionnelles comportant des séries d'exercices pour chaque partie du corps, Georges Hébert préconisait, comme méthode d'entraînement, l'exécution en plein-air de mouvements naturels de contrôle du corps et de contrôle du geste. Il distingua alors dix catégories de mouvements, devenues les dix composantes de l'hébertisme : la marche, la course, le saut, l'action de grimper, l'action de ramper, la marche à quatre pattes, l'équilibre, l'action de lever et de porter, la défense (apprendre à se protéger contre les intempéries, les obstacles comme une branche d'arbre ou une flaque d'eau, et apprendre à se camoufler), la natation. Ces mouvements étaient exécutés dans diverses conditions et agencés différemment, selon les obstacles à franchir (figure 14.8.).

L'hébertisme se compose donc d'une série d'exercices permettant à l'enfant de perfectionner la maîtrise de son corps et de développer des capacités physiques comme la force, l'endurance, la souplesse et l'agilité.

14.4.3. Les activités d'expression corporelle

Une activité d'expression corporelle est une activité où l'enfant utilise son corps, et parfois des objets, en se déplaçant dans l'espace pour représenter un personnage, des émotions, des sentiments et des situations. Pour mieux comprendre l'expression chez les enfants, examinons son origine en nous attardant à ses premières manifestations. Nous verrons que l'expression corporelle évolue avec le développement de l'enfant.

Dès la naissance, l'enfant exprime des sensations, des émotions, des sentiments et des états de tension, à travers un langage corporel constitué

FIGURE 14.8.
Au camp, avec ses amis, on apprend une autre façon de marcher.

de sons, d'attitudes et de mouvements. Les messages ne sont pas toujours perçus clairement car, en général, les adultes s'attardent plus au caractère fonctionnel du mouvement, c'est-à-dire aux acquisitions psychomotrices comme prendre, ramper, marcher, etc. La communication établie par l'enfant avec son entourage se fait donc d'abord avec tout son corps. L'enfant exprime ainsi ses perceptions du monde et ses réactions aux stimuli de toutes sortes. Notons que le langage corporel se perfectionne et se raffine au fur et à mesure que l'enfant vit des expériences de communication, c'est-à-dire lorsqu'il trouve une réponse à son message.

Dans cette optique, l'autonomie corporelle devrait aussi englober le perfectionnement de la maîtrise du corps, comme moyen d'expression et de communication.

Il est à noter que l'expressivité du corps, anarchique, spontanée et inconsciente dans les premiers mois, évolue et augmente avec le développement psychomoteur. Cette évolution est possible parce que l'enfant prend de plus en plus conscience de son corps et qu'il le maîtrise de mieux en mieux, globalement et dans chacune de ses parties ; c'est d'ailleurs ainsi qu'il acquiert plus de grâce, d'harmonie et de précision dans ses gestes, ses attitudes et ses mouvements.

Fondée d'abord sur de simples réactions naturelles, l'expression s'enrichit au fur et à mesure que l'enfant vit des émotions et contrôle sa motricité volontaire. Le sourire, le fait de tourner la tête lorsqu'il ne veut plus boire ou de tendre les bras vers une personne sont des exemples du langage corporel du jeune enfant. L'apparition de la fonction symbolique, vers 2 ans, accélère l'évolution de l'activité d'expression. On assiste en effet à l'arrivée du jeu symbolique, où l'enfant joue à faire semblant, à reproduire et à modifier des expériences vécues. Le jeu symbolique est en quelque sorte la représentation corporelle des sons, des mouvements et des images perçues par l'enfant, et traitées dans son univers imaginaire. Ces jeux sont très simples au départ. L'enfant, par exemple, prendra un bloc et fera comme si c'était une automobile, en accompagnant son geste de «vroum vroum». Le jeu évolue progressivement, l'enfant reproduit des scènes entières de sa vie quotidienne, ou en crée de nouvelles, en combinant les expériences vécues par lui-même ou perçues chez les autres, ou en utilisant ce qu'il a entendu raconter. Ainsi, ces jeux permettent à l'enfant de représenter sa propre perception de la réalité, de l'apprivoiser et, finalement, de mieux la comprendre.

L'expressivité du corps se développe naturellement jusqu'à 6 ans, par les contacts avec les autres dans les routines, les jeux d'exercices, les jeux symboliques et les activités d'expression qui lui sont offertes sous forme de jeu. L'expressivité du corps est inhérente à l'action et aux mouvements de l'enfant. À partir de 5 ou 6 ans, la maîtrise du geste et des mouvements permet à l'enfant de raffiner ses moyens d'expression et de communication corporelles. Par ailleurs, avec la discipline imposée au corps à travers les apprentissages scolaires, la spontanéité et l'expressivité des premières années ont tendance à régresser, chez certains enfants, si l'organisation du milieu de vie n'accorde pas une place privilégiée au langage corporel.

Les activités d'expression peuvent être proposées aux enfants des services de garde en milieu scolaire, au même titre que les activités ludiques et les activités sportives. Elles s'appuient sur le jeu symbolique spontané des enfants et en constituent le prolongement. On pourrait même dire que l'activité d'expression est une forme de jeu symbolique soumis à certaines règles précises.

Pour les enfants de 6 à 12 ans, nous préconisons l'expression libre, la communication spontanée et l'organisation d'activités d'expression corporelle qui se définissent comme suit : des jeux où l'enfant est invité à représenter un personnage, un animal, une action, un sentiment, une émotion, une situation ou une combinaison de ceux-ci avec son corps, sa voix et certains éléments de l'environnement (espace et objets). Il peut s'agir de ligues d'improvisation, d'ateliers d'expression, de danses libres, de jeux de mimes ou de gymnastique douce (figure 14.9.).

La démarche pédagogique

Les activités d'expression corporelle ont pour but d'amener l'enfant à exercer la maîtrise de son corps comme moyen d'expression et de communication. Elles visent particulièrement l'acquisition et le perfectionnement d'un langage corporel, de même que le développement global de l'enfant. Sur le plan psychomoteur, donc, l'expression corporelle touche principalement la prise de conscience du corps et l'organisation spatio-temporelle, et plus précisément l'ajustement postural.

Les activités d'expression, c'est-à-dire les jeux symboliques organisés, structurés et animés par un éducateur ou une éducatrice, doivent être soigneusement planifiées afin de respecter le niveau de développement de l'enfant, son expérience de même que son degré d'habileté. Soulignons que lorsque l'enfant adopte une attitude expressive, c'est lui-même qu'il exprime, car il s'engage émotivement à travers ses gestes et ses attitudes. C'est pourquoi le climat de ces activités et le dosage des défis constituent des facteurs déterminants dans l'actualisation du potentiel de l'enfant. S'il est exposé au jugement des autres, l'enfant pourrait subir une plus grande inhibition du mouvement et perdre sa spontanéité.

Les activités d'expression devraient aussi être organisées de façon à ce que les mises en situation soient significatives, amusantes et amènent

FIGURE 14.9.
Encouragé par l'éducatrice, chaque enfant exerce ses talents au rythme d'une même musique.

l'enfant à exprimer une chose de différentes façons, en développant divers ajustements posturaux. Les mêmes principes que ceux des activités ludiques et sportives, à savoir l'entraide et la coopération entre les personnes, devraient les guider. Rappelons l'importance de créer un climat de confiance où chacun peut s'exprimer sans crainte d'être ridiculisé ou rejeté. On amènera aussi les enfants à s'autocritiquer, afin de rendre de plus en plus signifiants les gestes choisis pour communiquer. Pour ce faire, on peut les inviter à vérifier si le message qu'ils voulaient communiquer a été bien perçu par le groupe. On peut aussi leur demander des suggestions pour s'entraider à mieux faire passer un message.

Un guide pour la préparation d'activités d'expression

Retenons que l'activité d'expression fait appel à l'imagination et à la créativité de l'enfant, lesquelles utilisent chacune les données de la mémoire sensorielle et le sens de l'observation. L'expression devient alors la représentation de réalités perçues, transformées, réorganisées ou symbolisées.

Pour enrichir l'expression corporelle de l'enfant, on doit lui fournir un cadre déterminé par un élément déclencheur qui fait appel à la mémoire sensorielle, à l'imitation, à l'imagination et à la créativité. Ce cadre est constitué par des règles ou des consignes précises, qui prescrivent un message à représenter corporellement ; un auteur n'a-t-il pas déjà écrit que « l'art naît de contraintes et meurt de liberté » ? On trouvera donc au tableau 14.1. une liste de facteurs qui, en se combinant, peuvent constituer des mises en situation favorables à l'exploitation d'attitudes et de mouvements expressifs, de même qu'à la création de personnages et de scénarios.

Une suggestion : pour mettre les enfants en confiance, faire réaliser les premiers jeux d'expression par tout le groupe en même temps et sans aucun public. Ainsi, l'enfant peut agir en toute confiance, sans crainte d'être jugé. Mentionnons aussi que les séances de jeux devraient offrir à l'enfant

---

TABLEAU 14.1.
Facteurs utiles pour préparer des mises en situation

Élément à représenter
- un personnage ou un animal
- un objet
- un sentiment ou une émotion
- une situation
- une sensation
- une action

en variant
- l'âge
- la saison
- la température
- etc.

Déclencheur de la représentation

L'imitation
- d'un élément d'une histoire (un personnage, un sentiment, etc.)
- d'un élément évoqué par la mémoire sensorielle
- d'un élément de l'entourage, etc.

La création
- à partir de la combinaison de certaines consignes puisées dans le tableau (improviser un personnage ou une situation)

Utilisation du corps
- le recours à l'ensemble du corps
- le recours à une seule ou à plusieurs parties
- le recours à des positions
- le recours à des mouvements
- le recours à des attitudes (contractions musculaires)
- la reproduction ou non des sons

Nombre d'enfants
- individuellement
- par deux
- en groupe

Matériel
avec ou sans objet

une bonne variété de mises en situation, plutôt que seulement quelques-unes où on lui demande de perfectionner ses mouvements. En effet, avant de le faire jouer et raffiner des personnages ou d'autres éléments, il faut s'assurer que l'enfant exploite suffisamment bien différentes façons de le faire, dans différentes conditions. Par ailleurs, l'adulte devrait s'abstenir d'intervenir, au cours de la représentation de l'enfant, afin de ne pas inhiber son action. Rappelons ici que l'on pourra faire appel à l'ensemble du groupe pour donner des commentaires concernant la clarté du message que l'enfant choisi veut communiquer.

Comme exemple d'activité d'expression, examinons comment on pourrait exploiter un sujet intitulé : « Les saisons d'une feuille ». À partir du tableau précédent, on pourrait formuler les consignes suivantes, pour aider l'enfant à améliorer l'expressivité de ses gestes. Une première demanderait aux enfants de se placer en cercle, le dos vers le centre du cercle, à une légère distance les uns des autres. Les autres consignes seraient les suivantes :

- Fermez vos yeux et rappelez-vous un arbre feuillu que vous avez déjà vu au printemps (mémoire sensorielle).
- Imaginez une feuille en particulier de l'arbre et observez-la bien (mémoire sensorielle).
- Rappelez-vous sa couleur, sa grandeur, sa forme et la longueur de sa tige (mémoire sensorielle).
- Imaginez maintenant que vous êtes cette feuille dans l'arbre et imitez-la avec tout votre corps (imitation).
- Imaginez-vous à présent que la feuille, qui était toute petite au printemps, grandit de plus en plus (variation au cours de la saison). Soudain, une brise se lève et la fait bercer de plus en plus vite ; puis le vent cesse et la feuille arrête peu à peu de bouger (variation du temps, recours à l'imagination et à la créativité) ; le vent se lève à nouveau, la feuille se détache de l'arbre et va se poser au sol à côté d'une autre feuille.
- Placez-vous maintenant deux par deux. Chacun votre tour, observez la feuille représentée par votre partenaire et imitez-la avec tout votre corps ; ensuite, bougez lentement en gardant la position de la feuille, tandis que votre partenaire essaie de suivre votre mouvement.
- Placez-vous trois par trois maintenant. Nous allons faire le jeu du sculpteur : que l'un des trois se place comme une grande feuille, qu'un autre se place au sol comme un morceau de bois, et que le troisième (le sculpteur) sculpte le morceau de bois pour qu'il devienne comme la feuille ; ensuite, le sculpteur devient le vent qui souffle de plus en plus fort pour faire bouger les feuilles, et de plus en plus doucement, jusqu'à ce que les feuilles s'immobilisent ; il regarde les feuilles et les imite.

- Regardez maintenant autour de vous : il y a des feuilles aux formes très variées. Rapprochez-vous et formez un tas de feuilles qui roulent sur le sol à l'automne.
- Arrêtez de bouger maintenant. Il commence à neiger, et les feuilles se laissent caresser par les premiers flocons de neige qui tombent (variation des saisons, des mouvements).

Voilà donc un exemple de mise en situation, conçu à partir de certains facteurs du tableau. On pourrait aussi accompagner les consignes d'une musique adaptée à l'atmosphère des différentes saisons. Dans un deuxième temps, on pourrait laisser les enfants s'exprimer sur ce thème, dans une création accompagnée de musique, mais libre de toute consigne. Lors d'une autre séance, il serait possible d'imaginer la combinaison de plusieurs facteurs, par exemple représenter les actions d'une personne à des âges différents et à différentes saisons.

Les sujets qui intéressent les enfants peuvent devenir des prétextes à l'expression et, très souvent, un simple élément déclencheur leur suffit pour imaginer un ensemble de scénarios pertinents et intéressants.

Après avoir exploité différents sujets, on peut encore les reprendre dans un jeu de mime. Pour rendre le jeu plus intéressant, on distribue à chaque enfant une feuille de papier sur laquelle un thème précis, qui déjà exploité, est écrit. Puis chaque enfant, à tour de rôle, mime le thème inscrit sur sa feuille, pendant que les autres tentent de l'identifier.

Les mêmes thèmes peuvent également se combiner et être exploités dans une mise en situation où l'on distribue à chaque enfant un rôle précis. Par exemple, certains enfants représentent des arbres, d'autres jouent des personnages, etc., et on crée une sorte de fable où chacun s'exprime et communique avec d'autres, dans le rôle qu'on lui a confié. On pourrait aussi donner un thème aux enfants, par exemple celui de la gare où, tous ensemble, ils devraient se placer pour composer ce tableau et penser à des actions qui pourraient s'y dérouler.

L'activité d'expression corporelle peut également évoluer vers une activité d'expression verbale ou plastique, où les enfants sont invités à dessiner, à représenter avec de la pâte à modeler, à verbaliser ou à écrire les éléments exprimés corporellement.

L'inspiration pour l'activité d'expression peut provenir de différentes sources : une musique, un conte, un thème ou toute autre situation intéressant l'enfant. Il s'agit de créer le cadre voulu pour que l'enfant trouve du plaisir à chercher différentes façons de représenter les messages suggérés et de les signifier avec son corps.

Outre les activités d'expression corporelle comme telles, les activités d'interprétation occupent une large place dans l'intérêt des enfants. Il s'agit d'activités comme les rondes, les jeux chantés et la danse. Ce sont des activités d'expression transmises et reproduites de génération en génération, ou conservées par un groupe après leur création.

La plupart des enfants aiment les jeux chantés et les rondes, parce qu'ils répondent à un besoin associant le plaisir du chant et de la mélodie au plaisir du mouvement. Ils constituent souvent la première forme de jeu collectif chez les petits. Le fait d'apprendre les mêmes paroles, de mémoriser et de reproduire les mêmes gestes favorise effectivement la communication.

Il existe tout un répertoire de comptines, de petites rondes et de danses qui ont sûrement été créées par et pour des enfants, à partir d'emprunts, par bribes, au répertoire des adultes. Comme elles se sont transmises par le jeu, on les trouve dans des formes variées, des versions différentes et avec des paroles parfois désuètes. Elles sont la plupart du temps adaptées aux possibilités vocales de l'enfant : ce sont des mélodies simples où les temps sont bien marqués, et où l'octave est rarement dépassé. De plus, les mouvements qu'elles comprennent sont aussi adaptés aux habiletés psychomotrices des enfants, c'est-à-dire aux déplacements spontanés de cet âge : marche, course, sautillements, sauts à deux pieds, galop, etc.

Ces danses et jeux chantés favorisent les relations dans le groupe. Les premières rondes sont un simple regroupement d'enfants où chacun agit individuellement. Petit à petit, les jeux à deux et les jeux de mains favoriseront les relations à deux. D'autres jeux, combinant les actions collectives et les actions individuelles, permettront aux plus timides de se perdre dans l'anonymat du groupe.

Ainsi, ces activités d'interprétation contribuent à enrichir le langage corporel. L'enfant doit acquérir en même temps un contrôle du corps, à partir de la mise en action de différentes parties du corps, en passant par la maîtrise des déplacements naturels, jusqu'à l'agencement de plus en plus complexe et harmonieux d'ajustements posturaux, et à une meilleure organisation spatio-temporelle.

Dans ces activités, en effet, les enfants sont appelés à se prendre la main, à se retourner, à faire un demi-tour sur soi, à s'accroupir, à se relever, à frapper des mains, à frapper des pieds, à se balancer, etc. L'enfant organise donc son espace rapproché en se situant à côté ou derrière un camarade, à l'intérieur ou à l'extérieur d'une ronde. Il participe aux diverses organisations de groupe, comme la ronde, la file, les lignes, le vis-à-vis, le tunnel, le pont, etc. Par rapport à l'organisation temporelle et au sens rythmique, l'enfant apprend à être sensible à la pulsation, aux phrases musicales, aux accentuations, aux accélérations et aux pauses. Soulignons que les arrêts et les départs sont une excellente façon d'exercer l'inhibition du mouvement. La pratique des rondes et des jeux chantés enrichit aussi le vocabulaire, en faisant appel à la mémoire auditive de l'enfant. Enfin, les situations où l'enfant est amené à choisir un camarade, à changer de partenaire, à se regrouper, favorisent le développement social.

14.4.4. La détente

La détente, le mot le dit, consiste en une diminution de la tension. Cet état suppose l'équilibre et l'harmonie du tonus musculaire réparti dans l'ensemble des parties du corps. La détente touche donc la régulation et le contrôle du tonus de même que la conscience du corps.

Avant d'approfondir la dimension psychomotrice de la détente, examinons certains aspects de son caractère psychologique à partir de quelques commentaires recueillis au hasard:

> Je me sens détendue quand je suis en harmonie avec moi-même et avec l'environnement; quand mes sens ne sont pas agressés par des sons, des formes, des couleurs, des odeurs, des contacts désagréables, ou encore par des positions inconfortables.

> Je me sens détendu quand je suis bien avec les personnes qui m'entourent.

> Je me sens détendu quand je maîtrise une situation, que je ne cours pas après le temps.

> Je me sens détendue quand j'ai fait mon travail et que j'en suis fière.

Ces propos illustrent à quel point la sensibilité, le niveau de tolérance et le degré d'ouverture des individus entrent directement en jeu dans la notion de détente. Notons également que toutes les études menées sur le sujet démontrent que cette disponibilité globale passe d'abord par la disponibilité corporelle. Retenons donc que la détente s'obtient par une diminution de la tension musculaire, qui accroît l'utilisation du corps comme moyen d'action, d'expression et de communication.

Dans cette optique, l'éducation psychomotrice devra permettre à l'enfant de découvrir des activités de détente et de les intégrer à l'ensemble de ses activités quotidiennes.

«Se relaxer» ou «se détendre» sont deux expressions utilisées pour désigner la capacité de retrouver ou de maintenir un certain niveau de bien-être physique et psychologique. Les notions de détente et de relaxation touchent l'attitude globale d'une personne. Elles désignent une façon de se sentir dans son for intérieur, par rapport aux autres et aux situations qui entraînent une plus grande capacité d'attention et de concentration. Dans notre texte, le mot «détente» englobe ces deux notions.

L'approche pédagogique

Les conditions favorables à la détente dépendent autant des qualités du milieu de vie (horaire, conditions de travail, espace, éclairage, acoustique, attitudes des personnes), qui déterminent l'ambiance dans laquelle les enfants évoluent, que des activités de détente comme telles. Afin d'améliorer le mieux-être de chacun, dans un service de garde, on aura donc avantage à accorder une attention particulière aux facteurs susceptibles d'atténuer le stress et les tensions.

Ainsi, dans un climat propice, la qualité des rythmes de base, l'alternance des activités en fonction des besoins des enfants et l'intégration quotidienne d'activités de détente adaptées favoriseront l'équilibre et l'épanouissement de chacun.

Rappelons que la capacité de relâcher volontairement les muscles n'arrive à maturité que vers l'âge de 8 ans. Avant cet âge, comme les enfants ne peuvent pas commander consciemment le relâchement musculaire, on fera appel au caractère même de l'activité pour leur procurer la détente. Autrement dit, l'enfant diminuera sa tension musculaire en faisant un mouvement ou en adoptant une position qui requiert peu de tension musculaire et qui amène progressivement le relâchement. Soulignons que cette approche demeure valable aussi pour les enfants de 9 à 12 ans.

Avant de dresser une liste d'idées pratiques servant de guise à la préparation d'activités, nous croyons bon de formuler un certain nombre de principes pour assurer la détente.

- La détente s'obtient par le passage progressif de l'activité de mouvement à l'état de repos.
- Avant l'âge de 8 ans, les activités de détente devront se faire à partir de mises en situation qui favorisent le relâchement musculaire, plutôt que par des consignes qui invitent directement l'enfant à relâcher volontairement un groupe musculaire ; l'enfant a besoin de sentir la contraction pour percevoir le relâchement.
- L'aération de la pièce où se fait l'activité et une température convenable disposent les enfants à profiter davantage du moment de détente
- Un éclairage tamisé et une musique douce, ou le silence, créent une ambiance calme et propice à la détente.
- Les positions dans lesquelles l'enfant se sent bien favorisent sa détente.

DES IDÉES PRATIQUES

Les activités de détente peuvent prendre des formes variées. Certaines approches préconisent les exercices globaux et segmentaires, qui provoquent successivement la contraction et le relâchement des muscles. D'autres suggèrent les imageries mentales où l'enfant, le plus souvent couché sur le dos, est amené progressivement à relâcher les muscles en suivant une musique, ou encore en se rappelant des sensations agréables ou des images intéressantes. D'autres encore peuvent travailler à partir de l'exécution de mouvements précis, comme c'est le cas du yoga[7] ou de la gymnastique douce. On retrouve aussi toute une gamme d'exercices de respiration favorisant l'oxygénation, présentés avec des attraits symboliques ou ludiques, et qui peuvent faire l'objet d'une activité de détente comme telle ou encore être intégrés à d'autres moments, en fonction des besoins des enfants. Finalement, parmi les activités de détente, on compte aussi la baignade ou la natation, le massage et l'automassage (figures 14.10. et 14.11.).

Les activités de détente peuvent être élaborées à partir de certains exercices de base, que l'on peut regrouper ainsi[8] :

- les mouvements d'étirement et de torsion, qui détendent la colonne vertébrale, la ceinture scapulaire, la ceinture pelvienne et toutes les articulations (on peut inviter les enfants à imiter une chenille, un serpent, un chat, une étoile de mer...);

- les exercices de respiration où l'enfant, allongé au sol, est ensuite invité à sentir son corps de plus en plus lourd, ou de plus en plus chaud;

- les exercices qui font sentir les contrastes entre la contraction et le relâchement de l'ensemble du corps ou de certaines de ses parties, comme le fait de se tenir raide comme une poupée de bois ou tout mou comme une poupée de chiffon;

---

7. Les postures de yoga pour enfants, suggérées dans les livres, amusent les enfants et favorisent grandement la détente, car elles sollicitent l'ensemble du corps. Il est à noter que les postures de yoga n'ont pas pour seule finalité la détente qu'elles procurent. Le yoga est une philosophie du mouvement qui sous-tend qu'à travers des positions différentes et des mouvements précis, une personne peut retrouver un état physique et mental harmonieux et atteindre un degré élevé de disponibilité globale. L'action du yoga concerne autant les systèmes digestif, respiratoire et musculaire que cardiovasculaire. Chez les enfants, certains mouvements de yoga simples constituent un moyen efficace de développer la souplesse, l'endurance et de procurer la détente physique et mentale.

8. Les exercices présentés ici sont en grande partie tirés du livre *La Douce*, de Claude Cabrol et Paul Raymond, publié chez Graficor en 1987.

FIGURE 14.10.
La baignade libre procure plaisir et bien-être; chacun s'amuse à montrer ce qu'il sait faire et à tenter de nouveaux exploits.

- les activités de mouvements libres (comme sauter, courir, danser), suivies d'une période de repos où l'enfant, allongé au sol, est invité à sentir le rythme de sa respiration, puis à se laisser aller;

- les imageries mentales où l'on fait en sorte que l'enfant se voie dans une scène agréable, comme sur le sable, sur un nuage, devant un feu, ou en train de devenir une fleur qui s'ouvre et se referme lentement ou un oiseau qui se laisse planer au-dessus d'un grand lac;

- l'audition d'une musique douce dans une position reposante;

- les gestes naturels comme bâiller, s'étirer, soupirer, crier et rire, provoqués volontairement ou encouragés lorsqu'ils surviennent au cours de la journée;

- les exercices de respiration où l'enfant, couché sur le sol, appuie les mains sur sa cage thoracique pour sentir l'air entrer et sortir de ses poumons (on lui demande d'inspirer profondément pour gonfler l'abdomen).

FIGURE 14.11.
Facile et à la portée de tous, le massage des pieds apporte la détente et favorise la communication.

Résumé

De 6 à 12 ans, les enfants ont l'âge approprié pour découvrir les activités ludiques ou sportives, d'expression et de détente, et pour s'y initier. Les habiletés et les compétences développées au cours de cette période sont acquises pour la vie ; elles préparent les enfants à s'engager éventuellement dans des activités corporelles plus précises qui correspondront à leurs intérêts et à leurs besoins personnels.

La mise en forme, le ressourcement, la détente et le plaisir procurés par les activités corporelles représentent une dimension capitale de la formation fondamentale, car elles contribuent à améliorer la qualité de vie.

Cette dimension de la formation de l'enfant relève en grande partie des activités parascolaires, dont la responsabilité revient de plus en plus aux services de garde.

Si l'enfant, pendant cette période, a développé et diversifié ses intérêts, s'il a appris de nombreuses activités physiques, il franchira beaucoup plus harmonieusement l'étape conflictuelle de l'adolescence. Devenu adulte, il arrivera beaucoup plus facilement à équilibrer l'ensemble de ses activités.

L'importance de l'éducation psychomotrice, chez l'enfant de 6 à 12 ans, ne fait donc pas de doute. Elle permet de lui assurer équilibre et bien-être de même qu'une ouverture aux différentes activités corporelles. C'est ainsi qu'il arrivera éventuellement à faire des choix, parmi ces activités, en fonction de ses besoins et de ses intérêts.

Bibliographie

AJURIAGUERRA, J. *Manuel de psychiatrie de l'enfant*, Masson et Cie Éditeurs, Paris, 1973.

BARETTE, Gisèle. *Pédagogie de l'expression corporelle*, Université de Montréal, Montréal, 1986.

BELLEMARE, Danièle A. *L'hébertisme au Québec*, Les Éditions du Jour, Montréal, 1976.

BETSALEL-PRESSER, Raquel et Denise GARON. *La garderie, une expérience de vie pour l'enfant*, volets 1,2,3, Les publications gouvernementales du ministère des Communications du Québec, 1984.

CABROL, Claude et Paul RAYMOND. *La douce méthode de gymnastique douce et de yoga pour enfants*, Graficor, Boucherville, 1987.

CÔTÉ-LAURENCE, Paulette. *La rythmique à l'élémentaire*, PUM - PUS, Montréal.

DESROSIERS, Pauline et Marielle TOUSIGNANT. *L'éducation physique à l'élémentaire*, 2ᵉ édition, PUL, Québec, 1979.

DURIVAGE, Johanne. *Éducation et psychomotricité*, Gaëtan Morin Éditeur, Chicoutimi, 1987.

DROUIN-COUTURE, Ginette et Lise GAUTHIER-BASTIEN. *La psychomotricité à l'école des 4 à 8 ans*, Éditions Guérin, Montréal, 1979.

EPS. *Le plein-air: un jeu d'enfant*, Éditeurs Amicale EPS et Revue EPS, 1982.

EPS. *Revue Éducation Physique et Sport au premier degré*, 11 av. du Tremblay (Bois de Vincennes), 75012 Paris.

FABRY, Jean. *Introduction à la psychopédagogie de l'expression*, tomes 1 et 2, Éditions Labor (Bruxelles) Fernand Natan (Paris), 1977.

FOREST, Paul. *Le jeu et l'enfant*, collège Marie-Victorin, Montréal, 1982.

GUINDON, Jeannine. *Vers l'autonomie psychique*, Éditions Fleurus, Paris, 1982.

HARROW, Anita J. *Taxonomie des objectifs*, Domaine psychomoteur, PUQ, Sillery, 1980.

LE BOULCH, Jean. *L'éducation par le mouvement*, Les Éditions ESF, Paris, 1971.

LE BOULCH, Jean. *Vers une science du mouvement humain*, Les Éditions ESF, Paris, 1978.

LE BOULCH, Jean. *Le développment psychomoteur de la naissance à 6 ans*, Les Éditions ESF, Paris, 1981.

LEBOYER, Frédérick. *Shantala*, Éditions du Seuil, Paris, 1974.

LE CAMUS. *Pratiques psychomotrices*, Pierre Mardaga, Bruxelles, 1984.

MINISTÈRE DE L'ÉDUCATION DU QUÉBEC, *Recueil d'activités pour les services de garde en milieu scolaire*, DGEC, 1988.

PAPALIA, Diane E. et Sally WOLDS. *Le développement de la personne*, Les Éditions HRW ltée, Montréal, 1979.

PIKLER, Emmi. *Se mouvoir en liberté dès le premier âge*, PUF, Paris, 1979.

PROULX, Monique et Monique RICHARD. *Des enfants gardés en santé*, Les Publications du Québec, Québec, 1985.

RIGAL, Robert. *Motricité humaine*, PUQ-Vigot, Québec, 1985.

RIOUX Monique, BILZ, Diane et Jean-Marie BOISVERT. *L'enfant et l'expression dramatique*, Les Publications du Québec, Québec, 1985.

SCHELL, Robert E. et Elizabeth HALL. *Psychologie génétique. Le développement humain*, Éditions du Renouveau Pédagogique Inc., Montréal, 1980.

VAYER, Pierre. *L'enfant face au monde des apprentissages scolaires*, Doin, Paris, 1978.

VAYER, Pierre. *Le dialogue corporel. L'action éducative chez l'enfant de 2 à 5 ans*, Doin, Paris, 1980.

ZEBROFF, Kareen et Peter. *Yoga pour enfants*, Flammarion, Paris, 1976.

Glossaire

Activité auto-induite : Activité déclenchée par une motivation personnelle.

Adaptation spatio-temporelle : Exécution d'un geste ou d'un mouvement en fonction d'une vitesse de déplacement.

Ajustement postural : Capacité de prendre volontairement une position.

Capacités physiques : Caractéristiques du fonctionnement du corps ou qualités du mouvement, comme la force, l'endurance, l'agileté et la souplesse, lors de l'exécution des habiletés psychomotrices.

Connaissance haptique : Reconnaisance des formes et des volumes par le toucher et la manipulation.

Dialogue tonique : Langage corporel produit par le tonus musculaire.

Dominance latérale : Côté du corps avec lequel l'apprentissage des gestes est le plus facile.

Empathie : Compréhension sentie des émotions ou des sentiments d'un autre.

Fonction symbolique : Habileté mentale permettant de conserver et de créer des images ou de représenter les objets ou les choses par des symboles ; elle se manifeste dans le langage, le jeu symbolique et l'imitation.

Habileté psychomotrice ou praxie : Ensemble de mouvements coordonnés en fonction d'un but ou d'un résultat.

Hypertonie : Excès de tonus musculaire.

Hypotonie : Diminution ou très bas niveau du tonus musculaire.

Maturation :	Processus neuro-physiologique relié à la myélinisation des fibres nerveuses, et rendant l'enfant capable d'exercer une nouvelle habileté.
Motilité :	Capacité de se mouvoir.
Mouvements fondamentaux ou activités phylogénétiques :	Mouvements naturels que tous les êtres humains acquièrent sans enseignement.
Mutualité :	Relation significative basée sur une confiance réciproque.
Pince digitale :	Préhension d'un objet avec le pouce et l'index placé en opposition.
Polyvalence motrice :	Capacité d'exécuter un nombre varié d'actions dans différentes conditions de réalisation.
Praxie :	Voir *habileté psychomotrice*
Régulation du tonus :	Répartition adéquate de la tension musculaire dans tout le corps pour maintenir une position ou exécuter un mouvement.
Réversibilité :	Capacité d'exécuter mentalement une opération et de la répéter dans le sens inverse.
Sensation intéroceptive :	Sensation provenant de l'intérieur du corps notamment des viscères comme la faim ou la soif.
Sensation kinesthésique :	Sensation de la position du corps dans l'espace.
Syncinésie :	Geste ou tension involontaire, inutile et parasite à une activité motrice.

Index

Achevé d'imprimer
en septembre 1991
MARQUIS
Montmagny, QC